GRAMMAIRE ANALYTIQUE

DE LA

LANGUE ITALIENNE

OU

MÉTHODE NOUVELLE

D'ENSEIGNER L'ITALIEN AUX FRANÇAIS

PAR

Le Docteur LUIGI CARLO

INGÉNIEUR MODÉNAIS

PARIS

LETHIELLEUX, LIBRAIRE-ÉDITEUR

23, RUE CASSETTE, 23

1885

GRAMMAIRE ANALYTIQUE

DE LA

LANGUE ITALIENNE.

X

NOTE DE L'ÉDITEUR

Tous les mots des thèmes et des versions donnés par cette grammaire, étant compris dans les deux vocabulaires qu'elle renferme, l'ouvrage peut être entendu d'un bout à l'autre sans le secours d'un dictionnaire.

Ⓒ

GRAMMAIRE ANALYTIQUE

DE LA

LANGUE ITALIENNE

OU

METHODE NOUVELLE

D'ENSEIGNER L'ITALIEN AUX FRANÇAIS

PAR

Le Docteur LUIGI CARLO***

INGÉNIEUR MODÉNAIS

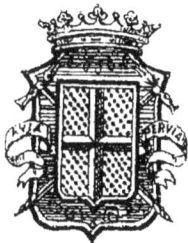

PARIS

LETHIELLEUX, LIBRAIRE-ÉDITEUR,

23, RUE CASSETTE, 23.

—

1865

1864

AVIS AU LECTEUR

Ce qui frappera d'abord vos yeux, Lecteur, si vous possédez déjà la langue Italienne, et ce qui pourrait vous rendre suspecte cette grammaire, c'est la manière dont les mots y sont « épelés. » Notre *Méthode* en ce qui regarde la distinction des syllabes, est en effet *nouvelle*, et pour la justifier, nous croyons devoir vous soumettre, Lecteur bienveillant, les deux observations suivantes.

1° La voix française se porte en avant, et frappe uniformément la dernière syllabe *sonore* du mot ; la voix italienne est suspendue, s'appuyant généralement en arrière, sauf dans les mots appelés *tronchi*. lesquels sont de beaucoup, le très-petit nombre.

Il y a donc entre le français et l'italien une opposition formelle et constante de prononciation, beaucoup plus qu'entre l'italien et d'autres idiomes, qui jouissent d'une grande variété d'accentuation tonique, tels que l'allemand, l'anglais, l'espagnol, etc. Les Français ont un organe naturellement rebelle, quand il faut le soumettre à ce qu'ils appellent la cantilène italienne. Or, quand on veut redresser un arbuste penché à gauche, ne doit-on pas le courber momentanément à droite ?

Considérez donc, ami Lecteur, notre manière d'«épeler» comme un *procédé mécanique*, imaginé pour dompter les habitudes françaises de prononciation.

2° Cependant si ce procédé est nouveau, en matière d'enseignement, il est aussi ancien que la langue, dans la

1

pratique écrite et parlée, et par conséquent n'est point contraire à la nature des choses. Ainsi, lorsque l'Italien se permet un retranchement à la fin d'un mot, il n'abandonne, à peu d'exceptions près exigées par l'euphonie, que la voyelle finale, conservant précieusement la consonne précédente, qui ne peut être séparée du corps du mot, parce qu'elle est « prise avec » par la voix. (σὺν = avec. λαβή = prise.) Ainsi suon pour *suon-o*, parer pour *parer-e*, fedel pour *fedel-e*, etc.

De même les Français, dont l'oreille n'avait pas perçu ce que la voix latine (si ressemblante à l'italienne) laissait tomber, ont relevé le mot *tronco* et non plus *piano*, en faisant de *lup-o* = loup, de *sens-u* = sens, de *mort-e* = mort, etc.

Les consonnes finales des mots à terminaison masculine, en français, n'ont pas d'autre raison d'être, que cette indissolubilité de la consonne avec la voyelle précédente, tandis que la voyelle finale est « prise à part » et fait syllabe séparément, « fa sillaba da se. »

AVANT-PROPOS

Je parcourais un jour à pied une des routes des États Romains, lorsque je fis la rencontre d'un grand et beau paysan, que j'arrêtai pour lui demander mon chemin. « Non son pratico » me répondit-il en s'arrêtant longuement sur la première syllabe du dernier mot. Je distinguais dans sa voix l'accent vocal se mariant à l'accent tonique, jusqu'au point où la superbe oreille de mon homme, ayant suffisamment savouré la jouissance délicate, que lui procurait le gosier de leur commun maître, permit au mot de se finir. Je n'étais pas renseigné **du** tout sur mon chemin, mais je n'en eus que mieux le loisir de réfléchir à la mystérieuse influence que les deux accents de l'italien exercent l'un sur l'autre, et que le paysan exprimait avec tant de complaisance.

J'ai compulsé bon nombre de grammaires italiennes à l'usage des Français, et je n'en ai trouvé aucune qui contînt l'analyse de cette accentuation combinée de vocale et de tonique, dont l'imperfection trahit tout d'abord l'étranger.

La grammaire que je publie, a pour objet de faire comprendre le mécanisme de cette accentuation, d'autant plus difficile à saisir, que l'écriture est généralement dépourvue de signes pour l'indiquer.

D'autres défauts m'ont frappé, à la lecture des grammaires italiennes. Ainsi pour l'exposition des noms ou substantifs, les Grammairiens s'obstinent à parler de cas, quoiqu'il n'y ait point de déclinaison proprement dite en italien. Ce défaut se retrouve à propos des articles, que plusieurs et des plus modernes, appellent encore *signes de cas* (segnacasi). Dans l'indication des régimes à donner aux prépositions, les mêmes grammairiens ne craignent pas de dire : telle préposition gouverne l'accusatif, telle autre le génitif, absolument comme s'ils écrivaient une grammaire latine, ce qui est inintelligible pour les femmes en général, et même pour les hommes qui n'ont pas fait leurs humanités. Pour la conjugaison des verbes, ils laissent l'élève s'égarer dans un pêle-mêle de temps et de modes, que rien ne rattache à un centre commun. Les verbes irréguliers si nombreux, sont abandonnés à la mémoire, alors qu'en la faisant aider par le jugement, il serait facile de soumettre à des règles communes leurs prétendues anomalies. Ainsi, défaut absolu ou insuffisance de classement et de méthode, voilà ce qui se remarque dans les meilleures grammaires lorsqu'elles exposent les différentes parties du Discours.

J'ai voulu remédier à ces divers inconvénients. Ai-je réussi ? On en jugera en lisant la première partie de cette grammaire. C'est celle surtout dont la méthode est nouvelle. Quant à la seconde, c'est-à-dire à la Syntaxe, je n'ai fait que suivre et mettre en ordre, de la manière qui m'a paru le plus favoriser l'intelligence et la mémoire, les préceptes les mieux justifiés des grammaires déjà connues.

Il est d'usage, dans les grammaires italiennes et autres, de donner à l'élève, une teinture et comme un avant-goût, de la littérature de la langue qu'il étudie, au moyen de morceaux détachés, où l'on fait passer sous ses yeux le style et la manière des meilleurs auteurs. Je me suis soumis à l'autorité de mes devanciers, et la troisième partie de cette grammaire renferme un certain nombre de fragments, empruntés à diverses époques. Mais, comme les auteurs, n'ayant point en vue le développement progressif de l'instruction d'un commençant, ont mêlé dans un même morceau, toutes sortes de difficultés, il faut pour que les citations soient utiles, qu'elles soient examinées par comparaison avec la grammaire elle-même. C'est ce que j'ai fait pour mes versions, au moyen de renvois qui, dans chaque note explicative, rappellent à l'élève le paragraphe correspondant du texte grammatical.

Quelques lecteurs s'étonneront peut-être de ne rencontrer dans cet ouvrage, ni règles ni exemples de versification. La raison de cette omission volontaire, c'est que la poésie italienne demande un traité complet, qui ne peut être compris dans les

limites d'une grammaire proprement dite. La langue de la
poésie est chez tous les peuples un peu différente de celle de
la prose : mais en italien où la poésie est si riche, cette différence est plus frappante qu'en français par exemple. Les
poëtes italiens se servent non-seulement de constructions de
phrases, mais de formes de mots et de mots même, qui ne se
rencontrent jamais dans la prose. L'exposition du système
poétique des Italiens, est donc un livre spécial à faire, absolument distinct de la grammaire, et comme tel, ne pouvait entrer
dans mon plan. Mais, comme le rhythme de la poésie italienne
dépend de l'accentuation, j'ai insisté sur ce point d'une manière particulière, persuadé que celui qui prononce les mots
avec l'accent voulu, sentira toujours suffisamment la cadence
du vers, bien qu'il en ignore le mécanisme et la facture.

On me demandera aussi, pourquoi j'ai choisi la forme en-
fantine des demandes et des réponses ? Parce que c'est celle
qui permet de donner à l'enseignement toute sa précision. Les
hautes vérités de l'Évangile ne sont point à la gène dans le
cadre du catéchisme, et les universités elles-mêmes ne dédai-
gnent point de rédiger par questions les programmes de leurs
examens. Aux élèves d'improviser les réponses.

Un mot encore en finissant, sur les accents italiens.

Je n'ai pas voulu indiquer aux connaisseurs les rapproche-
ments qu'on peut faire, entre l'accentuation italienne et celle
du latin, sinon quant à la nature, du moins quant à la place de
l'accent. Les Français qui sont loin d'avoir dans leur langue,
la variété d'accentuation de l'italien, manquent de termes de
comparaison, pour bien comprendre ce que nous ont laissé
sur ce sujet, Cicéron, Quintillen, Priscien, Diomède et autres.
La perception des intonations italiennes vivantes peut aider
les investigateurs patients et curieux, à restituer jusqu'à un
certain point, les intonations mortes du latin ; je leur ai laissé
ce plaisir :

Et ament meminisse periti.

AVERTISSEMENT

SUR L'USAGE DE CETTE GRAMMAIRE

Dans l'étude des langues, comme dans celle de la Religion ou des Sciences, c'est à la parole et non pas à l'écriture, qu'il est donné d'éclairer et de convertir. Le lecteur qui désire être *converti de Français en Italien*, devra donc d'abord chercher une personne qui parle bien, et s'exercer sous sa direction *à la lecture à haute voix*, prélude indispensable de tout enseignement de langues. En attendant qu'il ait trouvé ce guide, voici la méthode à suivre, pour se servir avec fruit de cet ouvrage.

1° Lire attentivement l'introduction pour se pénétrer de la valeur des lettres et des accents.

2° Apprendre par cœur et réciter à haute voix les deux mille mots usuels des tables accentuées, afin de se meubler la mémoire et de ne pas se fatiguer en feuilletant à chaque instant le dictionnaire.

3° Apprendre les verbes auxiliaires et les types des verbes réguliers, et les réciter à haute voix.

C'est seulement après s'être exercé plusieurs semaines de cette manière, que l'on doit aborder l'étude suivie et progressive des chapitres de grammaire.

GRAMMAIRE ANALYTIQUE

DE LA

LANGUE ITALIENNE

INTRODUCTION

ARTICLE PREMIER

Des Éléments matériels des mots ou des lettres et des syllabes

1. *Qu'est-ce que la langue italienne ?*

La langue italienne est une langue vivante, dérivée de l'ancien latin, parlée aujourd'hui en Italie, principalement dans la Toscane, les Etats Pontificaux, les Abruzzes et dans diverses parties du royaume de Naples. La Sicile et la Vénétie ont des dialectes gracieux, qui se rapprochent du pur italien. Dans le reste de la Péninsule, on parle des dialectes ou patois, dont le fond ressemble plus ou moins à l'italien, mais qui ont leurs règles particulières, et des formes de mots absolument distinctes. Le piémontais et le génois sont les plus grossiers, et les plus corrompus de ces dialectes.

2. *De quoi se composent les mots italiens ?*

De lettres et de syllabes comme dans la plupart des langues, (note A).

3. *Qu'est ce qu'on appelle lettre?*

On appelle lettre un signe d'écriture, par lequel on indique une émission de la voix humaine,

4. *Combien y a-t-il de lettres en usage en italien?*

Il y en a vingt-deux.

5. *Quelles sont ces vingt-deux lettres?*

Les vingt-deux lettres de l'alphabet italien, sont portées au tableau suivant, avec leurs signes d'écriture et leurs noms.

ORDRE DANS L'ALPHABET	SIGNES DES LETTRES	NOMS ITALIENS exprimés En Lettres françaises.	ORDRE DANS L'ALPHABET	SIGNES DES LETTRES	NOMS ITALIENS exprimés En Lettres françaises.
1	a	a.	12	m	emme.
2	b	bè et bi.	13	n	enne
3	c	tché et tchi	14	o	o.
4	d	dè et di.	15	p	pé et pi.
5	e	e.	16	q	quou.
6	f	effe.	17	r	erre.
7	g	dgé et dgi.	18	s	esse.
8	h	acca.	19	t	té ou ti.
9	i	i	20	u	ou.
10	j	i lungo.	21	v	vé, vi et vou.
11	l	elle.	22	z	dséta.

6. *Quelles sont les lettres françaises qui manquent en italien?*

Il y en a trois qui sont le k, l'x et l'y. On remplace le *k* par un *c* pur devant *a, o, u* et par *ch* devant *e* et *i*. L'*y* se remplace par un *i* simple, et on supplée ordinairement l'*x* par un ou deux *s*. On verra des exemples de ces substitutions dans le chapitre relatif à l'orthographe, n° 247.

7. *Comment divise-t-on les lettres?*

En cinq voyelles et dix-sept consonnes.

8. *Que signifient les noms de voyelles et de consonnes?*

Les voyelles sont les lettres qui expriment le son de la voix par elles-mêmes, et sans avoir besoin du secours d'une autre lettre. Les consonnes au contraire, sont ainsi nommées, parce qu'elles doivent pour *sonner*, c'est-à-dire pour être entendues par l'oreille, être liées à une voyelle, qui est leur *compagne* obligée. Le mot « consonne » équivaut donc à « compagne du son. »

9. *Quelles sont les voyelles en italien ?*

A, e, i, o, u. Cette dernière ne se prononce pas comme l'*u* français, mais comme *ou.*

10. *Comment se subdivisent les consonnes en italien ?*

Les consonnes se subdivisent en plusieurs ordres, suivant l'organe dont on se sert pour les prononcer :

1° *Quatre labiales.* Ainsi nommées parce qu'elles se prononcent des lèvres. Ce sont : *b, p, f, v.*

2° *Trois gutturales.* Ainsi nommées par ce qu'elles se prononcent du gosier. Ce sont : *c, g, q.*

3° *Deux dentales.* Ainsi nommées parce qu'elles se prononcent des dents. Ce sont : *d* et *t.*

4° *Quatre liquides.* Ainsi nommées parce qu'elles sont coulantes, et que se joignant fréquemment à d'autres consonnes, elles sont entraînées par elles, pour former des sons mixtes. Ce sont : *l, m, n, r,* dont on fait en les accouplant avec d'autres consonnes *bl, pr, gn, gr,* etc.

5° *Deux doubles.* Ainsi nommées parce qu'elles équivalent à deux lettres. Ce sont : *j* et *z.*

6° *Une sifflante* qui est l'*s* dont le son explique le nom.

7° *Une muette* qui est *h.* Cette lettre est plutôt un signe d'écriture qu'une véritable lettre, car elle n'a pas de valeur propre en italien. Elle ne sert que pour distinguer certains mots, ou modifier certaines consonnes.

11. *Quelle est la valeur de l'a ?*

L'*a* possède deux sons, mais si voisins l'un de l'autre qu'on a quelque peine à les distinguer. Ainsi l'*a* de *vano* vain est un peu plus ouvert que celui de *Vaneggiare,* rêver, radoter. L'*a* de *ah* exclamation est un peu plus ouvert que *a* à, par exemple dans les mots *a me,* à moi. Il y a la même différence que dans le français entre *rare* et *prépare.* Cet *a* de *vano* et de *ah* s'appelle commun, l'autre s'appelle fermé.

12. *Quelle est la valeur de l'e ?*

L'*e* se prononce de deux manières.

Fermé dans *fetta* tranche, comme dans fétu.

Ouvert dans *affetto* affection, comme dans fête.

13. *Quelle est la valeur de l'i ?*

L'*i* n'a qu'un son, en italien comme en français. Ex : *iniquo* inique ; le second *i* sonne comme le premier.

1*

14. *Quelle est la valeur de l'o?*

L'*o* se prononce de deux manières.

Fermé dans *rocca* quenouille, comme dans taupe.

Ouvert dans *rocca* forteresse, comme dans froc..

15. *Quelle est la valeur de l'u?*

L'*u* italien n'a qu'un seul son, c'est celui de *ou* français : jamais il n'équivaut à l'*u* français de flûte ou butte. Ainsi *virtù* vertu, se prononce virtou.

16. *Quelle est la valeur des consonnes labiales ?*

Les labiales *b, p, f, v,* se prononcent comme en français. *Bello*, beau ; *padre*, père ; *fiero*, fier ; *vano*, vain.

17. *Quelle est la valeur des consonnes gutturales ?*

C et *g* se prononcent comme en français devant *a, o, u*.

    Camera, chambre ; *gara,* débat.

    Corona, couronne ; *gomito,* coude.

    Cuffia, coiffe ; *gusto,* goût.

Le *c* devant l'*e* et l'*i* correspond au français tch.

    Cenere, cendre ; prononcez tchenere.

    Cicala, cigale ; d° tchicala.

Le *g* devant l'*e* et l'*i* correspond au français *dg*. Ex. :

    Generale, général ; prononcez dgenerale.

    Giallo, jaune ; d° dgiallo.

Le *q* ne peut être séparé de l'*u* qui le suit toujours nécessairement.

Quà par là, se prononce à peu près « quoi ». (Note B.)

Quand le *g* est redoublé, devant un *e* ou un *i*, le premier se prononce comme un *d*. Ex. : *Oggetto,* objet; prononcez odgetto.

18. *Quelle est la valeur des consonnes dentales?*

Les consonnes dentales ont la même valeur qu'en français. Ex. : *Donna,* femme ; *Tela,* toile.

Le *t* cependant présente une différence, c'est qu'il s'adoucit quelquefois en français devant un *i* suivi d'un *o* comme dans nation. Cela n'arrive pas en italien. (Note C.) Le *t* se prononce toujours rude comme dans natif. Ex. : *natio,* naturel.

19. *Quelle est la valeur des liquides ?*

Les liquides résonnent à peu d'exceptions près, comme en français. Ex. :

Blando, doux ; *morbo,* maladie ; *naso,* nez ; *trave,* poutre.

Les premières lettres de ces mots, se prononcent comme dans les mots français Blandine, morbifique, nasal, traverser.

Exceptions : 1° *l* précédée de *g* et suivie de *i* se prononce avec le son mouillé, comme la fin du mot français bouilli, et non pas dur comme au commencement de glisser. On dira donc :

> *Giglio*, lys comme dgillio.
> *Gli*,   les   d°   bou*illi*.

Cependant cinq ou six mots se prononcent à la française. Ce sont : *Angli*, anglais ; *anglicano*, anglican ; *ganglio*, ganglion ; *ganglionare*, ganglionaire ; *geroglifico*, hiérogliphe.

2° L'*n* précédée d'une voyelle ne se prononce jamais absolument du nez. Des nasales proprement dites, comme les sons français *an*, *on*, *in* dans triomphant, *ingrat* sont inconnues en italien (v. n° 464).

20. *Quelle est la valeur des lettres doubles ?*

Le *j* ou *i* lungo correspond à deux *i*, dont le premier serait prononcé d'une manière rapide et fugitive.

Ex. : *Giudizj*, jugements pour *giudizii*.

De ce que le *j* remplace deux *i* il ne faut pas conclure qu'on puisse indifféremment employer une manière pour une autre. Le chapitre de l'Orthographe enseignera dans quels cas on doit garder ou supprimer les deux *i*.

Le *z* est une lettre double, qui correspond tantôt à *ds* et tantôt à *ts*. Ex. :

> *Zelo*,   zèle, se prononce dselo.
> *Zampa*, patte,   d°   tsampa.

Mais ce *d* et ce *t* introduits dans l'écriture pour l'intelligence des Français, sont très-faibles. L'usage seul fait connaître quand il faut mettre le *d* ou le *t* devant l's. Mais dans le doute on risque moins de se tromper en préférant le *t*.

21. *Quelle est la valeur de la sifflante ?*

L's a dans la plupart des cas le même son qu'en français. Entre deux voyelles, elle s'adoucit généralement comme le *z* français. Ainsi pour *rosa*, rose, cette consonne se prononce semblablement dans les deux langues. Les Florentins cependant, et ceux qui les imitent, prononcent volontiers l's dure entre deux voyelles ; p. ex. : *Coça* pour *cosa*, chose. Mais ce n'est point l'usage général.

Quant l's est suivie de *ce* ou de *ci*, elle produit absolument le même son que *ch* en français.

Ainsi : *Scemare*, diminuer, résonne comme *chemare*.

Scimia, singe, d° chimia.

Dans ce cas, et dans tous ceux où l's est suivie d'une consonne, on l'appelle *impure*, par ex. dans les mots :

Strada, route ; *sdrucciolo*, glissant ; *smania*, frénésie, etc. Sche et schi se prononcent ske et ski. *Scherma*, escrime ; *schifo*, chaloupe.

22. *Quelle est la valeur de la muette ?*

L'*h* n'a généralement aucun son par elle même en italien : elle donne seulement parfois un peu d'aspiration à certains mots. (Voyez Orthographe, n° 243) Elle sert :

1° A rendre dur le son du *c* et du *g* devant l'*e* et devant l'*i*. Ces deux consonnes se prononcent alors comme *k* et *gu* en français. Ex. :

Cheto, tranquille ; prononcez keto.

Ghirlanda, guirlande ; d° guirlanda.

2° A distinguer en écriture un mot d'avec un autre.

Ex. : *Hanno,* ils ont ; *anno,* année.

23. *Vous avez dit que les mots sont composés de lettres et de syllabes ; qu'est-ce qu'une syllabe ?*

La syllabe est une réunion de lettres, qui peut être prononcée par une seule émission de voix. Dans une syllabe, il faut toujours une voyelle *au moins* pour porter la voix et soutenir les consonnes. Au contraire il peut n'y avoir pas de consonne du tout, et la voyelle fait syllabe à elle seule. (Fà syllaba da se.) Par exemple *e* qui signifie *et* ; *i* qui signifie *les*. Mais ordinairement la voyelle est renforcée d'une ou plusieurs consonnes qui s'appuient sur elle.

24. *Comment se forme une syllabe italienne ?*

A l'inverse de la méthode française, c'est-à-dire qu'*une ou deux consonnes, placées entre deux voyelles, font syllabe, avec la voyelle qui les précède, et non pas avec celle qui la suit.* Décomposer un mot en ses syllabes s'appelle *scander.*

25. *Expliquez cette formation par des exemples ?*

Soit le mot *amare*, aimer. La première syllabe est *am* ; la seconde *ar* ; la troisième *e*. Soit le mot *nervoso*, nerveux ; il se scande *nerv-os-o.* Soit enfin le mot *cristianesimo*, christianisme : il se scande *crist-ian-es-im-o.*

26. *Cette règle pour la division des syllabes est-elle sans exception ?*

Oui pour tous tous les mots simples. Mais lorsque le mot est composé, c'est-à-dire qu'il est formé de deux mots fondus en un seul, la règle ne vaut que pour les mots qui entrent dans la composition, et non pas pour le composé.

27. *Expliquez cette différence par des exemples ?*

Soit le mot *crocifisso*, crucifix. Ce mot signifie fixé à la croix : il est composé de *croci* et de *fisso*. Il se scande *croc-i-fiss-o*. Il serait absurde de scander *croc-if-iss-o*, parce que l'*f* appartient au second mot composant, c'est-à-dire à *fisso* qui veut dire fixé. — De même *manuscritto*, manuscrit, se scande *man-u-scritt o*. On ne pourrait diviser le mot en *man-uscr-itt-o*, parce que l's appartient à *scritto* qui veut dire écrit.

Sont aussi mots composés certains mots commençant par des monosyllabes qui s'incorporent au mot principal, et qu'on appelle pour cela · particules « séparables » ou « inséparables » selon leur nature. De ces particules, les unes ont un sens propre comme *a* à, *di* de, *frà* entre, *in* dans, *per* par, *con* avec ; et peuvent s'employer seules dans ce sens. Ce sont les séparables. Ex. : *fra-stornare* détourner, de *tornare* tourner ; *in-tenzione* intention, de *tenzione* tension ; *per-dono* pardon, de *dono* don ; *con-cepire* concevoir, de *capire* saisir ; etc. Les autres ne signifient rien par elles-mêmes, comme *di, ra, re, ri, tras, mis* ; mais incorporées à un autre mot, elles en modifient le sens : Ce sont les inséparables. Ex. : *Disgrazia* disgrâce, de *grazia* grâce ; *misfatto* méfait, de *fatto* fait ; *rifare* refaire, de *fare* faire ; *trasportare* transporter, de *portare* porter, etc.

Il arrive quelquefois que les composants ne sont pas italiens, mais latins ou grecs. C'est alors que l'avis d'un maître est nécessaire, pour enseigner où commencent et finissent les syllabes. Ainsi le mot *sillaba* syllabe, doit se scander *sil-lab-a* quoique *laba* ne soit pas un mot italien, mais grec ; de même *percossa* coup, se divise en *per-coss-a*, quoique *cossa* ne soit pas italien, mais corruption d'un mot latin.

Si l'on excepte ces composés empruntés à une langue étrangère (et ils sont peu nombreux), rien n'est plus facile que de décomposer un mot italien en ses syllabes. Cette manière de scander est d'une importance capitale.

28. *Cette manière de scander sert-elle à la fois pour la prononciation et pour l'écriture ?*

Pour la prononciation seulement, où elle fait comprendre la

liaison d'une syllabe à une autre et saisir la ressemblance de mots en apparence disparates, et qui ont cependant une origine commune, ainsi que le lecteur pourra s'en convaincre, par l'examen des mots contenus dans nos vocabulaires. — Quant à l'écriture, si l'on est obligé de couper un mot à la fin d'une ligne, on la coupe comme en français Ex. :

Ner-voso et non pas *nerv-oso* (note D).

29. *Vous avez dit* (n° 23) *qu'il faut toujours au moins une voyelle dans une syllabe. Peut-il donc s'en trouver deux ?*

Oui. Mais alors ces deux voyelles se prononcent par une seule émission de voix. C'est ce qu'on appelle une *diphtongue* d'un mot grec qui signifie double son. Ainsi par exemple dans *persuaso* = persuadé, l'*u* et l'*a* sont émis en une seule fois et inséparablement. *Ua* est une diphtongue.

30. *Distingue-t-on toujours le son de chaque voyelle dans une diphtongue, bien qu'on les prononce par une seule émission de voix ?*

Oui, et jamais les voyelles composantes ne forment un son nouveau comme en français « feu » qui ne fait entendre ni l'*e* ni l'*u*, ou « faux » qui ne fait entendre ni l'*a* ni l'*u*, mais résonne comme un *o* fermé.

31. *Combien y a-t-il de diphtongues en italien ?*

Pour le savoir il faut prendre tour à tour, chacune des cinq voyelles, et la faire suivre des quatre autres : il en résultera vingt combinaisons, qui sont comprises dans le tableau suivant :

ae	*ea*	*ia*	oa	*ua*.
ai	*ei*	*ie*	*oe*	*ue*.
ao	*eo*	*io*	*oi*	*ui*.
au	*eu*	*iu*	ou	*uo*.

Les couples non italiques ao, oa, ou, ne sont pas des diphtongues, et le dernier ne peut même pas produire un son en italien. Les vingt combinaisons se réduisent par suite à dix-sept diphtongues.

32. *Donnez des exemples des dix-sept diphtongues italiennes ?*

ae	*trae*	il tire	scandez	*trae*
ai	*amai*	j'aimai		*am-ai*
au	*fausto*	heureux		*faust-o*
ea	*rea*	coupable (fém.)		*rea*
ei	*temei*	je craignis		*tem-ei*
eo	*reo*	coupable (masc.)		*reo*

eu	*neutro*	neutre	scandez *neutr-o*
ia	*piano*	plan	*pian-o*
ie	*togliere*	ôter	*togl-ier-e*
iu	*giù*	en bas	*giù*
oe	*eroe*	héros	*er-oe*
oi	*poi*	puis	*poi*
ua	*sua*	sienne	*sua*
ue	*bue*	bœuf	*bue*
ui	*fui*	je fus	*fui*
uo	*può*	il peut	*può*

33. *Y a-t-il des mots dans lesquels les couples de voyelles que vous avez appelés diphtongues soient divisés ?*

Oui : il y a certains mots, mais en fort petit nombre, où les voyelles ea, eo, eu, ua, ia forment des syllabes distinctes ; par ex. :

le-al-e	loyal	*be-on-e*	buveur
du-al-e	de deux	*pazz-i-a*	folie

Pour les assemblages de voyelles dont la première est un *u*, il faut remarquer que *ua, ue, ui, uo* ne font jamais diphtongue, lorsque ces lettres sont précédées d'un *q*, parce que l'*u* est inséparablement uni au *q*, dont il est comme le complément, (voyez n° 17). Ainsi :

nacquero	ils naquirent, se scande *naqu-er-o.*
tacqui	je me tus	d°	*tacqu-i.*

34. *Y a-t-il des mots dans lesquels on soit libre de diviser les voyelles en syllabes différentes, ou de les réunir en diphtongues ?*

En prose, non. Mais en poésie, on fait à volonté de une ou de deux syllabes, les diphtongues composées de *i* et de *u* en tête, c'est-à-dire *ia, ie, io, iu, ua, ue, ui, uo*, surtout lorsque ce sont les finales des vers. Ainsi :

Gloria	gloire	peut faire	*glor-ia*	ou *glor-i-a.*
Grazie	grâces	d°	*graz-ie*	ou *graz-i-e.*
Figlio	fils	d°	*figl-io*	ou *figl-i-o.*
Assiduo	assidu	d°	*as-sid-uo*	ou *as-sid-u-o.*
Mansueto	doux	d°	*man-suet-o*	ou *man-su-et-o.*

Ces deux derniers exemples sont des mots composés.

Ex. : *La glor-ia che passò.* (Manzoni *cinque* Maggio).
Nove conquiste e glor-i-a. (d° Pentecoste).

35 *Quelle est la voyelle dominante de la diphtongue?*

Dans les diphtongues dont la première voyelle est a, e, o, c'est presque toujours celle-là qui l'emporte. Dans *trae*, il tire, par ex., la voix se porte sur *a* et l'on entend très-peu l'*e*. De même dans *aura*, souffle, la voix se porte sur *a*, et dans *voi*, vous, elle se porte sur *o*.

Dans les diphtongues qui commencent par i, c'est au contraire la seconde voyelle qui domine :

Biada, blé; *fiero*, fier; *giusto*, juste.

la voix glisse sur l'i.

Dans les diphtongues enfin dont la première syllabe est un *u*, il y a des exemples des deux manières. On dit *buono* bon, en glissant sur l'*u* et en appuyant sur l'*o* : on appuie au contraire sur l'*u* dans *bue* bœuf.

36. *Ne peut-on comprendre que deux voyelles dans une seule émission de voix?*

On peut en réunir trois, et cette réunion s'appelle triphtongue. Ex. :

Puoi	tu peux	(une seule syllabe).
Miei	miens	(d°).
Guai	gare	(d°).
Sbagliai	je me trompai.	(deux syllabes) *sbagl-iai*.
Figliuolo	fils.	(trois syllabes) *figl-iuol-o*.

Il y a même des quatriphtongues, c'est-à-dire des réunions de quatre voyelles en une seule syllabe. Ex. :

Figliuoi fils, *(iuoi)*. *Lacciuoi* lacets, *(iuoi)*.

mais ils sont en fort petit nombre.

ARTICLE 2.

Des Eléments virtuels des mots ou des Accents.

37. *Qu'est-ce qu'un élément virtuel dans un mot?*

C'est une certaine qualité ou *vertu*, que les lettres ne suffisent pas à rendre, bien que l'effet de cette vertu soit sensible à l'oreille. Cette *qualité*, ou cet élément virtuel des mots, s'appelle *accent*.

On appelle pareillement accent, le signe qui se place au-dessus de la lettre, pour indiquer cette qualité, quand il existe de ces signes dans la langue écrite.

38. *Combien y a-t-il d'espèces d'accents en italien?*

Il y en a deux, savoir :

1° L'accent *tonique* qui affecte une syllabe unique et déterminée du mot, et

2° L'accent *vocal* qui affecte la voyelle de chaque syllabe.

39. *Quelle est la propriété de l'accent tonique?*

C'est de donner à l'une des syllabes, dans les mots qui en ont deux ou plusieurs, une force, une élévation, une durée, un poids, qui entraînent les autres et les effacent à demi. Cette syllabe prédominante, qui donne le ton aux autres, s'appelle pour cela *tonique*, et comme elle est seule dans chaque mot, elle en constitue et en marque l'unité.

Ainsi, RÈGLE GÉNÉRALE. Dans tout mot italien, de deux ou plusieurs syllabes, il y en a une forte qu'on appelle la tonique, et il n'y en a qu'une.

Quant aux mots d'une syllabe, les uns portent la tonique, c'est-à-dire qu'on appuie en les prononçant, autant que sur la syllabe forte d'un mot de deux syllabes; les autres ne portent pas de tonique. On verra pourquoi, dans le chapitre de l'Orthographe, n° 256.

40. *Donnez des exemples d'accent tonique en français?*

En français quand la dernière syllabe d'un mot finit par un *e* muet, la tonique est sur l'avant-dernière. Elle est sur la dernière dans tous les autres cas. Ex. :

Le *masque* tombe, l'*homme* reste.
et le *héros* s'évanouit.

les syllabes *soulignées* sont des toniques.

41. *Donnez des exemples d'accent tonique en italien?*

La tonique au lieu de n'avoir que deux places possibles, comme en français, en a quatre en italien ; nous nommerons les syllabes pour les exemples

dernière, pénultième, antépénultième, quatrième

en remarquant que cet ordre commence par la fin du mot.

1° Tonique sur la dernière.

Virtù, vertu ; *sentì*, il sentit ; *amerò*, j'aimerai, *credè*, il crut; *farà*, il fera.

Dans cette position du dernier rang, la tonique a un signe,

c'est l'accent (＼). Il marque qu'il faut appuyer la voix sur la finale du mot. Cet accent grave est d'ailleurs souvent indispensable pour éviter des confusions, car les mots *senti*, *crede*, privés du signe de l'accent grave, signifient : tu sens, il croit. Pour les trois autres places, nous marquerons la tonique, par le signe de l'accent aigu.

2° Tonique sur la pénultième.

Amóre, amour ; *capitáno*, capitaine.

3° Tonique sur l'antépénultième.

Amábile, aimable ; *ángelo*, ange.

4° Tonique sur la quatrième.

Cápitano, ils arrivent ; *líberino*, qu'ils délivrent.

42. *Y a-t-il des noms particuliers pour distinguer les mots suivant la place qu'y occupe la tonique?*

Oui. On appelle les mots.

Trónchi	tronqués,	⎛ selon ⎞	la dernière.
Piáni	doux,	⎜ qu'ils ont ⎜	la pénultième.
Sdrúccioli	glissants,	⎨ la tonique ⎬	l'antépénultième.
Bisdrúccioli	très-glissants,	⎝ sur ⎠	la quatrième.

Ces dénominations reviendront souvent dans la grammaire, et l'élève doit se les graver dans la mémoire.

43. *Combien y a-t-il d'espèces de toniques?*

Deux : la tonique forcée et la tonique naturelle.

44. *Qu'est-ce que la tonique forcée?*

C'est : 1° la première syllabe dans tout mot qui en a deux, à moins que la dernière ne porte le signe de l'accent. Ex. : *Fáma*, réputation.

2° La pénultième syllabe de tout mot qui en a trois ou plus, toutes les fois que la voyelle de cette syllabe est suivie de deux ou trois consonnes, ou d'une lettre double. Ex. : *Argoménto*, argument ; *calzolájo*, cordonnier.

45. *Y a-t-il des exceptions à la règle de la tonique forcée?*

Quelques-unes, mais elles sont si peu nombreuses, qu'elles sont toutes ou presque toutes réunies dans la liste ci-dessous.

Álgebra,	algèbre.	*Esámetro,*	hexamètre. (vers)
Ánitra,	canard.	*Fúnebre,*	funèbre.
Árbitro,	arbitre.	*Geómetro,*	géomètre.
Báratro,	gouffre.	*Mándorla,*	amande.
Cátedra,	chaire (à enseigner).	*Pentámetro,*	pentamètre. (vers)
Célebre,	célèbre.	*Schéletro,*	squelète.
Cérebro,	cerveau.	*Ténebre,*	ténèbres.
Clépsidra,	horloge à eau.	*Vértebra,*	vertèbre.

Il faut ajouter à cette liste quelques noms de lieux.

Ófanto,	Ofanto (rivière).	*Ótranto,*	Otrante (ville).
Scárpanto,	Scarpante (île).	*Táranto,*	Tarente (ville).
Spálatro,	Spalatro (ville).		

46. *Qu'est-ce que la tonique naturelle?*

Ce sont dans les mots de trois ou plusieurs syllabes, toutes les toniques qui ne sont pas reconnaissables à l'un ou à l'autre des deux signes de position donnés plus haut, n° 44 ; ou simplement, les toniques naturelles sont celles qui ne sont pas forcées : *Il* dans *moníle*, bracelet; *vesc* dans *véscovo*, évêque.

47. *Y a-t-il un signe pour la tonique, autre que l'accent grave placé sur la dernière syllabe?*

Aucun. L'accent aigu que nous avons posé sur les syllabes toniques dans les exemples précédents et dans les tables accentuées de cet ouvrage, n'est introduit que pour la facilité des commençants. Il ne se trouve ni dans l'écriture manuelle en Italie, ni dans les livres imprimés.

48. *Comment donc reconnaît-on la tonique?*

Par la composition ou la position de la syllabe pour les toniques forcées.

Par l'usage pour les toniques naturelles.

49. *N'y a-t-il donc pas une règle générale qui aide à découvrir la place de la tonique dans chaque mot?*

Non. Toutefois on peut s'aider des deux observations suivantes :

1° Dans chaque espèce de mots, il y a des catégories qui sont accentuées de la même manière, c'est-à-dire que la tonique s'attache toujours à la syllabe du même rang dans ces mots. Nous l'indiquerons en son lieu.

2° Les diphtongues ont le privilége d'appeler sur elles la tonique, lorsqu'il ne se trouve après elles aucune tonique naturelle ou forcée. Ainsi dans *giúdice*, juge, la tonique est sur *giú*. Si elle n'y reste pas dans *giudicáre*, juger, et dans *giudicaménto*, jugement, c'est que la syllabe *ar* est tonique naturelle dans ce mot, et la syllabe *ent* tonique forcée.

50. *N'y a-t-il pas souvent des différences de sens dans les mots, suivant la place occupée par la tonique?*

Oui, en voici quelques exemples.

TRONCHI.	PIANI.	SDRUCCIOLI.
Alterò, il altéra.	*Altéro,* altier.	*Áltero,* j'altère.
	Ancóra, encore.	*Áncora,* ancre.
	Aprile, avril.	*Áprile,* ouvre les.
	Cambiále, lettre de ch[ge]	*Cámbiale,* change les.
	Consóli, tu consoles.	*Cónsoli,* consuls (les)
Farò, je ferai	*Fáro,* phare.	
Nettò, il nettoya.	*Nétto,* je nettoie.	
	Nettáre, nettoyer.	*Néttare,* nectar.
Pagò, il paya.	*Págo,* { je paye / ou satisfait. }	
Però, pour cela.	*Péro,* poirier.	
	Pagáno, payen.	*Págano,* ils paient.
	Rubíno, rubis.	*Rúbino,* qu'ils volent.
	Violíno, violon.	*Viólino,* qu'ils violent
Terrà, il tiendra.	*Térra,* terre.	

51. *Quelle est la propriété du second accent dont vous avez parlé, c'est-à-dire de l'accent vocal?*

C'est d'augmenter ou de diminuer l'ouverture de la voyelle.

52. *Donnez des exemples d'accent vocal en français.*

L'*a* est accentué diversement dans canon et dans âne ; dans que je fasse et dans je casse.

L'*e* est accentué de trois manières dans le mot sévère. La première fois il est fermé, la seconde il est ouvert, la troisième il est muet.

L'*o* enfin prend dans les mots apôtre ou fosse une autre qualité de son que dans les mots potier ou crosse.

L'*i* et l'*u* ne changent pas de son en français, quoiqu'on mette un accent circonflexe sur gîte et flûte, et qu'on n'en mette pas sur petite et culbute.

La voix se prolonge un peu sur les deux voyelles accentuées, mais elles ne changent pas de son.

Il n'en est pas de même pour les trois autres voyelles *a, e, o,* comme nous venons de le voir, et les signes qui indiquent les changements dans la qualité de son, s'appellent *accents,* comme les accents vocaux eux-mêmes. On sait qu'en français ces signes sont au nombre de trois : l'aigu (◢), le grave (◥), le circonflexe (▲).

53. *Y a-t-il des accents vocaux en italien?*

Oui ; c'est-à-dire que les voyelles *a, e, o* se prononcent avec divers degrés d'ouverture, selon que nous l'avons vu aux n°s 11, 12, 14. Mais il n'existe pas comme en français de signe reçu pour marquer ces degrés.

54. *Comment donc reconnaît-on l'accent vocal dont il faut affecter, en les prononçant, les voyelles a, e, o?*

C'est surtout par l'usage. Il est difficile de donner des règles si ce n'est pour quelques catégories de mots, comme on le verra dans le *Supplément relatif aux accents* (n°s 463 et suivants).

55. *N'y a-t-il pas souvent une différence de sens, suivant l'accent vocal dont une voyelle est affectée?*

Oui, de même qu'en français où l'on trouve matin, opposé à soir, et mâtin, sorte de gros chien; de, particule, et dé à coudre, comme dans je me sers de ton dé; nôtre et notre, comme dans notre ami est ici; son intérêt est le nôtre.

La différence entre les deux langues, c'est qu'en français il y a souvent un *signe* d'accent qui indique l'ouverture à donner à la voyelle; il n'y en a point en italien. En italien aussi la différence de sens ne porte que sur les mots semblables ayant un *e* ou un *o*, et non sur ceux qui ont un *a* dans la syllabe diversement accentuée.

56. *Donnez par un tableau les mots dont la signification est différente, selon qu'on prononce l'e ouvert ou fermé.*

Nous le donnons ci-après, en le faisant précéder des observations suivantes:

Ce que nous appelons en italien *e* stretto, *e* fermé, est l'*e* du mot français « bénir. »

Ce que nous appelons en italien *e* largo, *e* ouvert, est le premier *e* du mot français « fière. »

Pour la commodité de ceux qui, sachant déjà le latin, apprennent l'italien, nous mettons entre parenthèses les mots latins, où l'*i* correspond avec l'*e* fermé. L'*e* italien est fermé dans ces mots, précisément parce qu'il remplace un *i* latin.

E fermé.		E ouvert.	
Acetta,	hache.	*Accetta,*	il accepte.
Affetto,	je coupe par tranches.	*Affetto.*	affection.
Bei (bibis),	tu bois.	*Bei*	beaux.
Cera,	cire.	*Cera.*	mine.

E fermé.		E ouvert.	
Creta.	craie.	*Creta,*	Crète (île de).
De'	des.	*Dè,*	il doit.
Dei,	des.	*Dei,*	dieux.
Dessi,	eux-mêmes.	*Dessi,*	il se doit.
Detti (dicti),	dits.	*Detti,*	tu dictes.
e,	et.	*è,*	il est
Elle (illœ),	elles.	*Elle,*	l, nom d'une liquide.
Esca, nourriture, amorce, amadou.		*Esca,*	que je sorte.
Esse (ipsœ),	elles.	*Esse,*	s, nom de la sifflante.
Essi (ipsi),	eux.	*Essi* (poétique),	on est.
Fero (poétique)	ils firent.	*Fero* (poëte),	féroce.
Fella,	il la fit.	*Fella,*	perfide.
Feste,	vous fîtes.	*Feste,*	fêtes.
Lega, (ligat)	il lie.	*Lega,*	lieue.
Legge,	loi.	*Legge,*	il lit.
Lessi, lesse (clixi), bouillis, bouillies.		*Lessi, lesse,*	je lus, il lut.
Mele,	pommes.	*Mele,*	miel.
Messe (missa), mises ou messes.		*Messe,*	moisson.
Mezzo,	très-mûr.	*Mezzo,*	moyen.
Nei,	dans les.	*Nei,*	taches sur le visage.
Pera (pirum), poire.		*Pera,*	qu'il périsse.
Pesca, piscatio, action de pêcher.		*Pesca,*	pêche, (fruit).
Pesco (piscor), je pêche.		*Pesco*	pêcher, (arbre).
Peste (pistus), pilées.		*Peste,*	peste, (maladie).
Sete (sitis),	soif.	*Sete* (poët.),	vous êtes.
Te,	toi.	*Té,*	tiens, (de tenir).
Tema (timor), crainte.		*Tema,*	thème.
Temi (times), tu crains.		*Temi,*	thèmes.
Veglio, veglia (vigilo) je veille, il veille		*Veglio, veglia,* (poët.),	vieux, vieille.
Venti, (viginti) vingt.		*Venti,*	vents.

57. *Donnez par un tableau les mots dont la signification est différente selon qu'on prononce l'o ouvert ou fermé.*

Nous le donnons ci-après en le faisant précéder des observations suivantes :

Ce que nous appelons en italien *o* stretto, *o* fermé, est celui du mot français « côté. »

Ce que nous appelons en italien *o* largo, *o* ouvert, est celui du mot français « molle. »

Pour la commodité de ceux qui, sachant déjà le latin, apprennent l'italien, nous mettons entre parenthèses les mots latins où l'*o* correspond à l'*o* fermé. L'*o* italien est fermé dans ces mots, précisément parce qu'il remplace l'*u* latin qui avait le son de *ou* français.

O fermé.		O ouvert.	
Accorre (accurrit),	il accourt.	*Accorre,*	accueillir.
Accorsi,	j'accourus.	*M'accorsi,*	je m'aperçus,
Accorse,	il accourut.	*s'accorse,*	il s'aperçut.
Apporti,	te deviner.	*Apporti,*	tu apportes.
Botte,	tonneau.	*Botte,*	coups.
Co', cogli,	avec les.	*Co', cogli,*	tu cueilles.
Cola,	il coule.	*Cola* (poët),	il honore.
Collo, colla, colle, avec le, la, les.		*Collo, colli,*	cou, côteaux.
Colto, (cultus) cultivé.		*Colto,*	cueilli, attrappé.
Corre (currit), il court.		*Corre,*	cueillir.
Corso (cursus), cours, course.		*Córso,*	Corse (de l'île de).
Corsi (cucurri), je courus.		*Corsi,*	corses.
Corti (curti), courts et cours.		*Corti,*	te cueillir.
Costa,	il coute	*Costa,*	côte.
Fora,	il perce.	*Fora* (poët),	il serait.
Foro,	trou.	*Foro,*	le forum, le barreau.
Fosse (fuisset), qu'il fût.		*Fosse,*	fosses.
Giov-a (juvat), (poët), il est utile.		*Giove,*	Jupiter.
Indotto (Inductus), poussé, induit.		*Indotto,*	ignorant.
Loto, (lutus, poët), boue.		*Loto,*	lotus (plante).
Mozzo, moignon, endroit coupé.		*Mozzo di stalla,* valet d'écurie.	
Noce (nuce), noix et noyer.		*Noce* (poët),	il nuit.
Ora,	heure.	*Ora* (poët),	il prie.
Orno,	j'orne.	*Orno,*	trône sauvage.
Porci,	nous placer.	*Porci,*	porcs
Pose,	il posa.	*Pose,*	pauses.
Posta,	placée.	*Posta,*	la Poste.
Ricorre (recurrit), il recourt.		*Ricorre,*	recueillir.
Riposi,	je cachai.	*Riposi,*	repos et tu reposes.
Rocca,	quenouille.	*Rocca,*	forteresse.
Rodano,	qu'ils rongent.	*Rodano,*	le Rhône (fleuve).
Rodi.	tu ronges.	*Rodi,*	Rhodes (île de).
Rogo,	buisson.	*Rogo,*	bûcher.
Rosa,	rongée.	*Rosa,*	rose.
Rozza,	rude.	*Rozza,*	rosse.
Scola,	il dégoûte.	*Scola,*	école.
Scopo,	je balaie.	*Scopo,*	but.
Scorsi (excurrere), je parcourus.		*Scorsi,*	j'aperçus.
Scorta,	il abrège.	*Scorta,*	guide, escorte.
Sole,	soleil et seules.	*Sole* pr *suole,* il a l'habitude.	
Sollo,	souple.	*Sollo,*	je le sais.
Solo, sola,	seul, seule.	*Suolo, suola,* sol et semelle.	
Sono (sum, sunt), je suis, ils sont.		*Sono* pr *suono,* son (qui sonne).	
Sonne,	j'en suis.	*Sonne,*	j'en sais (quelque chose).
Sorte (surrectæ), levées.		*Sorte,*	sort (le).
Stolto (stultus), insensé.		*Stolto,*	détourné.
Torsi,	trognons.	*Torsi,*	s'ôter, je tordis.

O fermé.	O ouvert.
Torta, tourte.	*Torta,* tordue.
Torvi, fiers.	*Torvi,* vous ôter.
Tosco (tuscus), Toscan.	*Tosco* (poët), poison.
Volgo (vulgus), vulgaire (le).	*Volgo,* je tourne.
Volto (vultus), visage.	*Volto,* tourné.
Voto, vœu.	*Voto* p.^r *vuoto,* vide.

ARTICLE 3.

Définitions diverses.

58. *Qu'est-ce que la grammaire italienne ?*

C'est l'exposé des règles que les Italiens ont admises pour employer les mots de leur langue, par la parole ou par l'écriture.

56. *Combien d'espèces de mots y a-t-il dans la langue italienne ?*

Il y en a neuf, qu'on appelle :

le nom ou substantif,	l'adverbe,
l'article,	la préposition,
l'adjectif,	la conjonction,
le pronom,	l'interjection.
le verbe,	

60. *Quel est le nom générique de ces différentes espèces de mots ?*

On les appelle les parties du discours.

61. **Y** *a-t-il plus ou moins de parties dans le discours, en italien qu'en français ?*

Il y en a une de moins. Les grammaires françaises comptent une dixième partie du discours, qu'elles appellent « le participe » : en italien le participe est regardé comme une forme particulière du verbe.

62. *Peut-on diviser en catégories, suivant leur nature, les parties du discours ?*

Oui, les mots des cinq premières espèces, c'est-à-dire le nom, l'article, l'adjectif, le pronom, le verbe, sont nommés *variables* ; les mots des quatre dernières espèces, c'est-à-dire l'adverbe, la préposition, la conjonction, l'interjection, sont appelés *invariables*. La raison de ces dénominations, c'est que les cinq premières espèces de mots changent telle ou telle de leurs syllabes, suivant les rapports que la pensée veut exprimer, ce qui n'a pas lieu dans les quatre dernières espèces de mots.

63. *Quels rapports la pensée a-t-elle en vue, lorsque la langue modifie la forme des mots variables ?*

Il y en a trois, le nombre, le genre, la personne :

1° Le *nombre* fait connaître par le mot même, si l'objet auquel il se rapporte est le seul de son espèce, ou si on le considère avec d'autres objets ses semblables ;

2° Le *genre* fait connaître si l'objet est un homme ou une femme, ou comparé à l'un des deux ;

3° La *personne* fait connaître si l'objet est celui-là même qui parle, ou un objet en dehors de lui.

64. *Donnez des exemples qui éclaircissent ces définitions ?*

1° *Nombre.* Quand j'entends dire cheval ou chevaux, en italien *cavallo* ou *cavalli*, l'idée qui parvient à mon esprit est la même, c'est celle du bel et utile animal que tout le monde connaît. Mais dans le premier cas mon idée ne se rapporte qu'à un cheval, dans le second elle se rapporte à plusieurs.

2° *Genre.* Si je dis haut ou haute, en italien *alto, alta*, mon idée est celle de la hauteur appliquée à un objet particulier. Mais dans le premier cas, l'objet haut me paraît avoir une hauteur comparable à celle de l'homme ; dans le second, une hauteur comparable à celle de la femme.

3° *Personne.* Je vais, il va, en italien *vado, va*. L'idée générale est celle d'un objet allant. Mais dans le premier cas, cet objet allant n'est autre que moi-même : dans le second, cet objet allant est en dehors de moi. Le rapport sous lequel l'objet est considéré, n'est donc pas le même dans les deux cas.

65. *Combien y a-t-il de nombres dans les mots italiens ?*

Deux comme en français : le *singulier* quand l'objet de la pensée est unique ; le *pluriel* quand il ne l'est pas.

66. *Combien y a-t-il de genres dans les mots italiens ?*

Deux comme en français : le *masculin* pour les hommes et les mâles des animaux ; le *féminin* pour les femmes et les femelles des animaux. L'usage a réparti ensuite tous les noms des êtres, dans l'une ou l'autre de ces classes, sans qu'on puisse donner des raisons suffisantes de ce classement. L'italien cependant a conservé en général les genres que les mots avaient en latin, si ce n'est qu'il y a beaucoup de masculins qui correspondent à des mots du *neutre*, troisième genre que l'italien a perdu.

67. *Combien y a-t-il de personnes dans le discours en italien ?*

Il y en a trois comme dans toutes les langues. La première personne est celle qui parle, la seconde celle à qui l'on parle, la troisieme celle de qui l'on parle. Il ne faut pas entendre le mot *personne* des êtres animés et doués de raison ; car tout objet inanimé, et même n'existant que dans notre imagination, peut être la seconde ou la troisième personne dans le discours. Ces termes, être la première personne, la seconde, la troisième dans le discours, ne signifient autre chose que ceci : tel mot remplit dans le discours le premier, le second ou le troisième rôle.

ARTICLE IV.

Exercices de prononciation et de mémoire.

68. Nous donnons pour exercices de prononciation et de mémoire, les tables suivantes, dont les mots doivent être appris par cœur.

Afin de bien comprendre l'usage de ces tables, il faut faire attention aux remarques ci-après :

1° Chaque nom est précédé de l'article qui lui convient, et qui s'apprenant avec le nom même, en fixera le genre et le nombre dans la mémoire du lecteur.

Celui-ci connaît déjà les articles français et peut par un coup-d'œil jeté sur le chapitre II de la première partie voir les articles correspondants en italien.

2° L'accent tonique est indiqué par le signe (⟋) ou accent aigu dans le corps des mots ; par le signe (⟍) ou accent grave à la fin.

3° L'accent vocal est marqué au moyen des signes conventionnels suivants :

3° L'accent vocal est marqué au moyen des signes conventionnels suivants :

A E o a e O	vaut	a *largo,*	commun comme dans rare.
		e *largo,*	ouvert d° fière.
		o *largo,*	d° d° molle.
		a *stretto,*	fermé d° Paris.
		e *stretto,*	d° d° bénir.
		o *stretto,*	d° d° côté.

Si nous n'avons pas figuré l'*a* commun et l'*o* fermé à la française, au moyen de l'accent circonflexe (pâté, côté) c'est pour des raisons que nous dirons plus tard (n° 258).

Quand l'*a* et l'*e* n'ont pas un degré d'ouverture bien marqué, nous leur avons laissé les signes *a* et *e* parce qu'ils se rapprochent du son fermé.

4° Les mots des tables sont scandés suivant la méthode du n° 24 pour les motifs expliqués.

5° La syllabe italienne définie au n° 23 peut recevoir maintenant une définition plus complète qui sera comprise du lecteur. « La syllabe est une réunion de lettres, que l'on peut « prononcer par une seule émission de voix, avec l'accent qui « lui est propre ».

6° Les mots composés dans nos tables sont marqués d'une astérisque. Le lecteur saisira facilement la raison du scandement, pour les mots qui se lient aux règles des n°ˢ 26, 27. Pour les autres, qu'il lui suffise de savoir n° 27 que la raison de la division des syllabes se trouve dans l'origine grecque ou latine du mot. Mais il nous dispensera de la lui expliquer, parce que cela sortirait du cadre de cette grammaire.

TABLES ACCENTUÉES

RENFERMANT

DEUX MILLE MOTS ITALIENS DES PLUS USUELS

TABLE 1re. — NOMS

§ 1er. *Dieu et la Religion.*

Dieu *Dío.*
la Trinité *la Trin-it-à.*
le Verbe *il Vérb-o.*
le St-Esprit *lo Spír-it-o sánt-o.*
5 le Christ *il Críst-o.*
les personnes *le pers-ón-e,*
la Vierge *la Vérg-in-e,*
les archanges *gli arc-áng-el-i,**
les anges *gli áng-el-i,*
10 l'apôtre *l'ap-ó-stol-o,**
l'évangéliste *l'ev-ang-el-ist-a,**
le martyr *il márt-ir-e,*
le prophète *il pro-fét-a,**
le disciple *il disc-ép-ol-o,*
15 les saints *i sánt-i,*
les élus *gli e-létt-i,**
le paradis *il par-a-dis-o,**
la religion *la re-lig-ión-e,**
le christianisme, *il crist-ian-és-im-o,*
20 l'église *la chiés-a,*
le pape *il páp-a,*
le patriarche *il patr-i-árc-a,**
le cardinal *il card-in ál e,*
l'archevêque *l'arc-i-vésc-ov-o,**
25 l'évêque *il vésc-ov-o,*

le docteur *il dott-ór-e,*
le curé *il párr-oc-o,*
le chanoine *il can-ón-ic-o,*
le prêtre *il prét e,*
30 le religieux *il re-lig iós-o,*
le moine *il món-ac-o,*
la religieuse { *la món-ac-a,* *la suór-a,*
les laïques *i lá-ic-i,*
les fidèles *i fed-él i,*
35 la prière *la pregh-iér a,*
le vœu *il vót-o,*
les sacrements *i sacr-am-ént-i,*
la messe *la méss-a,*
l'autel *l'alt-ár-e,*
40 la croix *la cróc-e,*
le sermon *la pré-dic-a,*
la chaire *il púlp-it o,*
la cloche *la camp-án-a,*
les peines *le pén-e,*
45 l'enfer *l'inf-érn-o,*
le purgatoire *il púrg-at-ór-io,*
les démons *i dem-ón-j,*
un diable *un diá-vol-o,*
les damnés *i dann-át-i,*
50 les limbes *i límb-i.*

§ 2. *Le Monde en général.*

L'air *l'ár-ia,*
l'arc-en-ciel *l'arc-o-bal-én-o,**
l'astre *l'ástr-o,*
le bois (planté) *il bósc-o,*
55 la campagne *la camp-ágn-a,*
la caverne *la spel-ónc-a,*
le champ *il cámp-o,*

le chaud *il cáld-o*
le ciel *il ciél-o,*
60 la colline *il cóll-e,*
le continent *il con-tin-ént-e,**
le désert *il de-sért-o,**
l'eau *l'ácqu-a,*
l'éclair *il lámp-o,*

65 l'électricité *l'el-ettr-ic-it-à*,
l'espace *lo spáz-io*,
l'étoile *la stéll-a*,
le feu *il fuóc-o*,
la forêt *la sélv-a*,
70 la foudre *il fúlm-ine*,
le froid *il frédd-o*,
la glace *il ghiúcc-io*,
la grêle *la gránd-in e*,
l'île *l'ís-ol-a*,
75 le lac *il lág-o*,
la lune *la lún-a*,
la mer *il már-e*,
le monde *il mónd-o*,
la montagne *il mónt-e*,
80 la nature *la nat-úr-a*.
la neige *la név-e*,
le nuage *la núbe*,

l'océan *l'oc-èan-o*
l'orage *il temp-or-ál-e*.
85 le pays *il pa-és-e*,
la plaine *la pian-úr-a*,
la planète, *il pian-ét-a*,
la pluie *la piógg-ia*,
le pré *il prát-o*,
90 la presqu'île *la pen-is-ol-a*,*
la rivière *il fiúm-e*,
le rocher *la rúp-e*,
le soleil *il sól-e*,
la terre *la tèrr-a*,
95 le tonnerre *il tuón-o*,
l'univers *l'un-i-vèrs-o*,*
la vallée *la váll-e*,
la vapeur *il vap-ór-e*,
le vent *il vènt-o*.

§ 3. *L'Orientation.*

100 Le nord *la tra-mont-án-a*,*
le midi *il mezz-o-giórn-o*,*
l'orient *il lev-ánt-e*,
l'occident *il pon-ént-e*,

le nord-est *il grèc-o*,
105 le nord-ouest *il ma-éstr-o*,
le sud-est *lo scir-ócc-o*,
le sud-ouest *il lib-éco-io*.

§ 4. *Le Temps et ses parties.*

Le temps *il témp-o*,
le siècle *il sèc-ol-o*,
110 l'année *l'ónn-o*,
la saison *la stag-ión-e*,
le printemps *la prim-a-vér-a*,*
l'été *l'est-át-e*,
l'automne *l'aut-únn-o*,
115 l'hiver *l'in-vérno*,*
le mois *il més-e*,
janvier *genn-áj-o*,
février *febr-áj-o*,
mars *márz-o*,
120 avril *apr-il-e*,
mai *mágg-io*,
juin *giúgn-o*,
juillet *lúgl-io*,
août *ag-óst-o*,
125 septembre *sett-émbr-e*,
octobre *ott-óbr-e*,
novembre *nov-émbr-e*,
décembre *dic-émbr-e*,

la semaine *la sett-im-án-a*,
130 lundi *lun-e-dì*,*
mardi *mart-e-dì*,*
mercredi *merc-ol-e-dì*,*
jeudi *giov-e-dì*,*
vendredi *ven-er-dì*,*
135 samedi *sább-at-o*,*
dimanche *dom-én-ic-a*,
le jour *il giórn-o*,
la nuit *la nótt-e*,
l'aube *l'álb-a*,
140 l'aurore *l'aur-ór-a*,
le matin *il matt-ín-o*,
le soir *la sér-a*,

le coucher du soleil, { *il tra*
{ *mónt-o*
{ *del-sól-e*

l'heure *l'ór-a*,
145 la demi-heure *la mezz-a ór-a*
minuit *mézz-a nótt-e*,
midi *mezz-o-dì**
le moment *il mom-ént-o*,

2*

l'avent l'*av-vènt-o*.
150 l'Épiphanie *l'Ép-i-fan-ía*,
    la Chandleur *la Cand-el-Ájo*,*
    le carnaval *il carn-o-vál-e*,*
    le carême *la quar-és-im-a*,
    les quatre-temps *le quáttr-o*

    tèmp-or-a,
155 Pâques *Pásqu-a*,
    la Pentecôte *la Pent-ec-óst-a**
    la Fête-Dieu *il. corp-us Do-m-in-i*,
    Noël *Nat-Ál-e*.

§ 5. *L'âme, ses facultés et ses affections.*

L'affection *l'af-fÉtt-o*,
160 l'affliction *l'af-fliz-ión-e*,
    l'âme *l'án-im-a*,
    l'amitié *l'am-ic-íz-ia*.
    l'amour *l'am-ór-e*,
    l'anxiété *l'ans-iet-à*,
175 l'avis { *l'av-vís-o*,*
         { *il par-ér-e*,
    le calme *la cálm-a*,
    le chagrin *l'aff-ánn-o*,
    la compassion *la com-pass-ión-e*,*
    la confiance *la fid-úc-ia*,
170 la connaissance *la co-nosc-énz-a*,*
    le conseil *il cons-igli-o*,
    la crainte *il tim-ór-e*,
    le dédain *lo sdégn-o*,
    le désespoir *la di-sper-az-ión-e*,*
175 le désir *il de-sid-ér-io*,*
    la douleur *il dol-or-e*,
    le doute *il dúbb-io*,
    l'entendement *l'in-tend-im-ént-o**
    l'erreur *l'err-ór-e*,
180 l'esprit *lo spir-it-o*,
    la folie *la pazz-ía*,
    la gaîté *l'all-egr-ézza*,
    la haine *l'ód-io*,
    la hardiesse *l'ard-im-ént-o*,
185 l'honneur *l'on-ór-e*,

    la honte *la verg-ógn-a*,
    l'ignorance *l'i-gnor-ánz-a*,*
    l'impatience *l'im-paz-iénz-a*,*
    l'indignation *l'in-dign-az-ión-e**
190 l'intelligence *l'int-el-lÉtt-o*,*
    la joie *la giój-a*,
    le jugement *il giu-díc-io*,*
    la liberté *la lib-ert-à*,
    la mémoire *la mem-ór-ia*,
195 le mépris *il dis-prézz-o*,*
    la miséricorde *la mis-er-i-córd-ia*,*
    l'opinion *l'op-in-ión-e*,
    la paix *la pác-e*,
    les passions *le pass-ión-i*,
200 la pensée *il pens-iér-o*,
    la peur *la paúr-a*,
    le plaisir *il piac-ér-e*,
    la raison *la rag-ión-e*,
    le respect *il ri-spÉtt-o*,*
205 la sagesse *la sap-iénz-a*,
    le sens *il senn-o*,
    la simplicité *la sem-plic-it-à*,*
    la sottise *la schiocch-ézz-a*,
    la souffrance *il pat-im-ént-o*,
210 le soupçon *il so-spÉtt-o*,*
    la tranquillité *la qui-ét-e*,
    la tristesse *la trist-ézz-a*,
    le trouble *it turb-am-ént-o*,
    la vérité *la ver-it-à*,
215 la volonté *la vol-ont-à*.

§ 6. *Les vertus et les vices.*

L'aménité { *l'am-en-it-à*,
         { *la gioc-ond-it-à*,
l'arrogance *l'ar-rog-ánz-a*,*
l'avarice *l'av-ar-íz-ia*,
la bonté *la bont-à*,

220 la charité *la car-it-à*,
    la chasteté *la cast-it-à*,
    la clémence *la clem-énz-a*,
    la colère *l'ir-a*,
    la constance *la co-stánz-a*,*

225 le courage *il cor-ágg-io,*
    la diligence *la di-lig- énz-a,* *
    l'économie *l'ec-o-nom-ía,* *
    l'envie *l'in-víd-ia,* *
    l'espérance *la sper-ánz-a,*
230 la fidélité *la fed-elt-à,*
    la foi *la féd-e,*
    la force *la fórz-a,*
    la gourmandise *la gol-os-it-à,*
    la gratitude *la grat-it-úd-in-e*
235 l'honnêteté *l'on-est-à,*
    l'impureté *l'im-pur-it-à,* *
    l'ingratitude *l'in-grat-it-úd-in-e* *
    l'ivrognerie *l'ubbr-iacch-ézz-a,*
    la jalousie *la gel-os-ía,*
240 la justice *la giu-stíz-ia,* *
    la lâcheté *la vigl-iacch-er-ía,*
    la libéralité *la lib-er-ol-it-à,*
    la loyauté *la le-alt-à,*
    le mensonge { *la bug-ía.* / *la menz-ógn-a,*

245 le mérite *il mér-it-o,*
    la modestie *la mod-ést-ia,*
    l'oisiveté *l'óz-io,*
    l'orgueil *l'org-ógl-io,*
    la paresse *la pigr-iz-ia,*
250 la patience *la paz-iénz-r,*
    la piété *la piet-à,*
    la politesse *la cort-es-ía,*
    la probité *la prob-it-à,*
    la prudence *la prud-énz-a,*
255 la reconnaissance *la ri-co-nosc-énz-a,* *
    la sévérité *la sev-er-it-à,*
    la sincérité *la sinc-er-it-à*
    la tempérance *la temp-r-ánz-a,*
    la valeur *il val-ór-e,*
260 la vertu *la virt-ù,*
    le vice *il víz-io.*

§ 7. Le corps et ses parties.

    Les artères *le art-ér-ie,*
    la barbe *la bárb-a,*
    la bile *la bil-e,*
265 la bouche *la bócc-a,*
    le bras *il brácc-io,*
    le cerveau *il cerv-éll-o,*
    la chair *la cárn-e,*
    le chef *il cáp-o,*
270 les cheveux *i cap-éll-i,*
    les cils *le cigl-ia,*
    le cœur *il cuór-e,*
    le corps *il córp-o,*
    le côté *il lát-o,*
275 les côtes *le cóst-ol-e,*
    le cou *il cóll-o,*
    le coup-de-pied *il cóll-o del pié-de,* *
    le coude *il góm-it-o,*
    le crâne *il crán-io,*
280 les cuisses *le cósc-e,*
    les dents *i dénti,*
    les doigts *le dít-a,*
    l'épaule *la spáll-a,*
    l'estomac *lo stóm-ac-o,*
285 les excréments *gli es-crem-ént-i,* *

    le flanc *il fiánc-o,*
    le foie *il fég-at-o,*
    le front *la frónt-e,*
    les gencives *le geng-iv-e,*
290 les genoux *le gin-ócch-ia,*
    la gorge *la gól-a,*
    les jambes *le gámb-e,*
    les joues { *le gót-e,* / *le guánc-e,*
    la langue *la ling-ua,*
295 les larmes *le lágr-im-e,*
    les lèvres *le lábbr-a,*
    la main *la mán-o,*
    le membre *il mémbro,*
    le menton *il mént-o,*
300 le mollet *la pólp-a,*
    les moustaches { *i báff-i,* / *le bas-éll-e,*
    les muscles *i músc-ol-i,*
    les narines *le nar-ic-i,*
    les nerfs *i nérv-i,*
305 le nez *il nás-o,*
    l'œil *l'ócch-io,*
    les ongles *le úngh-ie,*
    l'oreille *l'or-écch-io,*
    les os *le óss-a*

310 le palais *il pal-át-o*,
les paupières *le palp-ébr-e*,
la peau *la péll-e*,
le petit doigt *il mígn-ol-o*,
le pied *il piéd-e*,
315 la plante du pied *la piánt-a del piéd-e*,
les pleurs *il piánt-o*,
le poing *il púgn-o*,
la poitrine *il pétt-o*,
le pouce *il póll-ic-e*,
320 les poumons *i polm-ón-i*,
la rate *la milz-a*,

les reins *i* ou *le rént*,
la salive *la sal-ív-a*,
le sang *il sáng-ue*,
325 les sanglots *i singh-iózz-i*,
le sein *il sén-o*,
la sueur *il sud-ór-e*,
le talon *il calc-ágn-o*,
la tête *la tést-a*,
330 l'urine *l'or-ín-a*,
les veines *le vén-e*,
le ventre *il véntr-e*,
le visage *il vólt-o*.

₰ 8. *Les sens et leurs objets.*

Les sens *i séns-i*,
335 l'objet *l'og-gétt-o*,*
la vue *la vist-a*,
l'ouïe *l'ud-ít-o*,
l'odorat *l'od-or-át-o*,
la goût *il gúst-o*,
340 le toucher *il tátt-o*,
la couleur *il col-ór-e*,
le blanc *il biánc-o*,
le noir *il nér-o*,
le rouge *il róss-o*,
345 le bleu *il turch-ín-o*,
le jaune *il giáll-o*,
le vert *il vérd-e*,
le gris *it bíg-io*,
la lumière *la lúc-e*,
350 les ténèbres *le tén-ebr-e*,
l'ombre *l'ómbr-a*,

les bruits *gli strép-it-i*,
la voix *la vóc-e*,
la parole *la par-ól-a*,
355 le son *il suón-o*,
la rumeur *il rum-ór-e*,
le murmure *il bis-bígl-io*,*
le soupir *il so-spír-o*,*
les clameurs *le strid-a*,
360 le chant *il cánt-o*,
l'odeur *l'od-ór-e*,
la puanteur *il púzz-o*,
la saveur *il sap--ór-e*,
la faim *la fám-e*,
365 la soif *la sét-e*,
la nausée *la náus-ea*,
la veille *la végl-ia*,
le sommeil *il sónn-o*,
le songe *il sógn-o*.

₰ 9. *Les Etats de l'homme.*

370 La naissance *la násc-it-a*,
la vie *la vit-a*,
l'âge *l'et-à*.
l'enfance { *l'in-fánz-ia*,* *la fanc-iull-ézz-a*.
la jeunesse { *la giov-an-ézz-a* *la giov-ent-ù*,
375 la vieillesse *la vecch-iézz-a*,
la mort *la mórt-e*,
le petit enfant *il bamb-ín-o*,
l'enfant *il fanc-iúll-o*,
le jeune garçon *il rag-ázz-o*,

380 la jeune fille *la rag-ázz-a*,
la petite fille *la fanc-iúll-a*,
l'homme *l'uóm-o*,
la femme { *la dónn-a*, *la fémm-in-a*,
l'époux *lo spós-o*,
385 l'épouse *la spós-a*,
le mariage *il matr-i-món-io*,*
le vieillard *il vécch-io*,
la vieille *la vécch-ia*,
un nain *un nán-o*,
390 un géant *un gig-ánt-e*,
un cadavre *un cad-áv-er-e*.

§ 10. Les degrés de parenté.

Les ancêtres *gli ant-e-nát-i*,* le fils *il fígl-io*,
le père *il pádr-e*, la fille *la fígl-ia*,
la mère *la mádr-e*, le petit-fils *il nip-ot-ín-o*,
395 le grand-père *il nónn-o*, 410 la petite-fille *la nip-ot ína*,
la grand'mère *la nónn-a*, le gendre *il gén-er-o*,
le frère *il frat-éllo*, la bru *la nuór-a*,
la sœur *la sor-élla*, le neveu *il nip-ót-e*,
le mari *il mar-ít-o* la nièce *la nip-ót-e*,
400 la femme *la mógl-ie*, 415 le beau-frère *il co-gnát-o*,*
le beau-père *il suóc-er-o*, la belle-sœur *la co-gnát-a*,*
la belle-mère *la suóc-er-a*, le cousin *il cug-ín-o*,
l'oncle *lo zío*, la cousine *la cug ín-a*,
la tante *la zía*, un parent *un par-ént-e*,
405 le parrain *il patr-ígn-o*, 420 les parents *i gen-it-ór-i*.
la marraine *la matr-ígn-a*, (père et mère)

§ 11. Les titres et les fonctions publiques.

Le monarque *il mon-árc-a*,* la comtesse *la cont-éss-a*,
le roi *il rE* le baron *il bar-ón-e*,
la reine *la reg-ín-a*, la baronne *la bar-on-éss-a*,
l'empereur *l'im-per-atór-e*,* le chevalier *il cav-al-iÉr-e*,
425 l'impératrice *l'im-per-atr-ic-e* 440 le noble *il nób-il-e*,
le vice-roi *il vic-e-rE*,* un seigneur *un sign-ór-e*,
le prince *il prin-cip-e*,* la dame *la sign-ór-a*,
la princesse *la prin-cip-éss-a*,* la demoiselle *la sign-or-ín-a*,
l'archiduc *l'arc-i-dúc-a*,* le gentilhomme *il gent-il-uóm-o*
430 l'archiduchesse *l'arc-i-duch-* 445 le gouverneur *il gov-ern-at-ór-e*
éss-a,* le préfet *il pre-fétt-o*,*
le duc *il dúc-a*, le président *il pre-sid-ént-e*,*
la duchesse *la duch-éss-a*, le juge *il giú-dic-e*,*
le marquis *il march-és-e*, le maire *il pod-est-à*,
la marquise *la march-és-a*, 450 le syndic *il sín-dac-o*,*
435 le comte *il cónt-e*, le consul *il cóns-ol-e*.

§ 12. Les professions.

L'avocat *l'av-vocá-t-o*,* la brodeuse *la ri-cam-atr-íc-e*,*
le barbier *il barb-iÉr-e*, le charcutier *il pizz-ic-ágn-*
le berger *il past-ór-e*, *ol-o*,
455 le boucher *il mac-ell-áj-o*, 460 le charpentier *il legn-aj-uól-o*,
le boulanger *il forn-áj-o*, le chirurgien *il chir-úrg-o*,*
le brodeur *il ri-cam-at-ór-e*,* le cocher *il cocch-iÈre*,

le cordonnier, *il calz-ol-áj-o,* 485 le marmiton *il guátt-er-o,*
le couvreur *il conc-ia-tétt-i,*★   le médecin *il méd-ic-o,*
465 le cuisinier *il cuóc-o,*   le menuisier *il fa-legn-ám-e,*★
la cuisinière *la cuóc-a,*   le meunier *il mugn-áj-o,*
le distillateur *il di-still-atór-e*★   la modiste *la crest-áj-a,*
le domestique { *il sérv-o,* 490 le notaire *il not-áj-o,*
{ *il fam-ígl-io,*   l'orfèvre *l'or-É-fic-e,*★
l'ébéniste *l'eb-an-ist-a,*   l'ouvrier *l'op-er-áj-o,*
470 l'épicier *il drogh-iÉr-e,*   le pâtissier *il past-icc-iÉr-e,*
la femme de chambre *la cam-*   le peintre *il pitt-ór-e,*
er-iÉr-a,   495 le pharmacien *lo spez-iÁl-e,*
la fille de cuisine *la guátt-er-a,*   le quincailler *il chinc-agl-iÉr-e*
le forgeron *il fÁbr-o,*   le serrurier *il magn-Án-o,*
l'imprimeur *lo stamp-atór-e,*★   la servante *la sérv-a,*
475 l'ingénieur *l'in-gegn-Ér-e,*★   le tailleur d'habits *il sart-ór-e,*
le jardinier *l'ort-ol-Án-o,*   500 le tailleur de pierres *lo scarp-*
le laboureur *l'agr-i-colt-óre,*★   *ell-ín-o,*
le libraire *il libr-áj-o,*   le tonnelier *il bott-áj-o,*
le maçon *il mur-atór-e,*   le typographe *il tip-ó-graf-o,*★
480 le maître de maison *il padr-*   l'usurier *l'us-ur-áj-o,*
ón-e,   le vacher *il bif-ólc-o,*
la maîtresse de *la padr-ón-a,* 505 le valet de chambre *il cam-er-*
le maître d'école *il ma-Éstr-o,*   *iÉr-e,*
la maîtresse do *la ma-Éstr-a,*   le valet d'écurie *il mózz-o di*
le marchand *il merc-ánt-e,*   *stáll-a.*

§ 13. *Les maladies et les remèdes.*

L'asthme *l'ásm-a,*   la jaunisse *l'itt-er-íz-ia,*
le bain *il bÁgn-o,* 520 la lèpre *la lÉbbr-a,*
la blessure *la fer-ít-a,*   la léthargie *il let-árg-o,*★
510 le cataplasme *il cat-a-plásm-a*★   la maladie *il mórb-o,*
le cautère *il caut-Ér-io,*   l'onguent *l'ung-uÉnt-o,*
la cicatrice *la cic-atr-íc-e,*   la peste *la pÉst-e,*
le clystère *il clist-Ér-o,* 525 la pilule *la pill-ol-a,*
la colique *la cól-ic-a,*   le rhume *il raf-fredd-ór-e,*★
515 les convulsions *le con-vuls-*   le scorbut *lo scorb-út-o,*
ión-i,★   les simples *i sém-plic-i,*★
l'évanouissement *lo sven-im-*   le sirop *lo scir-ópp-o,*
ént-o,   530 la toux *la tóss-e,*
la fièvre *la fÉbbr-e,*   la vérole *il vaj-uól-o,*
la goutte *la gótt-a,*   le vertige *la vert-íg-in-e.*

§ 14. *Les quadrumanes et les quadrupèdes.*

L'agneau *l'agnéllo,*   l'animal *l'an-im-Ále,*
l'âne *l'Ás-in-o,*   la belette *la dónn-ol-a,*
535 l'ânesse *l'Ás-in-a,*   le bélier *il becc-o,*

la bête *la bést-ia*,
540 la biche *la cérv-ia*,
le bœuf *il búc*,
le bouc *il capp-ón-e*,
la brebis *la péc-or-a*,
le buffle *il búf-ol-o*,
545 le castor *il cast-ór-o*,
le cerf *il cérv-o*,
le chameau *camm-éll-o*,
le chamois *la cam-ózz-a*,
le chat *il gátt-o*,
550 le cheval *il cav-áll-o*,
la chèvre *la cápr-a*,
le chevreuil *il cavr-iuól-o*,
le chien *il cán-e*,
la corne *il córn-o*,
55 le daim *il dáin-o*,
l'écureuil *lo scoj-átt-ol-o*,
l'éléphant *l'el-ef-ánt-e*,
la fouine *la faín-a*,
la guenon *la bert-úcc-ia*,
560 le hérisson *il rícc-io*,
la hyène *la jén-a*,
la jument *la cav-áll-a*,
le lapin *il con-ígl-io*,

le léopard *il párd-o*,
565 le lièvre *la lépr-e*,
le lion *il lé-ón-e*,
la lionne *la le-on-éssa*,
le loup *il lúp-o*,
la louve *la lúp-a*,
570 le mouton *il mont-ón-e*,
le mulet *il múl-o*,
l'ours *l'órs-o*,
la panthère *la pan-tér-a*,
la patte *la zámp-a*,
575 le porc *il pórc-o*,
le rat *il tóp-o*,
le renard *la vólp-e*,
le sanglier *il cign-ál-e*,
le singe *la scím-ia*,
580 la souris *il sórc-io*,
la taupe *la tálp-a*,
le taureau *il tór-o*,
le tigre *il tigr-e*,
la tigresse *la tigr-e*,
585 la truie *la trói-a*,
la vache *la vácc-a*,
le veau *il vit-éll-o*,
le zèbre *lo zébr-o*.

§ 15. *Les oiseaux.*

L'aigle *l'áqu-il-a*,
590 l'alouette *la lód-ol-a*,
le bec *il bécc-o*,
la bécasse *la becc-ác-ia*,
le bouvreuil { *il fring-uéll-o mar-íno*,
la caille *la quágl-ia*,
595 le canard *l'án-itr-a*,
le chapon *il capp-ón-e*,
le chardonneret *il card-ell-ín-o*,
la chauve-souris *il pip-istr-éll-o*,
la chouette *la civ-étt-a*,
600 la cigogne *la cic-ógn-a*,
le coq *il gáll-o*,
le corbeau *il córv-o*,
la corneille *la corn-ácch-ia*,
le coucou *il cuc-úl-o*,
605 le dindon *il póll-o d'Ind-ia*,
l'épervier *lo sparv-iér-e*,
le faisan *il fagg-ián-o*,

le faucon *il fálc-o*,
le geai *la gázz-er-a*,
610 les griffes *le bránch-e*,
la grive *il tórd-o*,
la grue *la grù*,
le héron *l'agh-irón-e*,
l'hirondelle *la rónd-in-e*,
615 le merle *il mérl-o*,
le moineau *il páss-er-e*,
le nid *il níd-o*,
l'oie *l'óc-a*,
l'oiseau *l'ucc-éll-o*,
620 le paon *il pav-ón-e*,
la perdrix { *la pern-íc-e*,
(grise) { *la stárn-a*,
le perroquet *il papp-a-gáll-o*,
la pie *la gázz-a*,
le pigeon *il picc-ión-e*,
625 le pinson *il fring-uéll-o*,
les plumes *le pénn-e*,
la poule *la gall-in-a*.

le poulet *il poll-ástr-o,*
le rossignol *l'us-ign-uól-o,*

630 le serin *il can-ar-ín-o,*
le vautour *l'av-olt-ój-o.*

§ 16. *Les poissons.*

L'alose *la chépp-ia,*
l'anchois *l'al-íc-e,*
l'anguille *l'ang-uíll-a,*
635 la baleine *la bal-én-a,*
le brochet *il lúcc-io,*
la carpe *la re-ín-a,*
les harengs *le ar-íngh-e,*
le maquereau *lo sgómb-er-o,*
640 le merlan *l'as-έll-o,*

la morue *il merl-úzz-o,*
le poisson *il pésc-e,*
la raie *la rázz-a,*
le requin *il pésc-e cán-e,*
645 les sardines *le sard-έll-e,*
le saumon *il serm-ón-e,*
le thon *il tónn-o,*
la truite *la trót-a.*

§ 17. *Les amphibies.*

Le crapaud *il rósp-o,*
650 le crocodile *il cocc-odr-íll-o,*
l'écrevisse *il gámb-er-o,*
la grenouille *la rán-a,*

l'huître *l'óstr-ic-a,*
le lézard *la luc-έrt-a,*
655 la tortue *la test-úgg-in-e.*

§ 18. *Les reptiles.*

L'aspic *l'ásp-id-e,*
la couleuvre *la bisc-ia,*
la sangsue *la mign-átt-a,*

le serpent *il serp-έnt-e,*
660 la vipère *la ví-per-a.**

§ 19. *Les insectes.*

Les abeilles *le áp-i,*
l'araignée *il rágn-o,*
la chenille *il brúc-o,*
la cigale *la cic-ál-a,*
665 le cousin *la zanz-ár-a,*
les fourmis *le for-mích-e,**
les guêpes *le vésp-e,*
les hannetons *gli scar-af-ágg-i*
la mouche *la mósc-a,*
670 le papillon *la farf-áll-a,*

le pou *il pid-ócch-io,*
la puce *la púlc-e,*
la punaise *la cim-íc-e,*
la sauterelle *la cav-all-étt-a.*
675 le scorpion *lo scorp-ión-e,*
le ver à soie { *il big-á-tt-o,*
{ *il fil-ug-έll-o,*
le ver luisant *la lúcc-iol-a,*
le ver de terre *il vέrm-e.*

§ 20. *Plantes et grains.*

L'abricotier *l'alb-i-cócco,**
680 l'amandier *il mánd-orl-o,*

l'arbre *l'álb-er-o,*
l'avoine *l'av-én-a,*

les blés *le biád-e,*
la branche *il rám-o,*
685 le buis *il bóss-o,*
le cèdre *il cèdr-o,*
le cerisier *il cir-iég-io,*
le charme *il cárp-n-e,*
le châtaignier *il cast-ágn-o,*
690 le chêne *la quérc-ia,*
le cyprès *il cipr-ésso,*
l'écorce *la scórz-a,*
l'épi *la spíg-a,*
l'érable *l'Ác-er-o,*
695 la feuille *la fógl-ia,*
le foin *il fién-o,*
le frêne *il fráss-in-o,*
le froment *il frum-ént-o,*
le grain *il grán-o,*
700 l'herbe *l'érb-a.*
le hêtre *il fágg-io,*
l'if *il táss-o,*
le liége *il súgh-er-o,*
le lierre *l'éd-er-a,*

705 le maïs {*il grán-o d'Ind-ia,* / *la mél-ig-a,* / *la ságg-in-a,*}
le mûrier *il géls-o,*
le noyer *il nóc-e,*
l'oranger *il mel-ar-ánc-io,*
l'orge *l'órz-o,*
710 l'orme *l'ólm-o,*
la paille *la págl-ia,*
le peuplier *il piópp-o,*
le pin *il pín-o,*
la plante *la piánt-a,*
715 le platane *il plát-an-o,*
le poirier *il pér-o,*
le pommier *il mél-o,*
le prunier *il prúgn-o,*
la racine *la rad-íc-e,*
720 le riz *il rís-o,*
le sapin *l'ab-ét-e,*
le saule *il sál-ic-e,*
le seigle *la ség-al-a,*
le tronc *il trónc-o,*
725 la vigne *la vit-e.*

§ 21. *Les légumes.*

L'ail *l'ágl-io,*
l'artichaud *il carc-ióff-o,*
l'asperge *lo spár-ag-o,*
les câpres *i cápp-er-i,*
730 le cerfeuil *il cer-fógl-io,* *
les champignons *i fúngh-i,*
la chicorée *la cic-ór-ia,*
le choux *il cáv-ol-o,*
les choux-fleurs *i cáv-ol-i fiór-i*
735 la citrouille *la zúcc-a,*
le cresson *il cresc-ión-e,*

les épinards *gli spin-ácc-i,*
les fèves *le fáv-e,*
les haricots *i fag-iuól-i,*
740 la laitue *la latt-úg-a,*
le légume *il leg-úm-e,*
l'oignon *la cip-óll-a,*
le persil *il prézz-ém-ol-o,*
les petits pois *i pis-éll-i,*
745 les pommes de terre *le pat-át-e*
les porreaux *i pórr-i.*

§ 22. *Les fruits.*

L'abricot *l'alb-i-cócc-a,* *
l'amande *la mánd-orl-a,*
la cerise *la cir-tég-ia,*
750 la châtaigne *la cast-ágn-a,*
le citron *l'agr-úm-e,*
les figues *i fich-i,*

la fraise *la frág-ol-a,*
la framboise *il lamp-ón-e,*
755 le fruit *il frútt-o,*
la groseille *il rib-es,*
d° à maquereau *l'úv-a spín-a,*
le melon *il mel-ón-e,*

3

la nèfle *la nésp-ol-a,*
760 la noisette *l'av-ell-án-a,*
la noix *la nóc-e,*
l'olive *l'ol-ív-a,*
l'orange *la mel-ar-ánc-ia,*
la pêche *la pésc a,*

765 la poire *la pér-a,*
la pomme *la mel-a.*
la prune $\begin{cases} la\ prúgn-a, \\ la\ sus-ín-a, \end{cases}$
le raisin *l'úv-a.*

§ 23. *Les fleurs.*

Les bluets *i fior-al ts-i,*
770 la fleur *il fiór-e,*
la giroflée *la viól-a,*
le jasmin *il gels-om-ín-o,*
la jonquille *la giunch-ígl-ia,*
le lys *il gígl-io,*
775 la marguerite *la margh-er-it-in-a,*

l'œillet *il gar-óf-an-o,*
la paquerette *la prat-èll-ín-a,*
le pavot *il pap-áv-er-o,*
la rose *la rós-a,*
780 la tulipe *il tul-ip-án-o,*
la violette *la viól-a mámm-ol-a.*

§ 24. *Les métaux.*

L'acier *l'acc-iáj-o,*
l'argent *l'arg-ént-o,*
l'arsenic *l'ars-én-ic-o,*
785 le bronze *il brónz-o,*
le cuivre jaune *l'ott-ón-e,*
le cuivre rouge *il rám-e,*
l'étain *lo stágn-o,*

le fer *il férr-o,*
790 la fonte *il gétt-o,*
le mercure *il merc-úr-io,*
le métal *il met-áll-o,*
l'or *l'ór-o,*
le plomb *il piómb-o.*
795 le zinc *lo zínc-o.*

§ 25. *Les pierres précieuses.*

L'albâtre *l'al-ab-ástr-o,*
l'améthyste *l'am-et-íst-o,*
le diamant *il diam-ánt-e,*
l'émeraude *lo smer-áld-o,*
800 le jaspe *il diáspr-o,*

le marbre *il marm-o,*
le porphyre *il pórf-id-o,*
le rubis *il rub-ín-o,*
le saphir *lo záff-ir-o,*
805 la topaze *il top-áz-io.*

§ 26. *Matières diverses.*

L'alun *l'al-úm-e,*
l'ardoise *la lav-ágn-a,*
le bois *il légn-o,*
la brique *il mátt-ón-e,*
810 la cendre *la cén-er-e,*

le chanvre *la cán-ap-a,*
le charbon *il carb-ón-e,*
la chaux *la cálc-e,*
le corail *il cor-áll-o,*
815 le coton *la bamb-ág-ia,*

le cristal *il crist-áll-o*,
le cuir *il cuój-o*,
l'ivoire *l'av-ór-io*,
le lin *il lin-o*,
820 la pierre *lá piétr-a*,
la porcelaine *la porc-ell-án-a*,

le sable *l'ar-én-a*,
la soie *la sét-a*,
le soufre *lo zólf-o*,
825 la tuile *la tég-ol-a*,
le verre *il vétr-o*,

§ 27. La ville et ses parties.

La ville *la cilt-à*,
le faubourg *il sob-bórg-o*,
les remparts *i bal-uárd-i*,
830 la citadelle *la citt-ad-éll-a*,
la forteresse *la rócc-a*,
les fossés *le fóss-e*,
la tour *la tórr-e*,
l'école *la scuól-a*,
835 la prison *la prig-ión-e*,
le théâtre *il te-átr-o*,
le marché *il merc-át-o*,
l'hôpital *l'osp-ed-ál-e*,

le clocher *il camp-an-íl-e*,
840 le palais *il pal-ázz-o*,
la maison *la cás-a*,
la place *la piázz-a*,
le pont *il pónt-e*,
la voie *la via*,
845 la route *la strád-a*,
la rue *la contr-ád-a*,
le hameau *il cas-ál-e*,
la chaumière { *la cap-ánn-a*, *il tug-úr-io*,
le moulin *il mol-ín-o*.

§ 28. Les parties de la maison.

850 L'allée *il vi-ál-e*,
le balcon *il balc-ón-e*,
le battant *il batt-it-ój-o*,
le cabinet *il gab-in-étt-o*,
le cadenas *il cat-en-ácc-io*,
855 la cave *la cant-ín-a*,
le cellier *il cell-iér-e*,
la chambre à coucher { *la cám-er-a*,
la chambre quelconque { *la stánz-a*,
la charpente { *le arm-at-úr-c di legn-ám-e*,
860 le chassis de la fenêtre { *il tel-áj-o della fin-éstr-a*,
la cheminée *il cam-ín-o*,
la clef *la chiáv-e*,
la colonne *la col-ónn-a*,
le corridor *il corr-id-ój-o*,
865 la cour *il cort-il-e*,
la cuisine *la cuc-in-a*,
l'écurie *la stáll-a*,
l'escalier *la scál-a*,

l'étage *il pián-o*,
870 la fenêtre *la fin-éstr-a*,
le four *il fórn-o*,
la galerie *la lógg-ia*,
le gond *il cárd-in-e*,
les jalousies *le gel-os-ie*,
875 le jardin *il giard-in-o*,
les lieux d'aisances { *la ri-tir-át-a*
le mur *il múr-o*,
le parquet *il páv-im-ént-o*,
les persiennes *le pers-ián-e*,
880 le plancher *il sol-áj-o*,
le poêle *la stúf-a*,
la porte de la maison { *la pórt-a*,
la porte d'intérieur { *l'úsc-io*,
le portail *il port-ón-e*,
885 le guichet du portail { *lo sport-éllo*
le potager *l'órt-o*,
la poutre *la tráv-e*,

le puits *il pózz-o,*
la remise *la ri-mèssa,**
890 le rez-de-chaussée *il pián-o terr-èn-o,*
la salle *la sál-a,*
le salon *il sal-ón-e,*
la serrure { *la tópp-a,* / *la serr-at-úr-a,*

le seuil *la sógl-ia,* .
895 la solive *il trav-ic-èll-o,*
le toit *il tétt-o,*
la treille *la pèrg-ol-a,*
le verrou *il chiav-ist-èll-o,*
le vestibule *il vest-i-bol-o,**
900 le volet *l'im-póst-a,**
la voûte *ta vólt-a.*

§ 29. *Les meubles et les ustensiles*

L'armoire *l'arm-ár-io,*
le banc *lo scánn-o,*
la bassinoire *lo scald-a-lètt-o**
905 le balais *la scóp-a,*
le bâton *il bast-ón-e,*
la boîte *la scát-ol-a,*
la bougie *la cand-èl-a di cér-a*
la bride *la brigl-ia,*
910 la broche *lo spièd-o,*
la brosse *la spázz-ol-a,*
le buffet *la cred-ènz-a,*
le bureau *lo scritt-ój-o,*
le cachet *il sig-íll-o,*
915 la cage *la gább-ia,*
la caisse *la cáss-a,*
le canif *il temp-er-ín-o,*
la casserole *la cass-er-ól-a,*
la chaise *la séd-ia,*
920 la chandelle *la cand-èl-a,*
le chenet *l'al-ár-e,*
la cire à cacheter *la cér-a lácc-a,*
le coffre-fort *il forz-ièr-e,*
la couverture *la cóltr-e,*
925 le crayon *la mat-it-a,*
la cuvette { *il cat-in-o,* / *il mast-èll-o,*
les draps *le lenz-uól-a,*
l'encre *l'inch-ióstr-o,*
l'encrier *il cal-am-áj-o,*
930 l'éperon *lo sper-ón-e,*
l'essuie-mains *lo sciug-at-ój-o*
le fauteuil { *la séd-ia d'ap-póggi-o,* / *il segg-iol-ón-e,*
le flambeau *la fiácc-ol-a,*
le fouet *la frúsl-a,*
935 le lit *il lètt-o,*
le livre *il libr-o,*
la malle *il baúl-e,*

le matelas *il mat-er-áss-o,*
les meubles *i mób-il-i,*
940 le miroir *lo spécch-io,*
le mors { *il mórs-o,* / *il frèn-o,*
la natte *la stuój-a,*
l'oreiller *il guanc-iál-e,*
la paillasse *il pagl-ier-icc-io,*
945 le pain à cacheter *l'óst-ia,*
le papier *la cárt-a,*
le paravent *il par-a-vènt-o,**
le peigne *il pètt-in-e,*
la pelle à feu *la pal-étt-a,*
950 les pincettes *le móll-i,*
la plume *la pénn-a,*
la poêle *la pad-èll-a,*
le portrait *il ri-trátt-o,**
le pot à l'eau { *la brócc-a,* / *l'orc-iuól-o,*
955 le pot au feu *la pènt-ol-a,*
le pot de chambre *l'or-in-ál-e,*
la quenouille { *la rócc-a,* / *la con-ócch-ia,*
le rideau *la cort-ín-a,*
le sablier *il polv-er-ín-o,*
960 le savon *il sap-ón-e,*
le seau *la sécch-ia,*
le secrétaire *il segr-et-ár-io,*
la selle *la séll-a,*
le soufflet { *il mánt-ic-e,* / *il soff-iétt-o,*
965 la statue *la stát-ua,*
la table *la táv-ol-a,*
le tableau *il quádr-o,*
le tapis *il tapp-ét-o,*
la tapisserie *la tapp-ezz-er-ia,*
970 le traversin *il cap-ezz-ál-e,*
les ustensiles { *gli ut-ens-íl-i,* / *le mass-er-iz-ie.*

§ 30. Les outils.

L'aiguille *l'ág-o*,
la bêche *la váng-a*,
la charrue *l'ar-Átr-o*,
975 les ciseaux *le fórb-ic-i*,
les clous *i chiód-i*,
le dé à coudre *il dit-Ál-e*,
les épingles *le spíll-e*,
la faucille *la falc-iuól-a*,
980 la faux *la fálc-e*,
la fourche *la fórc-a*,
la hache *l'acc-étt-a*,
la herse *l'Érp-ic-e*,

la lime *la lím-a*,
985 le maillet *il mazz-a picch-io**
le marteau *il mart-Éll-o*,
les outils *gli strum-ént-i*,
la pelle *la pÁl-a*,
la pioche *la zápp-a*,
990 le rabot *la piáll-a*,
le rateau *il rástr-o*,
la scie *la ség-a*,
les tenaillles *le tan-Ágl-ie*,
la truelle *la cazz-uól-a*,
995 la vrille *il succh-iÉll-o*.

§ 31. Les moyens de transport.

La barque *la bárc-a*,
le bateau *il batt-Éll-o*,
la brouette *la carr-iuól-a*,
le carosse *la carr-ózz-a*,
1000 la charrette *la carr-étt-a*,
la civière *la bar-Éll-a*,

la hotte { *la gèrl-a*,
{ *la spórt-a*,
le navire *il nav-ígli-o*,
le panier *la cÉst-a*,
1005 la voiture *la vett-úr-a*.

§ 32. Les étoffes.

La dentelle *il merl-étt-o*,
le drap *il pánn-o*,
l'étoffe *la stóff-a*,
la gaze *la tócc-a*,
1010 la mousseline *la muss-ol-ín-a*

le ruban *il nástr-o*,
le satin *il rás-o*,
la serge *la rásc-ia*,
la toile *la tél-a*;
1015 le velours *il vell-út-o*.

§ 33. Les vétements et ajustements

Les bas *le cálz-e*,
le bonnet de nuit *la ber-étt-a
da nótt-e*,
le bonnet de femme *la cúff-ia*,
les bottes *gli stiv-Ál-i*,
1020 le bracelet *il bracc-ial-étt-o*,
le caleçon *le mut-ánd-e*,
le chapèau *il capp-Éll-o*,

la chemise *la cam-icc-ia*,
le collier *il vézz-o*,
1025 le corset *il búst-o*,
les gants *i guánt-i*,
l'habit *l'áb-it-o*,
les jarretières *le leg-ácc-e*,
la jupe *la gónn-a*,
1030 le lange *la fásc-ia*.

3*

le mouchoir *il fazz-ol-étt-o*,
le manteau *il mant-Éllo*,
le pantalon *le brách-e*,
la pantouffle *la pian-Élla*,
1035 le parapluie *l'ombr-Éll-o*,
la robe *la vést-e*,

les souliers *le scárp-e*,
le tablier *il gremb-iÁl-e*,
le trousseau *le dón-or-a*,
1040 les vètements *le vest-im-ént-a*
le voile *il vél-o*.

§ 34. *La garniture de la table et les repas.*

L'assiette *il tónd-o*,
la bouteille *la bott-igl-ia*,
la carafe *il fiásc-o*,
1045 le couteau *il colt-Éll-o*,
un couvert *un-a pos-Át-a*,
la cuiller *il cucch-iáj-o*,
le déjeuner *la col-ez-ión-e*,
le diner *il pránz-o*,
1050 l'écuelle *la scod-Éll-a*.

la fourchette *la forch-étt-a*,
le goûter *la mer-Énd-a*,
la nappe *la tov-ágl-ia*,
le plat *il piátt-o*,
1055 la salière *la sal-iÉr-a*,
la serviette *il tov-agl-iuól-o*,
le souper *la cén-a*,
le verre *il bicch-iÉr-e*,

§ 35. *Noms des principaux aliments.*

Le beurre *il búrr-o*,
1060 le bœuf *il mánz-o*,
le bouilli *il léss-o*,
le bouillon *il bród-o*,
la croûte *la cróst-a*,
le fromage { *il cácc-io*,
{ *il form-ágg-io*,
1065 le gibier *il salv-agg-iúm-e*,
le jambon *il pre-sciútt-o*,*
le lait *il látt-e*,
le lard *il lárd-o*,
la mie *la moll-íc-a*,
1070 le miel *il miÉl-e*,
la moutarde *la most-árd-a*,

le mouton *il castr-Át-o*,
l'œuf *l'uóv-o*,
le pain *il pán-e*,
1075 le poivre *il pép-e*,
le porc *il ma-iÁl-e*,
le rôti *l'ar-róst-o*,*
la salade *l'in-sal-Át-a*,*
la sauce *la sáls-a*,
1080 le sel *il sál-e*,
la soupe *la min-Éstr-a*,
le sucre *lo zúcch-er-o*,
la viande *la cárn-e*,
le vin *il vín-o*,
1085 la volaille *il poll-ám-e*.

§ 36. *La guerre et les armes.*

L'armée *l'es-Érc-it-o*,*
les armes *le árm-i*,
l'artillerie *l'art-igl-er-ía*,
la bayonnette *la baj-on-étt-a*
1090 le canon *il cann-ón-e*,
le capitaine *il cap-it-Án-o*,

la carabine *la car-ab-ín-a*,
le casque *l'Élm-o*,
les cavaliers *i cav-al-iÉr-i*,
1095 le colonel *il col-onn-Éll-o*,
la cuirasse *la cor-ázz-a*,
les ennemis *i nem-íc-i*,

l'épée *la spád-a,*
les fantassins *i fant-aċċ-íni,*
1100 le fusil { *il fuc-íl-e,*
{ *lo schiópp-o,*
le général *il gen-er-Ál-e,*
la guerre *la guérr-a,*
la lance *la lanc-ía,*

le lieutenant *il luog-o-ten-*
*Ént-e,**
1105 le maréchal *il mar-esc-iáll-o,*
les officiers *gli uf-fic-iál-i,**
le pistolet *la pist-ól-a,*
le sabre *la sciáb-ol-a,*
les soldats *i sold-Át-i.*

§ 37. *Les lettres et les arts.*

1110 L'architecture *l'arch-i-tett-*
*úr-a,**
l'art *l'art-e,*
le dessin *il di-ségn-o,**
l'éloquence *l'é-loqu-Énz-a,**
la grammaire *la gramm-át-*
ic-a,

1115 les lettres *le létt-er-e,*
la musique *la mús-ic-a,*
la peinture *la pitt-úr-a,*
la poésie *la po-es-ía,*
la rhétorique *la rett-ór ic-a*
1120 la sculpture *la scult-úr-a.*

§ 38. *Les sciences.*

L'algèbre *l'álg-ebr-a,*
l'anatomie *l'an-a-tom-ía,**
l'arithmétique *l'ar-itm-ét-ic-a*
l'astronomie *l'astr-o-nom-ía**
1125 la botanique *la bot-án-ic-a,*
la chimie *la chím-ic-a,*
la chirurgie *la chir-urg-ía,**
le droit *il di-ritt-o,**
la géographie *la ge-o-graf-ia**

1130 la géométrie *la ge-o-metr-ía**
l'histoire *la stór-ia,*
les mathématiques *le mat-*
em-át-ich-e,
la médecine *la med-ic-in-a,*
la philosophie *la fil-o-sof-ía**
1135 la physique *la fís-ic-a,*
la science *la sciénz-a.*
la théologie *la te-o-log-ía.**

§ 39. *Ce qui concerne les voyages.*

L'argent (monoyé) *il dan-ár-o*
l'auberge *la loc-ánd-a,*
1140 l'aubergiste *il loc-and-iĺr-e,*
la boue *il fáng-o,*
le chemin de fer *la strád-a*
ferr-Át-a,
la douane *la dog-Án-a,*
un écu *un-o scúd-o,*
1145 un franc *un fránc-o,*
l'hôtel *l'alb-Érg-o,*
la lieue *la lég-a,*
la livre (poids) *la líbbr-a,*

la livre (argent) *la lír-a,*
1150 le mendiant *il mend-íc-o,*
le mille *il mígl-io,*
le passeport *il pass-a-pórt-o**
la poste *la póst-a,*
le postillon *il post-igl-ión-e,*
1155 la poussière *la pólv-er-e,*
un sol *un sóld-o,*
le train *il trén-o,*
le voleur *il ládr-o,*
le voyage *il viágg-io,*
1160 le voyageur *il viagg-iat-ór-e.*

§ 40. *Mots divers contenus dans les thèmes.*

Les affaires { *la facc-énd-e,*
{ *gli af-fár-i,* 1205
les amants *gli am-ánt-i,*
l'artifice *l'art-i-fíz-io,**
le bien (fonds) *il pod-ér-e,*
1165 le bien (meuble) *la rób-a,*
le bonheur { *la vent-úr-a,*
{ *la buón-a sórt-e*
la cause *la cáus-a,*
la chasse *la cácc-ia,*
la chose *la cós-a,*
1170 le commencement *il prin-*
*cíp-io,**
le coquin *il bricc-ón-e,*
le côté { *il cánt-o,*
{ *il lát-o,*
le coup { *il cólp-o,*
{ *la búss-a,*
le courtisan *il cort-ig-ián-o,*
1175 le degré *il grád-o,*
la dépense *la spés-a,*
le devoir *il dov-ér-e,*
la difficulté *la dif-fic-oll-à,**
la discorde *la dis-córd-ia,**
1180 l'effet *l'ef-fétt-o,**
l'emploi *l'im-piég-o,**
l'émule *l'ém-ul-o,*
l'endroit *il sít-o,*
l'espèce *la spéc-ie,*
1185 l'étude *lo stúd-io,*
l'explication *la spieg-az-ión-e*
la fatigue *la fat-íc-a,*
le faucheur *il seg-at-ór-e,*
la faute *la cólp-a,*
1190 la félicité *la fel-ic-it-à,*
la fiction *la finz-ión-e,*
le filet *la rét-e,*
la fin *la* { *fin-e,*
il {
le flatteur *l'ad-ul-at-ór-e,*
1195 la foi *la vólt-a,*
le garçon *il garz-ón-e,*
le genre *il gén-er-e,*
la gloire *la glór-ia,*
un gredin *un fur-fánt-e,**
1200 l'héritier *l'er-éd-e,*
le héros *l'er-óe,*
l'intrigue *l'intr-íg-o,*
la leçon *la lez-ión-e,*

le lettré *il lett-er-át-o,*
1205 le bien *il luóg-o,*
la loi *la légg-e,*
une lumière *un lúm-e,*
la lutte *la lótt-a,*
le malheur *la dis-gráz ia,**
1210 la marchandise *la mérc-e,*
le marin *il mar-in-áj-o,*
le massacre *la strág-e,*
la misère *la mis-ér-ia,*
le moissonneur *il miet-it-ór-e*
1215 le morceau *il pézz-o,*
le mot *il voc-áb-ol-o,*
la nouvelle *la nuóv-a,*
l'opposition *l'op-pos-i-ión-e**
la part *la párt-e,*
1220 la pêche (du poisson) *la pésc-a*
le peuple *il póp-ol-o,*
le poëte *it po-ét-a,*
le poids *il pés-o,*
la présence *la pres-énz-a,*
1225 la proie *la préd-a,*
la province *la pro-vínc-ia,**
la puissance *la pot-énz-a,*
les rapines *le rap-ín-c,*
le repos *il ri-pós-o,**
1230 la révolution *la ri-vol-uz-*
*ión-e,**
la richesse *la ricch-ézz-a,*
le rival *il riv-ál-e,*
le royaume *il régn-o,*
la secousse *la scóss-a,*
1235 la sécurité *la se-cur-it-à,**
le sépulcre *il sep-ólcr-o,*
le sillon *il sólc-o,*
le soin *la cúr-a,*
le sort *la sórt-e,*
1240 le souvenir *la mem-ór-ia,*
le succès *il suc-céss-o,**
la surprise *la sor-prés-a,*
le talent *il tal-ént-o,*
la terre (fonds) *il fónd-o,*
1245 le terrain *il terr-én-o,*
la tombe *la tómb-a,*
la troupe *la trúpp-a,*
le troupeau *la grégg-ia,*
le vendangeur *il ven-demm-*
*iat-ór-e,**
1250 la vengeance *la vend-étt-a.*

TABLE 2e. — ADJECTIFS.

§ 41. *Adjectifs qualificatifs.*

Abondant *ab-ond-ánt-e*,*
admirable *am-mir-áb-il-e*,*
adroit *dÉstr-o*,
agile *ág-il-e*,
1255 agréable { *grÁt-o*,
             { *am-én-o*,
aigu *ag-úzz-o*,
ancien *ant-íc-o*,
audacieux *aud-Ác-e*,
avare *av-Ár-o*,
1260 aveugle *cìÉc-o*,
badin *scherz-év-ol-e*,
bas *báss-o*,
beau *bÉll-o*,
blâmable *bias-im-év-ol-e*,
1265 boiteux *zópp-o*,
bon *buón-o*,
bossu *góbb-o*,
brave *bráv-o*,
brillant { *lúc-id-o*,
        { *brill-ánt-e*,
1270 calme *qui-Ét-o*,
capable *cap-Ác-e*,
catholique *catt-ól-ic-o*,
charmant *vezz-ós-o*,
chaud *cáld-o*,
1275 cher *cÁr-o*,
chrétien *christ-iÁn-o*,
clair *chiÁr-o*,
commode *có-mod-o*,*
commun *co-mún-e*,*
1280 complet *com-plÉt-o*,*
content *con-tEnt-o*,*
contraire *contr-ár-io*,
coupable *colp-év-ol-e*,
court *brév-e*,
1285 cruel *crud-él-e*,
dernier *últ-im-o*,
désagréable *spiacc-év-ol-e*,
désireux { *des-iós-o*,
          { *vÁg-o*,
difficile *dif-fíc-il-e*,*
1290 digne *dégn-o*,
divin *div-in-o*,

double *dópp-io*,
doux { *mít-e*,
     { *dólc-e*,
dur *dúr-o*,
1295 effréné *sfren-Át-o*.
éloigné *lont-Án-o*,
enjoué *fac-Ét-o*,
entier *int-ér-o*,
épais *spéss-o*,
1300 étendu *est-és-o*,
éternel *et-Érn-o*,
étrange *strán-o*,
étranger *stran-iÉr-o*,
étroit *strétt-o*,
1305 facile *fác-il-e*,
faible *dÉb-ol-e*,
faux *fáls-o*,
favori *fav-or-ít-o*,
fécond *fec-ónd-o*,*
1310 fertile *fÉrt-il-e*,
fidèle *fed-él-e*,
fier *fiÉr-o*,
fort *fórt-e*,
fou { *pázz-o*,
    { *mátt-o*,
1315 frais *frésc-o*,
froid *frédd-o*,
frugal *frug-Ál-e*,
furieux *fur-iós-o*,
futile *fút-il-e*,
1320 gai { *giul-ív-o*,
     { *all-égr-o*,
gênant *mol-Ést-o*,
généreux *gen-er-ós-o*,
glorieux *glor-iós-o*,
grand *gránd-e*,
1325 gourmand *ghiótt-o*,
gras *gróss-o*,
habile *áb-il-e*,
haut *ált-o*,
heureux *fel-íc-e*,
1330 honnête{ *on-Ést-o*,
        { *civ-íl-e*,
honteux *verg-ogn-ós-o*,

humain *um-án-o,*
humble *úm-ile,*
ignorant *ig-nor-ánt-e,* *
1335 illustre *il-lústr-e,* *
impie *ém-pio,* *
impur *im-púr-o,* *
inconnu *in-cógn-it-o,* *
indigne *in-dégn-o,* *
1340 infâme *in-fám-e,* *
infidèle *in-fed-él-e,* *
injuste *in-giúst-o,* *
innocent *in-noc-ént-e,* *
intéressé *int-er-ess-át-o,*
1345 inutile *in-út-il-e,* *
jeune *gióv-an-e,*
joyeux { *gioc-ónd-o,* / *liét-o,*
juste *giúst-o,*
laid *brútt-o,*
1350 large *lárg-o,*
léger *legg-iér-o,*
libre *líb-er-o,*
lointain *re-mót-o,* *
long *lúng-o,*
1355 louable *lod-év-ol-e,*
lourd *gráv-e,*
malade *am-mal-át-o,* *
malheureux *in-fel-íc-e,* *
malin *mal-ígn-o,*
1360 malsain *mal-sán-o,*
mauvais *catt-ív-o,*
méchant { *mál-o,* / *malv-ágg-io*
meilleur *migl-iór-e,*
mince *min-út-o,*
1365 misérable { *mesch-ín-o,* / *mis-er-áb-il-e,*
modeste *mod-ést-o,*
moindre *min-ór-e,*
morne *mést-o,*
mou *móll-e,*
1370 mûr *mat-úr-o,*
mystérieux *arc-án-o,*
nécessaire *ne-cess-ár-io,* *
nombreux *num-er-ós-o,*
nouveau *nuóv-o,*
1375 nud *núd-o,*
nuisible *dann-ós-o,.*
obscur *osc-úr-o,*
odieux *od-iós-o,*
oisif *oz-iós-o,*
1380 opposé *op-póst-o,* *

orgueilleux *org-ogl-iós-o,*
pareil *pár-i,*
pauvre *póv-er-o,*
perfide *pér-fid-o,* *
1385 petit *picc-ol-o,*
pieux *pío,*
pire *pegg-iór-e,*
plein *pién-o,* *
poli (de politesse) { *cort-és-e* / *gent-íl-e,*
1390 poli (de polissage) *lísc-io,*
possible *poss-íb-il-e,*
précieux *prez-iós-o,*
proche *próss-im-o,*
profane *pro-fán-o,* *
1395 profond *pro-fónd-o,*
propre (propreté) *pul-ít-o,*
propre (propriété) *própr-io,*
propre à *átt-o,*
prudent *prud-ént-e,*
1400 public *púbbl-ic-o,*
puissant *pot-ént-e,*
pur *púr-o,*
raide *ríg-id-o,*
raisonnable *rag-ion-év-ol-e,*
1405 rare *rár-o,*
rebelle *ri-béll-o,* *
repoussant *schif-ós-o,*
riche *rícc-o,*
royal *rég-io,*
1410 rude { *áspr-o,* / *rúv-id-o,* -
sacré *sácr-o,*
sage *sáv-io,*
sain *sán-o,*
saint *sánt-o,*
1415 sale *spórc-o,*
satisfait { *pág-o,* / *sodd-is-fátt-o,* *
savant *dótt-o,*
sauvage *selv-ágg-io,*
sec { *sécc-o,* / *asc-iútt-o,*
1420 secret *se-crét-o,* *
semblable *sim-íl-e,*
serein *ser-én-o,*
sérieux *sér-io,*
seul *sól-o,*
1425 sévère *sev-ér-o,*
simple *sém-plic-e,* *
sot *sciócc-o,*

spirituel { *spir-it-uÁl-e,* / *spir-il-ós-o,*
stérile *stér-il-e,*
1430 subtil *sott-il-e,*
superbe *sup-érb-o,*
suspect *so·spétt-o,**
temporel *temp-or-Ál-e,*
tendre *tén-er-o,*
1435 terrible *terr-íb-il-e,*
touchant *com-mov-Ént-e,**
triste *tríst-o,*
vaillant *val-Ént-e,*

vain *vÁn-o,*
1440 varié *vár-io,*
vide *vuót-o,*
vieux *vÈcch-io,*
vil *víl-e,*
vilain *vill-Án-o,*
1445 violent *viol-Ént-o,*
voisin *víc-ín-o,*
vrai *vér·o,*
vulgaire *volg-Ár·e,*
unique *ún-ic-o,*
1450 utile *út-il-e.*

§ 42. *Adjectifs numéraux.*

Un *ún-o,*
deux *dúe,*
trois *trè,*
quatre *quáttr-o,*
1445 cinq *cínqu-e,*
six *séi,*
sept *sétt-e,*
huit *ótt-o,*
neuf *nóv-e,*
1460 dix *diÉc-i,*
onze *ún-dic-i,**
douze *dó-dic-i,**
treize *trÈ·dec-i,**
quatorze *quatt-ór-dic-i,**
1465 quinze *quín-dic-i,**
seize *sé-dec-i,**
dix-sept *dic-ia-sÉtle,**
dix-huit *dic-iótt-o,**
dix-neuf *dic-ian-nóv-e,**
1470 vingt *vént-i,*
vingt-et-un *vent-ún-o,*
vingt-deux *vent-i-dúe,**
trente *trént-a,*
quarante *quar-ánt-a,*
1475 cinquante *cínqu-ánt-a,*

soixante *sess-ánt-a,*
soixante-dix *sott-ánt-a,*
quatre-vingt *ott-ánt-a,*
quatre-vingt-dix *nov-ánt-a,*
1480 cent *cént-o,*
mille *míll-e,*
million *mil-ión-e,*
premier *prím-o,*
second *sec-ónd-o,*
1485 troisième *tÉrz-o,*
quatrième *quárt-o,*
cinquième *quint-o,*
sixième *sést-o,*
septième *sétt-im-o,*
1490 huitième *ott-Áv-o,*
neuvième *nón-o,*
dixième *déc-im-o,*
onzième *un-déc-im-o,**
douzième *duo-déc-im-o,**
1495 treizième *déc-im-o tÉrz-o,*
quatorzième *déc-im-o quárt-o*
vingtième *vent-És-im-o,*
centième *cent-És-im-o,*
millième *mill-És-im-o,*
1500 millionième *mil-ion-És-im-o.*

TABLE 3ᵉ. — VERBES.

§ 43. *Verbes actifs* (Voyez *Définition*, n°).

Abaisser *ab-bass-ár-e*,*	j'abaisse *ab-básso*,
abandonner *ab-band-on-ár-e*,*	j'abandonne *ab-band-ón-o*,
abattre { *ab-bátt-er-e*,* / *at-terr-ár-e*,*	j'abats { *ab-bátt-o*, / *at-térr-o*,
abréger *ab-brev-iár-e*,*	j'abrége *ab-brév-io*,
1505 absoudre *as-sólv-er-e*,*	j'absous *as-sólv-o*,
accomplir *com-pír-e*,*	j'accomplis *cómp-io*,
accueillir *ac-cógl-ier-e*,*	j'accueille *ac-cólg-o*,
acheter *com-prár-e*,*	j'achète *cómpr-o*,
achever *ac-cap-ezz-ár-e*,*	j'achève *ac-cap-ézz-o*,
1510 admirer *am-mir-ár-e*,*	j'admire *am-mir-o*,
affirmer *as-sev-er-ár-e*,*	j'affirme *as-sév-er-o*,
agiter *ag-it-ár-e*,	j'agite *ág-it-o*,
aimer *am-ár-e*,	j'aime *ám-o*,
allonger *al-lung-ár-e*,*	j'allongè *al-lúng-o*,
1515 allumer *ac-cénd-er-e*,*	j'allume *ac-cénd-o*,
apaiser *plac-ár-e*,	j'apaise *plác-o*,
apercevoir *scórg-er-e*,	j'aperçois *scórg-o*,
appeler *chiam-ár-e*,	j'appelle *chiám-o*,
apprendre *im-par-ár-e*,*	j'apprends *im-pár-o*,
1520 arracher *strapp-ár-e*,	j'arrache *stràpp-o*,
arroser *in-aff-iár-e*,*	j'arrose *in-áffio*,
attacher *at-tacc-iár-e*,*	j'attache *at-tácc-o*,
atteindre *rag-giúng-er-e*,*	j'atteinds *rag-giúng-o*,
attendre *a-spett-ár-e*,*	j'attends *a-spétt-o*,
1525 attrapper (tromper) *trapp-ol-ár-e*,	j'attrappe *tràpp-ol-o*,
aveugler *ac-ciec-ár-e*,*	j'aveugle *ac-ciéc-o*,
avoir *av-ér-e*,	j'ai *ho*,
balayer *scop-ár-e*,	je balaie *scóp-o*,
baptiser *batt-ezz-ár-e*,.	je baptise *batt-ézz-o*,
1530 bâtir *fabr-ic-ár-e*,	je bâtis *fàbr-ic-o*,
battre *bátt-er-e*,	je bats *bátt-o*,
bêcher *vang-ár-e*,	je bêche *váng-o*,
blâmer *bias-im-ár-e*,	je blâme *biás-im-o*,
blesser *fer-ír-e*,	je blesse *fer-ísc-o*,
1535 boire *bér-e*,	je bois *bév-o*,
briser *frng-er-e*,	je brise *fráng-o*,
broder *ri-camá-r-e*,*	je brode *ri-cám-o*,
brûler *bruc-iár-e*,	je brûle *brúc-io*,
cacher *nas-cónd-er-e*,	je cache *nas-cónd-o*,
1540 calculer *calc-ol-ár-e*,	je calcule *cálc-ol-o*,
caresser *ac-car-ezz-ár-e*,*	je caresse *ac-car-ézz-o*,
casser *spezz-ár-e*,	je casse *spézz-o*,

ceindre *cíng-er-e*.	je ceins *cíng-o*,
changer *càmb-iÁr-e*,	je change *càmb-io*,
1545 chanter *cant-Ár e*,	je chante *cánt-o*,
chasser *cacc-iÁr-e*,	je chasse *cácc-io*,
châtier *gast-ig-Ár-e*,	je châtie *gast-ig-o*.
chauffer *scald-Ár-e*,	je chauffe *scáld-o*,
chercher *cerc-Ár-e*,	je cherche *cÉrc-o*,
1550 choisir *scÉgl-ier-e*,	jc choisis *scÉlg-o*,
clore *chiúd-er-e*,	je clos *chiúd-o*,
combattre *com-bátt-er-e*,	jc combats *com-bátt-o*,
commander *co-mand-Ár-e*,	je commande *co-mánd-o*,
commencer *prin-cip-iÁr-e*,	je commence *prin-cip-io*,
1555 comprendre *cap-ír-e*,	je comprends *cap-ísc-o*,
condamner *con-dann-Áre*.	je condamne *con-dánn-o*.
conduire *con-dúrr-e*,	je conduis *con-dúc-o*,
confier *af-fíd-Ár-e*,	je confie *af-fíd-o*,
connaître *co-nósc-er c*,	je connais *co-nósc-o*,
1560 conquérir *con-quist-Ár-e*,*	je conquiers *con-quist-o*.
conserver *con-serv Ár-e*,	je conserve *con-sÉrv-o*,
considérer *con-sid-er-Ár-e*,	je considère *con-síd-er-o*,
consoler *con-sol-Ár-e*,	je console *con sól-o*,
construire *co-stru-ír-e*,	je construis *co-stru-ísc-o*,
1565 contenter { *con-tent-Ár-e*, ap-pag-Ár-e,	je contente { *con-tÉnt-o*, *ap-pÁg-o*.
continuer *con-tin-uÁr-e*,	je continue *con-tín-uo*,
contraindre *co-string-er-e*,	je contrains *co-string-o*,
corriger *cor-rÉgg-er-e*,	je corrige *cor-rÉgg-o*,
coudre *cuc-ír-e*,	je couds *cúc-io*,
1570 couper *tagl-iÁr-e*,	je coupe *tágl-io*,
couvrir *copr-ír-e*,	je couvre *cópr-o*,
craindre *tem-ér-e*,	je crains *tém-o*,
creuser *scav-Ár-e*,	je creuse *scáv-o*,
croire *crÉd-er-e*,	je crois *créd-o*,
1575 cueillir *cógl-ier-e*,	je cueille *cólg-o*,
cuire *cuóc-er-e*,	je cuis *cuóc-o*,
cultiver *colt-iv-Ár-e*,	je cultive *colt-ív-o*,
découvrir *scopr-ír-e*,	je découvre *scópr-o*.
défendre (protéger) *di-fénd-er-e*,	je défends *di-fénd-o*
1580 défendre (prohiber) *viet-Ár-e*,	je défends *viÉt-o*,
délier *sciógl-ier-e*,	je délie *sciólg-o*,
délivrer *lib-er-Ár-e*,	je délivre *líb-er-o*,
demander *di-mand-Ár-e*,	je demande *di-mánd-o*,
démolir *de-mol-ír-e*,	je démolis *de-mol-ísc-o*,
1585 dépenser *spÉnd-er-e*,	je dépense *spÉnd-o*,
dépouiller *spogl-iÁr-e*,	je dépouille *spógl-io*,
dérober *rub-Ár-e*,	je dérobe *rúb-o*,
désirer *de-sid-er-Ár-e*,	je désire *de-síd-er-o*.
dessiner *di-segn-Ár-e*,*	je dessine *di-ségn-o*,
1590 dévorer *di-vor-Ár e*,*	je dévore *di-vór-o*.
diminuer *scem-Ár-e*,	je diminue *scém-o*,

dire *dír-e,* — je dis *díc-o,*
disperser *di-spÉrg-er-e,* — je disperse *di-spérg-o,*
dissimuler *dis-sim-ul-Ár-e,* — je dissimule *dis-sím-ul-o,*
1595 donner (remettre) *dÁr-e,* — je donne *dọ,*
donner (faire un don) *don-Ár-e,* — je donne *dón-o,*
échanger *bar-att-Ár-e,* — j'échange *bar-átt-o,*
éclairer *il-lum-in-Ár-e,* — j'éclaire *il-lùm-in-o,*
écouter *asc-olt-Ár-e,* — j'écoute *asc-óll-o,*
600 écrire *scrív-er-e,* — j'écris *scrív-o,*
effrayer *spav-ent-Ár-e,* — j'effraie *spav-Ént-o,*
égarer *smarr-ir-e,* — j'égare *smarr-ísc-o.*
élever (hausser) *in-alz-Ár-e,* — j'élève *in-álz-o,*
élever (par l'éducation) *e-duc-ír-e,* — j'élève *e-dúc-o,*
1605 éloigner *al-lont-an-Ár-e,* — j'éloigne *al-lont-Án-o,*
embrasser *ab-bracc-iÁr-e,* — j'embrasse *ab-bráçc-io,*
employer *im-pieg-Ár-e,* — j'emploie *im-piÉg-o,*
emprisonner *im-prig-ion-Ár-e* — j'emprisonne *im-prig-ión-o,*
enchaîner *in-cat-en-Ár-e,* — j'enchaîne *in-cat-én-o,*
1610 enfermer *rac-chiúd-er-e,* — j'enferme *rac-chiúd-o,*
enlever (ravir) *rap-ír-e,* — j'enlève *rap-ísc-o,*
enseigner *in-segn-Ár-e,* — j'enseigne *in-ségn-o,*
entendre (de l'esprit) *in-tÉnd-er-e,* — j'entends *in-tÉnd-o,*
entendre (de l'oreille) *ud-ír-e,* — j'entends *ód-o,*
1615 enterrer *sepp-ell-ír-e,* — j'enterre *sepp-ell-ísc-o,*
entourer *circ-on-dÁr-e,* — j'entoure *circ-on-do,*
entraîner *strasc-in-Ár-e,* — j'entraîne *strasc-ín-o,*
envoyer *mand-Ár-e,* — j'envoie *mánd-o,*
espérer *sper-Ár-e,* — j'espère *spér-o,*
1620 essuyer *ra-sciug-Ár-e,* — j'essuie *ra-sciúg-o,*
éteindre *spÉgn-er-e,* — j'éteins *spégn-o,*
étendre *stÉnd-er-e,* — j'étends *stÉnd-o,*
étudier *stud-iÁr-e,* — j'étudie *stúd-io,*
éveiller *svegl-iÁr-e,* — j'éveille *svégl-io,*
1625 éviter *e-vit-Ár-e,* — j'évite *e-vít-o,*
examiner *es-am-in-Ár-e,* — j'examine *es-Ám-in-o,*
expérimenter *cim-ent-Ár-e,* — j'expérimente *cim-Ént-o,*
exposer *es-pórr-e,* — j'expose *es-póng-o,*
expulser *scacc-iÁr-e,* — j'expulse *scácc-io,*
1630 faire *fÁr-e,* — je fais *fọ,*
fatiguer { *stracc-Ár-e,* / *fat-ic-Ár-e,* } — je fatigue { *strácc-o,* / *fat-íc-o,* }
faucher *falc-iÁr-e,* — je fauche *fálc-io,*
feindre *fíng-er-e,* — je feins *fíng-o,*
fendre *fÉnd-er-e,* — je fends *fÉnd-o,*
1635 fermer *serr-Ár-e,* — je ferme *sÉrr-o,*

filer *fil-ár-e,*   je file *fil-o,*
finir *fin-ir-e,*   je finis *fin-isc-o,*
fixer *fiss-ár-e,*   je fixe *fiss-o,*
flairer *od-or-ár-e,*   je flaire *od-ór-o,*

1640 flatter { *lus-ing-ár-e,* / *ad-ul-ár-e,* } je flatte { *lus-ing-o,* / *ad-úl-o,* }
former *form-ár-e,*   je forme *fórm-o,*
fouetter *frust-ár-e,*   je fouette *frúst-o,*
fouiller (la terre) *zapp-ár-e,* je fouille *zápp-o,*
fouiller (les poches) *frug-ár-e,* je fouille *frúg-o,*

1645 frapper *per-cuót-er-e,** je frappe *per-cuót-o,*
frapper à la porte *picch-iár-e* je frappe à la porte *picch-io*
fumer (de fumée) *fum-ár-e,* je fume *fúm-o,*
fumer (de fumier) *let-am-ár-e,* je fume *let-ám-o,*
fusiller *fuc-il-ár-e,* je fusille *fuc-il-o,*

1650 goûter *gust-ár-e,* je goûte *gúst-o,*
gouverner *gov-ern-ár-e,* je gouverne *gov-Érn-o,*
graisser *ung-er-e,* je graisse *úng-o,*
grappiller { *rasp-oll-ár-e,* / *rub-acch-iár-e,* } je grapille { *rasp-óll-o,* / *rub-ácch-io.* }
gronder *sgrid-ár-e,* je gronde *sgríd-o,*

1655 guérir { *guar-ir-e,* / *san-ár-e,* } je guéris { *guar-isc-o.* / *sán-o,* }
guider *guid-ár-e,* je guide *guíd-o,*
habiller *vest-ir-e,* j'habille *vÉst-o,*
habiter *ab-it-ár-e,* j'habite *áb-it-o,*
haïr *od-iár-e,* je hais *ód-io,*

1660 honorer *on-or-ár-e,* j'honore *on-or-o,*
humilier *um-il-iár-e,* j'humilie *um-il-io.*
ignorer *i-gnor-ár-e,** j'ignore *i-gnór-o,*
imiter *im-it-ár-e,* j'imite *ím-it-o,*
indiquer *in-dic-ár-e,** j'indique *in-dic-o,*

1665 instruire *i-stru-ir-e,** j'instruis *i-stru-isc-o.*
irriter *ir-rit-ár-e,** j'irrite *ir-rít-o,*
jeter *gett-ár-e,* je jette *gÉtt-o,*
joindre { *con-giúng-er-e,** / *un-ír e,* } je joins { *con-giúng-o,* / *un-isc-o* }
jouer (un jeu) *giuoc-ár-e,* je joue *giuóc-o,*

1670 jouer (d'un instrument) *suon-ár-e,* je joue *suón-o,*
jouer (quelqu'un) { *de-lúd-er-e.** / *beff-ár-e,* } je joue { *de-lúd-o,* / *bÉff-o,* }
juger *giu-dic-ár-e,** je juge *giú-dic-o,*
labourer *ar-ár-e,* je laboure *ár-o,*
lâcher *ral-lent-ár-e,** je lâche *ral-lÉnt-o.*

1675 laisser *lasc-iár-e,* je laisse *lásc-io,*
lancer *lanc-iár-e,* je lance *lánc-io,*

lasser *stanc-Ár-e*,   je lasse *stánc-o*,
laver *lav-Ár-e*,   je lave *láv-o*,
lever *alz-Ár-e*,   je lève *álz-o*,
1680 lier *leg-Ár-e*,   je lie *lég-o*,
lire *légg-er-e*,   je lis *légg-o*,
louer (de louange) *lod-Ár-e*,   je loue *lód-o*,
louer (de loyer) *af-fitt-Ár-e*,   je loue *af-fítt-o*,
manger *mang-iÁr-e*,   je mange *máng-io*,
1685 mêler *mesc-ol-Áre*,   je mêle *mésc-ol-o*,
menacer *min-acc-iÁr-e*,   je menace *min-ácc-io*,
mériter *mer-it-Ár-e*,   je mérite *mér-it-o*,
mettre *métt-er-e*,   je mets *métt-o*,
modérer *mod-er-Ár-e*,   je modère *mód-er-o*,
1690 moissonner *miét-er-e*,   je moissonne *miét-o*,
montrer *mostr-Ár-e*,   je montre *móstr-o*,
mordre *mórd-er-e*,   je mords *mórd-o*,
mouvoir *muóv-er-e*,   je meus *muóv-o*,
négliger *tras-cur-Ár-e*,   je néglige *tras-cúr-o*,
1695 nier *neg-Ár-e*,   je nie *nég-o*,
nommer *nom-in-Ár-e*,   je nomme *nóm-in-o*,
nouer *an-nod-Ár-e*,   je noue *an-nód-o*,
nourrir *nutr-Ír-e*,   je nourris *nútr-o* et *nutr-isco*,
obliger *ob-lig-Ár-e*,   j'oblige *ób-lig-o*,
1700 observer *os-serv-Ár-e*,   j'observe *os-sérv-o*,
obtenir *ot-ten-ér-e*,   j'obtiens *ot-téng-o*,
offenser *of-fénd-er-e*,   j'offense *of-fénd-o*,
ordonner *ord-in-ar-e*,   j'ordonne *órd-in-o*,
ôter *tógl-ier-e*,   j'ôte *tólg-o*,
1705 oublier *di-ment-ic-Ár-e*,   j'oublie *di-mént-ic-o*,
outrager *oltr-agg-iÁr-e*,   j'outrage *oltr-ágg-io*,
ouvrir *apr-íre*,   j'ouvre *Apr-o*,
parier *scom-métt-er e*,   je parie *scom-métt-o*,
payer *pag-Ár-e*,   je paie *pÁg-o*,
1710 pêcher *pesc-Ár e*,   je pêche *pésc-o*,
peigner *pett-in-Ár-e*,   je peigne *pétt-in-o*,
peindre *ping-er-e*,   je peins *ping-o*,
penser *pens-Ár-e*,   je pense *pÉns-o*,
percer *for-Ár-e*,   je perce *fór-o*,
1715 perdre *pÉrd-er-e*,   je perds *pÉrd-o*,
peser *pes-Ár-e*,   je pèse *pés-o*,
piquer *pung-er-e*,   je pique *púng-o*,
plaindre *com-piáng-er-e*,   je plains *com-piáng-o*,
planter *piant-Ár-e*,   je plante *piánt-o*,
1720 porter *port-Ár-e*,   je porte *pórt-o*,
poser *pórr-e*,   je pose *póng-o*,
posséder *pos-sed-ére*,   je possède *pos-sÉgg-o*,
poursuivre *per-seg-uit-Ár-e*,   je poursuis *per-sÉg-uit-o*,
pousser *sping-er-e*,   je pousse *spíng-o*,
1725 prendre *prÉnd-er-e*,   je prends *prÉnd-o*,
préparer *pre-par-Ár-e*,   je prépare *pre-pár-o*.

présenter { *pórg-er-e,* / *pres-ent-Ár-e,*   je présente { *pórg-o,* / *pres-Ént-o,*

presser (en serrant) *prém-er-e,*   je presse *prém-o,*

presser (en activant) *úrg-er-e,*   je presse *úrg-o,*

1730 prêter *prest-Ár-e,*   je prête *prést-o,*

prier *preg-Ár-e,*   je prie *prég-o,*

produire *pro-dúrr-e,*   je produis *pro-dúc-o,*

prolonger *pro-lung-Ár-e,*   je prolonge *pro-lúng-o,*

promettre *pro-métt-er-e,*   je promets *pro-métt-o,*

1735 puiser *at-tíng-er-e,**   je puise *at-tíng-o,*

punir *pun-ír-e,*   je punis *pun-ísc-o,*

raccourcir *scorc-iÁr-e,*   je raccourcis *scórc-io,*

raconter *rac-cont-Ár-e,*   je raconte *rac-cónt-o,*

ranger { *ord-in-Ár-e,* / *as-sett-Ár-e,* / *schier-Ár-e,*   je range { *órd-in-o,* / *as-sÉtt-o,* / *schiÉr-o,*

1740 raser *rÁd-er-e,*   je rase *rÁd-o,*

ravauder *ras-sett-Ár-e,**   je ravaude *ras-sÉtt-o,*

recevoir *ri-cÉv-er-e,**   je reçois *ri-cév-o,*

récolter *rac-cògl-ier-e,*   je récolte *rac-cólg-o,*

recommencer *ri-com-inc-iÁr-e,**   je recommence *ri-com-inc-io,*

1745 récompenser *ri-mun-er-Ár-e,**   je récompense *ri-mún-er-o,*

reconnaître *ri-co-nòsc-er-e,*   je reconnais *ri-co-nósc-o,*

redouter *pav-ent-Ár-e.*   je redoute *pav-Ént-o,*

refuser { *ri-cus-Ár-e,** / *ri-fiut-Ár-e,**   je refuse { *ri-cús-o,* / *ri-fiút-o,*

regarder *guard-Ár-e,*   je regarde *guárd o,*

1750 régner *regn-Ár-e,*   je règne *régn o,*

remercier *rin-graz-iÁr-e*,   je remercie *rin-grÁz-io,**

remettre *ri-métt-er-e,**   je remets *ri-métt-o,*

remplacer *rim-piazz-Ár-e,**   je remplace *rim-piázz-o,*

remplir *emp-ír-e,*   je remplis *émp-io,*

1755 remuer *di-men-Ár-e,**   je remue *di-mén-o,*

rencontrer *ris-contr-Ár-e,**   je rencontre *ris-cóntr-o,*

rendre *rénd-er-e,*   je rends *rénd o,*

renverser *rov-esc-iÁr-e*   je renverse *rov-Ésc-io,*

répandre *spárg-er-e,*   je répands *spárg-o,*

1760 réparer *ri-par-Ár-e,*   je répare *ri-pár-o,*

repasser (dans son esprit, sa main, etc.) *ri-vólg-er-e,*   je repasse *ri-vólg-o,*

repasser (du linge) *stir-Ár-e*   je repasse *stir-o,*

répéter *ri-pét-er-e,**   je répète *ri-pét-o,*

répondre *ri-spónd-er-e,**   je réponds *ri-spónd-o,*

1765 repousser *re-spíng-er-e,**   je repousse *re-spíng-o,*

réprimander *ramp-ogn-Ár-e,*   je réprimande *ramp-ógn-o,*

reprocher *rim-prov-er-Ár-e,**   je reproche *rim-próv-er-o,*

respecter *ri-spett-Ár-e,*   je respecte *ri-spétt-o,*

4*

retrouver *ri-trov-Ár-e,*   je retrouve *ri-tróv-o,*

1770 révéler *svel-Ár-e,*   je révèle *svél-o,*

    rompre *rómp-er-e,*   je romps *rómp-o,*

    rôtir *ar-rost-ir-e,*   je rôtis *ar-rost-isc-o,*

    saisir *pigl-iÁr-e,*   je saisis *pigl-io,*

    saler *in-sal-Ár-e,*   je sale *in-sál-o,*

1775 sauver *salv-Ár-e,*   je sauve *sálv-o,*

    savoir *sap-er-e,*   je sais *so,*

    sculpter *scolp-ir-e,*   je sculpte *scolp-ísc-o,*

    secourir *aj-ut-Ár-e,*   je secoure *aj-út-o,*

    semer *sem-in-Ár-e,*   je sème *sém-in-o,*

1780 sentir *sent-ir-e,*   je sens *sént-o,*

    séparer *se-par-Ár-e,*   je sépare *se-pár-o.*

    serrer *string-er-e,*   je serre *string-o,*

    soigner *cur-Ár-e,*   je soigne *cúr-o,*

    souffler *soff-iÁr-e,*   je souffle *sóff-io,*

1785 souffleter *schiaff-egg-iÁr-e,*   je soufflète *schiaff-ègg-io,*

souffrir { *pat-ir-e,* / *soffr-ir-e,*   je souffre { *pat-isc-o,* / *sóffr-o,*

    souhaiter *bram-Ár-e,*   je souhaite *brám-o,*

    soupçonner *so-spett-Ár-e,*   je soupçonne *so-spett-o,*

    suivre *seg-uir-e,*   je suis *ség-uo,*

1790 suppléer *sup-plic-Ár-e,*   je supplie *súp-plic-o,*

    surprendre *sor-prénd-er-e,*   je surprends *sor-prénd-o,*

    suspendre *sos-pénd-er-e.*   je suspends *sos-pénd-o,*

    teindre *ting-er-e,*   je teins *ting-o,*

    tendre *ténd-er-e,*   je tends *ténd-o,*

1795 tendre des piéges ou des embûches *in-sid-iÁr-e,*   je tends des piéges *in-sid-io,*

    tenir *ten-er-e,*   je tiens *ting-o,*

    tenter *tent-Ár-e,*   je tente *tént-o,*

    terminer *term-in-Ár-e,*   je termine *térm-in-o,*

    tirer (étendre) *tir-Ár-e,*   je tire *tír-o,*

1800 tirer (trainer) *trárr-e,*   je tire *trágg-o,*

    tondre *tónd-er-e,*   je tonds *tónd-o,*

    toucher *tocc-Ár-e,*   je touche *tócc-o,*

    tourner *vólg-er-e,*   je tourne *vólg-o,*

    traduire *tra-dúrr-e,*   je traduis *tra dúc-o,*

1805 trahir *tra-dir-e,*   je trahis *tra-disc-o,*

    traiter *tratt-Ár-e,*   je traite *trátt-o,*

    tricoter *fár-e lav-ór-i a mÁgl-ia,*   je tricote *fo lav-ór-i a mÁgl-ta*

    tromper *in-gann-Ár-e,*   je trompe *in-gánn-o,*

    troubler *turb-Ár-e,*   je trouble *túrb-o,*

1810 trouver *trov-Ár-e,*   je trouve *tróv-o,*

    tirer *uc-cíd-er-e,*   je tue *uc-cíd-o,*

    vaincre *vínc-er-e,*   je vaincs *vinc-o,*

    vendanger *vend-emm-iÁr-e,*   je vendange *vend-émm-io,*

    vendre *vénd-er-e,*   je vends *vénd-o,*

1815 verser { *vers-Ár-e,* / *spánd-er-e,*   je verse { *vérs-o,* / *spánd-o,*

    vider *vuot-Ár-e,*   je vide *vuót-o,*

voir *ved-ér-e,*	je vois *véd-o,*
voler (le bien d'autrui) *fur-Ár-e,*	je vole *fúr-o,*
vomir *vom-it-Ár-e,*	je vomis *vóm-it-o,*
1820 vouloir *vol-ere,*	je veux *vógl-io.*

§ 44. Verbes neutres (Voyez *Définition*, n° 137.)

aboyer *ab-baj-Ár-e,**	il aboie *ab-báj-a,*
abuser *ab-us-Ár-e,**	j'abuse *ab-ús-o,*
agir { *ag-ír e, op-er-Ár-e,*	j'agis { *ag-ísc-o, óp-er-o,*
aller *and-Ár-e,*	je vais *vÁd-o* ou *vo,*
1825 arriver { *ar-riv-Ár-e,** *cap-it-Ár-e,*	j'arrive { *ar-rív-o,* *cáp-it-o.*
babiller *chiacch-ier-Ár-e,*	je babille *chiácch-ier-o,*
bouillir *boll-ír-e,*	il boue *bóll-e,*
cesser *cess-Ár-e,*	je cesse *céss-o,*
consentir *con-sent-ir-e,*	je consens *con-sént-o,*
1830 converser *con-vers-Ár-e,*	je converse *con-vÉrs-o,*
couler *col-Ár-e,*	il coule *cól-a,*
couvrir *córr-er-e,*	je cours *córr-o,*
coutume (avoir) *us-Ár-e* (1),	j'ai coutume *ús-o,*
crier *grid-Ár-e,*	je crie *gríd-o,*
1835 croître *crésc-er-e,*	il croit *crésc-e.*
danser *ball-Ár-e,*	je danse *báll-o,*
descendre (un escalier, etc.) *di-scénd-er-e,*	je descends *di-scénd-o,*
descendre (de cheval, etc.) *smont-Ár-e,*	je descends *smónt-o,*
devenir *di-ven-ír-e,**	je deviens *di-véng o,*
1840 devoir *dov-ér-e,*	je dois *dénb-o,*
différer *in-dugg-iÁr-e,**	je diffère *in-dúgg-io.*
dormir *dorm-ír-e,*	je dors *dórm-o,*
douter *dub-it-Ár-e,*	je doute *dúb-it-o,*
durer *dur-Ár-e,*	je dure *dúr-o,*
1845 éclairer (faire des éclairs) *lamp-egg-iÁr-e,*	il éclaire *lamp-égg-ia,*
entrer *entr-Ár-e,*	j'entre *éntr-o,*
être *éss-er-e,*	je suis *són o,*
falloir *bis-ogn-Ár-e,*	il faut *bís-ògn-a,*
flotter (sur l'eau) *gal-egg-iÁr-e,*	je flotte *gal-égg-io,*
1850 flotter (dans l'air) *ond-egg-iÁr-e,*	je flotte *ond-égg-io,*
fuir *fugg-ír-e,*	je fuis *fúgg-o,*

(1) Ce verbe est souvent actif en italien et signifie user de ; *usare cortesia* user de politesse.

gémir *gém-er-e,*	je gémis *gém-o,*
glisser *sdrucc-iol-Ár-e,*	je glisse *sdrúcc-iol-o,*
grêler *grand-in-Ár-e,*	il grêle *gránd-in-a,*
1855 hériter *er-ed-it-Ár-e,*	j'hérite *er-éd-it-o,*
hésiter *es-it-Ár-e,*	j'hésite *És-it-o,*
importer *im-port-Ár-e,* *	il importe *im-pórt-a,*
jouir *god-ér-e,*	je jouis *gód-o,*
jurer *giur-Ár-e,*	je jure *giúr-o,*
1860 luire *luc-ér-e,*	il luit *lúc-e;*
maigrir *am-magr-ír-e,* *	je maigris *am-magr-ísc-o,*
manquer *manc-Ár-e,*	je manque *mánc-o,*
marcher *camm-in-Ár-e,*	je marche *camm-in-o,*
mentir *ment-ir-e,*	je mens { *mént-o et ment-ísc-o,*
1865 miauler *miag-ol-Ár-e,*	il miaule *miág-ol-a,*
monter *sal-ir-e,*	je monte *sálg-o,*
monter à cheval *cav-alc--Ár-e*	je monte à cheval *cav-álc-o,*
mourir *mor-ir-e,*	je meurs *muój-o,*
nager *nuot-Ár-e,*	je nage *nuót-o,*
1870 naître *násc-er-e,*	je nais *násc-o,*
naviguer *nav-ig-Ár-e,*	je navigue *náv-ig-o,*
nuire *nuóc-er-e,*	je nuis *nuóc-o,*
obéir *obb-ed-ír-e,*	j'obéis *obb-ed-ísc-o,*
oser *ard-ir-e,*	j'ose *ard-ísc-o,*
1875 paître *pasc-ol-Ár-e,*	il pait *pásc-ol-a,*
paraître { *par-ér-e,* { *ap-par-ír-e,*	je parais { *pÁj-o,* { *ap-par-ísc-o,*
parler *parl-Ár-e,*	je parle *párl-o,*
passer *pass-Ár-e,*	je passe *páss-o,*
pécher *pecc-Ár-e,*	je pèche *pécc-o,*
1880 plaire *piac-ér-e,*	je plais *piácc-io,*
pleurer *piáng-er-e,*	je pleure *piáng-o,*
pleuvoir *pióv-er-e,*	il pleut *pióv-e,*
pousser *germ-ogl-iÁr-e,*	il pousse *germ-ógl-ia,*
pouvoir *pot-ér e,*	je puis *póss-o,*
1885 raisonner *rag-ion-Ár-e,*	je raisonne *rag-ión-o,*
ramper *strísc-iÁr-e,*	je rampe *strísc-io,*
réfléchir *ri-flétt er-e,*	je réfléchis *ri-flétt-o,*
résister *re-síst-er-e,*	je résiste *re-síst-o,*
rester *ri-man-ér-e,*	je reste *ri-máng-o,*
1890 retourner *torn-Ár-e,*	je retourne *tórn-o,*
revenir *ri-torn-Ár-e,*	je reviens *ri-tórn-o,*
rire *ríd-er-e,*	je ris *ríd-o,*
rugir *rugg-ír-e,*	il rugit *rúgg-e,*
ruminer *rum-in-Ár-e,*	il rumine *rúm-in-a,*
1895 sauter *salt-Ár-e,*	je saute *sált-o,*
sautiller *salt-ell-Ár-e,*	je sautille *salt-Éll-o,*
sentir (par l'odorat) *od-or-Ár-e,*	je sens *od-ór-o.*
servir *serv-ir-e,*	je sers *sérv-o,*
sonner *suon-Ár-e,*	il sonne *suón-o,*
1900 sortir *usc-ír-e,*	je sors *Ésc-o,*

souffler *spir-Ár-e*,   il souffle *spír-a*,
soupirer *so-spir-Ár-e*,*   je soupire *so-spir-o*,
sourire *sor-ríd-er-e*,*   je souris *sor-ríd-o*,
suffire *bast-Ár-e*,   il suffit *bást-a*,
1905 tomber *cad-ér-e*,   je tombe *cád-o*,
tonner *ton-Ár-e*,   il tonne *tuón-a*,
tourner (faire des tours et re-   je tourne *vólt-o*.
    tours), *volt-Ár-e*,
tourner (travailler au tour)   je tourne *tórn-io*,
    torn-iÁr-e,
travailler *lav-or-Ár-e*,   je travaille *lav-ór-o*,
1910 triompher *tri-onf-Áre*,   je triomphe *tri-ónf-o*,
utile (être) à *gior-Ár-e*,   je suis utile à *glóv-o*,
valoir *val-ére*,   je vaux *válg-o*,
veiller *vegl-iÁr-e*,   je veille *végl-io*,
venir *ven-ír-e*,   je viens *véng-o*.
1915 venter *vent-Ár-e*,   il vente *vént-a*,
verdir *verd-egg-iÁr-e*,   il verdit *verd-égg-a*,
vivre *viv-er-e*,   je vis *viv-o*,
voler (avec des ailes) *vol-*   il vole *vól-a*,
    Ár-e,
voyager *viagg-iÁr-e*,   je voyage *viággio*.

§ 45. Verbes liés à un pronom

en français ou en italien.

1920 S'affliger { *af-fligg-er-si*,*   je m'afflige { *mi af fligg-o*,
    { *ac-cor-ár-si*,*   { *mi ac-cór-o*,
s'apaiser *plac ár-si*,   je m'apaise *mi plác-o*,
s'apercevoir *scórg-er-e*,   je m'aperçois *scórg-o*.
s'appliquer *ap-plic ár-si*,*   je m'applique *mi áp-plic-o*,
s'approcher *av-vic-in-ár-si*,*   je m'approche *mi av-vic-in-o*.
1925 s'arrêter *ferm-ár-si*,   je m'arrête *mi férm-o*,
s'asseoir *sed-ér-e*,   je m'asseois *ségg-o*,
se décider *de-cid-er-si*,*   je me décide *mi de-cid-o*,
se défier de *dif-fid-ár-e di*,   je me défie *dif-fid-o*,
se désoler *ac-cor-ár-si*,*   je me désole *mi ac-cór-o*,
1930 se divertir *di-vert-ir-si*,*   je me divertis *mi di-vért-o*,
se douer *av-ed-ér-si*,*   je me doute *mi av-réd-o*,
s'écarter *scost-ár-si*,   je m'écarte *mi scóst-o*,
s'échapper *scapp-Ár-e*,   je m'échappe *scápp-o*,
s'éloigner *di-lung-ár-si*,   je m'éloigne *mi di-lúng-o*.
1935 s'enfuir *schiv-Ái-e*,   je m'enfuis *schiv-o*,
s'ennuyer *noj-ár-si*,   je m'ennuie *mi nój-o*,
s'éveiller *de-stár-si*,*   je m'éveille *mi dést-o*,
se fier *fid-ár-si*,   je me fie *mi fíd-o*,
se glorifier *glor-iár-si*,   je me glorifie *mi glór-io*.
1940 s'habiller *vest-ir-si*,   je m'habille *mi vést-o*,

se hâter *af frett-ár-si*,* je me hâte *mi af-frétt-o*,
s'imaginer *imm-ag-in-ár-si*, je m'imagine *m'imm-Ág-in-o*,
se lever *sórg-er-e*, je me lève *sórg-o*,
se marier (pour l'homme) *am-* je me marie *mi am-mógl-io*.
  mogl-iár-si,
1945 se marier (pour la femme) je me marie *mi mar-it-o*,
  mar-it-ár-si,
se moquer *burl-ár-si*. je me moque *mi búrl-o*,
se noyer *an-neg-ár-si*,* je me noie *mi an-nég-o*,
partir *part-ír-si*, je pars *mi pàrt-o*,
se plaindre *logn-ár-si*, je me plains *mi làgn-o*,
1950 se plaire à *com-piac-ér-si*, je me plais à *mi com-piácc-io*,
planer *libr-ar-si*, il plane *si libr-a*,
se porter (bien ou mal) je me porte *sto*,
  stár-e,
se promener *pass-egg-iár-e* je me promène *pass-égg-io*,
se rappeler *ri-cord-ár-si*, je me rappelle *mi ri-córd-o*,
1955 se réjouir *rall-egr-ár-si*, je me réjouis *mi rall-égr-o*,
se rendre à *rec-ár-si*, je me rends à *mi réc-o*,
regretter *rincr-Ésc-er-e*, je regrette *mi rincr-ésc-e*,
se repentir *pent-ir-si*, je me repens *mi pént-o*,
se reposer *ri-pos-ár-si*,* je me repose *mi rip-ós-o*,
1960 se résoudre *ri-sólv-er-si*,* je me résous *mi ri-sólv-o*,
se soucïer *cur-ár-si*, je me soucie *mi cùr-o*,
se taire *tac-ér-e*, je me tais *tácc-io*,
se tenir (debout ou autrement) je me tiens *sto*,
  stár-e,
se tromper *sbagl-iár-e*, je me trompe *sbágl-io*,
1965 se venger *vend-ic-ár-si*, je me venge *mi vénd-ico*.

TABLE 4ᵉ.

§ 46. *Adverbes et locutions adverbiales.*

A haute voix *ad ált-a vóc-e,*
à la dérobée *di sopp-iatt-o,*
à l'envie *a gár-a,*
allons! *án-im-o, vía,*
1970 à peu près *préss-o a póc-o,*
combien *quánt-o,*
de bon cœur *di buón-a vógl-ia,*
de bonne heure *per témp-o.*
de haute lutte *per pre-pot-énz-a,*
1975 déjà *già,*
également *eg-ual-mént-e,**
ensemble *ins-iém-e,*
entièrement *int-er-a-mént-e**
exprès *a póst-a,*
1980 extrêmement *estr-em-a-mént-e,**
facilement { *fac-il-ment-e,**
            { *ag-ev-ol-mént-e*
fréquemment *fre-qu-ent-e-mént-e,**
grossièrement *rozz-a-mént-e*

à contre cœur *di mál-a vógl-ia,*
1985 incessamment *in-cess-ant-e-mént-e,*
librement *lib-er-a-ment-e,*
nécessairement *ne-cess-ar-ia-mént-e,**
par cœur *a mem-ór-ia,*
par hasard *a cás-o,*
1990 pêle-mêle *all-a rin-fus-a,*
précisément *ap-púnt-o,*
seulement *sol-tánt-o*
sûrement *si-cur-a-mént-e,*
tantôt... tantôt... *óra... ór-a*
1995 tour-à-tour *a vic-énd-a,*
tout-à-l'heure (passé) *póc-o fa;*
tout-à-l'heure (à venir) *fra póc-o,*
tout de suite *súb-it-o,*
vite *prést-o,*
2000 volontiers *vol-ent-iér-i.*

FIN DES TABLES ACCENTUÉES.

PREMIÈRE PARTIE

DES PARTIES DU DISCOURS

CHAPITRE PREMIER.

Du Nom.

69. *Qu'est-ce que le nom?*

On appelle nom ou substantif les mots qui nomment les personnes, les animaux ou les choses, soit que ces objets existent réellement, comme :

Paolo, Paul ;   *leone,* lion ;   *casa, maison*

soit qu'ils n'existent que dans notre esprit, comme :

speranza, espérance ;   *felicitá,* bonheur.

Les expressions de noms propres et de noms communs ont le même sens en italien que dans la grammaire française.

70. *Quelles sont les syllabes finales des noms italiens?*

Tous les noms italiens sont terminés par une des cinq voyelles a, e, i, o, u, aucun par une consonne. S'il s'en trouve quelqu'un, c'est, ou un nom étranger qu'on a reçu dans la langue, comme *ribes,* groseille; ou un nom abrégé comme *suon,* son, qu'on met quelquefois pour *suono.*

71. *Comment distingue-t-on le genre des noms italiens ?*

1° Les noms en *a* sont féminins.

Capanna, cabane ;   *cometa,* comète ;
Gloria, gloire ;   *lodola,* alouette.

Exceptions.— Les noms qui s'appliquent à des hommes, par exemple :

Papa, pape ; *poeta,* poëte, etc., sont masculins ainsi que les quatre suivants :

Sistema, système ;   *tema,* thème ;
Diadema, diadème ;   *pianeta,* planète.

5

2° Les noms en *e* peuvent être de l'un et de l'autre genre et se connaissent par l'usage :

masc. { *Padre*, père.
       { *Fiume*, rivière.

fém. { *Madre*, mère.
     { *Sete*, soif.

3° Les noms en *i* peuvent également être de l'un et de l'autre genre ; ils sont très-peu nombreux :

Barbagianni, hibou ; masculin.
Metamorfosi, métamorphose ; féminin.

4° Les noms en *o* sont généralement masculins :

Cavallo, cheval ;   *maestro*, maître ;
Intelletto, intelligence ;   *ragno*, araignée.

5° Les noms en *ù* sont tous féminins ; il n'y en a qu'un fort petit nombre :

Schiavitù, esclavage ;   *grù*, grue.

72. *N'y a-t-il pas d'autre signe que la finale pour distinguer le genre dans les noms ?*

Si ; on peut faire les deux remarques suivantes :

1° Les noms d'arbres en général sont masculins et les noms de fruits féminins. Ex. :

masc. { *Pero*, poirier.
       { *Castagno*, châtaignier.
       { *Noce*, noyer.

fém. { *Pera*, poire.
     { *Castagna*, châtaigne.
     { *Noce*, noix.

Exceptions. — Sont féminins les noms d'arbres ci-après :

Elce, chène vert ; *palma*, palmier ; *quercia*, chêne.

Sont masculins les noms des fruits ci-après :

Cedrato, cédrat ;   *cedro*, citron ;   *dattero*, date ;
Fico, figue ;   *limone*, limon ;   *pomo*, pomme.

2° Certains noms sont masculins ou féminins, selon ce qu'ils expriment. Ainsi :

masc. { *Fante*, fantassin.
       { *Calce*, coup de pied.
       { *Margine*, bord.
       { *Oste*, hôte.

fém. { *fante*, servante.
     { *Calce*, chaux.
     { *Margine*, cicatrice.
     { *Oste*, armée.

73. *Comment distingue-t-on le nombre dans les noms ?*

Le nombre se distingue ordinairement par le changement de la voyelle finale.

74. *Comment pour les noms en* a ?

a. Les noms masculins en *a* font leur pluriel en *i* :

Papa, pape ;   *papi*, papes.

b. Les noms féminins en *a* non accentué font le pluriel en *e* :

Capanna, cabane ;   *capanne*, cabanes.

c. Les mêmes lorsque l'*a* est précédé d'un *c* ou d'un *g* prennent un *h* au pluriel :

Ostrica, huître ;   *ostriche*, huîtres ;
Piaga, plaie ;   *piaghe*, plaies.

d. Les mêmes lorsque l'*a* est précédé de *ci* ou de *ge*, suppriment ordinairement l'*i* au pluriel :

Faccia, face ;   *facce*, faces ;
Piaggia, plage ;   *piagge*, plages.

EXCEPTIONS. — On dit néanmoins avec l'*i* les trois mots suivants :

Provincia, province ;   *provincie*, provinces ;
Greggia, troupeau ;   *greggie*, troupeaux ;
Regia, palais royal ;   *regie*, palais royaux.

e. Les noms féminins en *à* accentué, font le pluriel semblable au singulier :

Verità, vérité et vérités.

75. *Comment pour les noms en* e ?

Les noms en *e*, masculins et féminins, font le pluriel en *i* :

Padre, père ; *padri*, pères ; *madre*, mère ; *madri*, mères.

EXCEPTIONS — *Re*, roi, ne varie pas au pluriel.

Il en est de même des noms en *ie*. *Specie* signifie espèce ou espèces. Cependant *moglie*, épouse, fait au pluriel *mogli*.

76. *Comment pour les noms en* i ?

Les noms en *i*, masculins et féminins, ne varient pas au pluriel :

Barbagianni signifie hibou et hiboux ;
Metamorfosi signifie métamorphose et métamorphoses.

77. *Comment pour les noms en* o ?

a. Les noms en *o* font le pluriel en *i* :

Cavallo, cheval ;   *cavalli*, chevaux.

b. Les mêmes, lorsque l'o est précédé d'un c ou d'un g, prennent une h au pluriel :

Cuoco,	cuisinier ;	cuochi,	cuisiniers ;
Luogo,	lieu ;	luoghi,	lieux.

Toutefois, *portico*, portique, fait *portici* ; ainsi de quelques autres.

c. Quelques noms en *o* peuvent faire le pluriel en *a*, mais ce pluriel devient alors féminin :

Noms à double pluriel.

SINGULIER.		PLURIEL.
Anello,	anneau.	Anelli, anella.
Braccio,	bras.	Bracci, broccia.
Budello,	boyau.	Budelli, budella.
Calcagno,	talon.	Calcagni, calcagna.
Carro,	chariot.	Carri, carra.
Castello,	château.	Castelli, castella.
Ciglio,	cil.	Cigli, ciglia.
Corno,	corne.	Corni, corna.
Dito,	doigt.	Diti, dita.
Filo,	fil.	Fili, fila.
Fondamento,	fondement.	Fondamenti, fondamenta.
Frutto,	fruit.	Frutti, frutta.
Fúso,	fuseau.	Fusi, fusa.
Gesto,	geste.	Gesti, gesta.
Ginócchio,	genou.	Ginocchi, ginocchia.
Grido,	cri.	Gridi, grida.
Labbro,	lèvre.	Labbri, labbra.
Legno,	bois.	Legni, legna.
Lenzuolo,	drap de lit.	Lenzuoli, lenzuola.
Membro,	membre.	Membri, membra.
Muro,	mur.	Muri, mura.
Osso,	os.	Ossi, ossa.
Pomo,	pomme.	Pomi, poma.
Pugno,	poing.	Pugni, pugna.
Quadrello,	flèche.	Quadrelli, quadrella.
Riso,	rire.	Risi, risa.
Sacco,	sac.	Sacchi, sacca.
Strido,	cri.	Stridi, strida.
Vestigio,	vestige.	Vestigi, vestigia.
Vestimento,	vêtement.	Vestimenti, vestimenta.

78. *Les pluriels en a et en i d'un même nom en o, ont-ils toujours le même sens ?*

Généralement oui. Cependant pour quelques-uns il y a une différence. Ainsi :

Frutti s'emploie pour les fruits en général.
Frutta plus particulièrement pour les fruits du dessert.
Gesti pour les gestes du corps.
Gesta pour les grandes actions, les exploits.
Membri au figuré, pour les membres d'une société.
Membra au propre, pour les parties du corps.
Legni pour les bois de construction.
Legna pour du bois à brûler.
Mura se prend plus ordinairement pour les murailles d'une ville, d'une forteresse, que pour les murs d'une maison.

79. *Comment se forme le pluriel pour les noms en* u ?
Ils n'en ont pas.

> *Grù* signifie également grue et grues ;
> *Tribù*   d°   tribu et tribus.

80. *Quelles sont les catégories de noms où l'on reconnaît au premier abord la place de la tonique ?*

1° Sont *piani* les noms en :

a. *ále* pluriel *áli* :

> *Cignále*, sanglier ; *stiuále*, botte.

c. *áme* pluriel *ámi* :

> *Fogliáme*, feuillage ; *esáme*, examen.

c. En *áno, ána* pluriel *áni, áne* :

> *Capitáno*, capitaine ; *campána*, cloche.

EXCEPTIONS. — *árgano*, cabestan ;   *cofáno*, corbeille ;
> *Garófano*, œillet ;   *mángano*, baliste.
> *Mangáno* signifie calandre, instrument pour
> lisser les draps;
> *órfano*, orphelin ;   *órgano*, orgue ;
> *Pámpano*, pampre ;   *ráfano*, raifort ;
> *Stéfano*, Etienne ;   *tímpano*, timpan.;
> *Tónfano*, gouffre.

La plupart de ces mots sont d'origine grecque.

d. En *áro, ára* pluriel *ári, áre :*

Somáro baudet ; zolfatára, mine de soufre.

EXCEPTIONS. — *Lázaro,* Lazare, nom d'homme qu'on écrit aussi *Lázzaro* ; *Pésaro,* Pesaro, ville des Etats de l'Église ; *zíngaro,* bohémien.

e. En *dto, áta* pluriel *áti, áte :*

Cognáto, beau-frère ; legnáta, bastonnade.

EXCEPTIONS. — *ágata,* agate, pierre précieuse et nom propre ; *fégato,* foie.

f. En *éno, éna* pluriel *éni, éne :*

Baléna, baleine ; veléno, poison.

g. En *ése, ésa* pluriel *ési, ése :*

Arnése, ustensile ; marchésa, marquise.

h. En *íno, ína* pluriel *íni, íne :*

Bambíno, enfant ; farína, farine.

EXCEPTIONS. — *ácino,* grain de raisin ; *ásino,* âne ; *búccina,* trompette ; *esámina,* discussion ; *frássino,* frêne (arbre) ; *imbréntina,* ledum (plante) ; *lésina,* alène (outil) ; *mácchina,* machine ; *mácina,* meule ; *róndina,* hirondelle ; *término,* terme.

i. En *óne, óna* pluriel *óni, óne :*

Leóne, lion ; coróna, couronne.

EXCEPTIONS. — *Lacedémone,* Lacédémonien ; *Macédone,* Macédonien ; *Onémone,* Onémon (nom d'homme), et quelques autres noms propres d'origine grecque.

j. En *óre* pluriel *óri :*

Dottóre, docteur ; dolóre, douleur.

EXCEPTIONS. — *Fólgore,* éclair ; *mártore,* martyr ; *rétore,* rhéteur ; *Éttore,* Hector, nom propre.

OBSERVATION. — Le lecteur remarquera que nous ne parlons pas des noms féminins en *ora,* dont un grand nombre est sdrucciolo, le reste piano.

m. En *úme* pluriel *úmi* :

Albúme, blanc d'œuf ;   *frantúme,* débri.

n. En *úno, úra* pluriel *úri, úre* :

Pianúra, plaine.

OBSERVATION. — On voit qu'en général la voyelle qui fixe la tonique sur la pénultième syllabe, est suivie d'une liquide.

2° Sont *sdruccioli* les noms en :

ágine, égine, ígine, úggine, údine :

Abitúdine, habitude ; *farrágine,* fatras ; *fulíggine,* suie, etc.

CHAPITRE II.

Dé l'Article.

81. *Qu'est-ce que l'article ?*

L'article est un mot qui se place devant les noms communs pour faire connaître qu'ils sont employés dans un sens déterminé.

82. *Combien y a-t-il d'espèces d'articles en italien ?*

Deux espèces, les simples et les composés.

83. *Dites les articles simples ?*

Les articles simples sont :

Pour	le masculin singulier	*il* et *lo* qui signifient	le
	le masculin pluriel	*i* et *gli* d°	les
Pour	le féminin singulier	*la* d°	la
	le féminin pluriel	*le* d°	les

On voit qu'en italien il y a un article simple de chaque genre au pluriel, tandis qu'en français il n'y en a qu'un.

84. *Emploie-t-on indifféremment les deux articles masculins du singulier et du pluriel ?*

a. Non. On se sert de *lo* et de *gli* devant les voyelles ou devant un *s* impure. Devant les voyelles l'article *lo* prend une apostrophe (voyez n° 263) et retranche la voyelle.

l'Uomo, l'homme ;   *l'animale*, l'animal.

Gli au contraire ne retranche pas la voyelle :

gli uomini, les hommes ;   *gli animali*, les animaux,

à moins que la voyelle qui commence le nom ne soit un *i* :

gl'ingegneri, les ingénieurs.

Devant l'*s* impure la voyelle ne se retranche pas :

lo spirito, l'esprit ;   *gli spiriti* les esprits.

b. On se sert de *il* et de *i* devant les consonnes :

il maestro, le maître ;   *i maestri*, les maîtres.

Devant le *z* on met indifféremment *il* et *lo* :

il zio où *lo zio* l'oncle.

85. *Dites les articles composés ?*

Les articles composés proviennent de l'union des articles simples avec les mots *di* de, *a* a, *da* par et de, *in* dans, *con* avec, *per* pour et par, *su* sur, *trà* et *frà* entre et parmi.

Tableau des Articles composés.

	MASCULINS			FÉMININS.		
Di	s. del	pour di il	du.	della	pour di la	de la.
	dello	di lo	»	»		»
	p. dei	di i	des.	delle	di le	des.
	degli	di gli	»	»		»
A	s. al	a il	au.	alla	a la	à la.
	allo	a lo	»	»		»
	p. ai	a i	aux.	alle	a le	aux.
	agli	a gli	»	»		»
Da	s. dal	da il	du ou	dalla	da la	de la ou
	dallo	da lo	par le.	»		par la.
	p. dai	da i	des ou	dalle	da le	des ou
	dagli	da gli	par les.	»		par les.
In	s. nel	in il	dans le.	nella	in la	dans la.
	nello	in lo	»	»		»
	p. nei	in i	dans les.	nelle	in le	dans les.
	negli	in gli	»	»		»
Con	s. col	con il	avec le.	colla	con la	avec la.
	collo	con lo	»	»		»
	p. coi	con i	avec les.	colle	con le	avec les.
	cogli	con gli	»	»		»
Per	s. pel	per il	pour le.	pella	per la	pour la.
	pello	per lo	»	»		»
	p. pei	per i	pour les.	pelle	per le	pour les.
	pegli	per gli	»	»		»
Sù	s. sul	sù il	sur le.	sulla	sù la	sur la.
	sullo	sù lo	»	»		»
	p. sui	sù i	sur les.	sulle	sù le	sur les.
	sugli	sù gli	»	»		»
Frà	s. frallo	frà lo	entre le.	fralla	frà la.	entre la.
	p. frai	frà i	entre les	fralle	frà le	entre les.
	fragli	frà gli	»	»		»
Trà	p. trai	trà i	entre les	tralle	tra la	entre les

86. *Donnez des exemples d'articles composés ?*

Colla grazia dello spirito santo.
Avec la grâce de l'Esprit-Saint.
Nel fondo della spelonca.
Dans le fond de la caverne.
Sulle sponde dei laghi.
Sur les rives des lacs.

5*

THÈME 1er

87. Envoyer les eaux à la rivière. — Je coupe les branches des arbres. — Cacher les aiguilles dans le foin. — Je bois le vin avec l'eau dans le verre. — Travailler pour l'amour de la mère. — Je suis le gibier sur la glace du lac. — Renverser les murs des citadelles. — Je donne le grain aux canards. — Jeter le sang par *(da)* le nez. — Je conduis les voitures dans les rues. — Couper les ongles avec les ciseaux. — Je prépare le souper pour les vendangeurs. — Poser les plats sur la table dans la salle. — Rencontrer le Christ parmi les docteurs. — J'envoie le cuisinier au marché. — Reconnaître l'amitié par *(da)* la sincérité des paroles. — J'observe les astres dans les cieux. — Aller au paradis avec les saints. — Je poursuis les ennemis par les monts et par la campagne. — Planer sur les ailes dans l'air. — Passer entre la caverne et le rocher. — Je remue les haricots avec la fourchette. — Séparer l'or du plomb. — Je lance les pierres au scorpion. — Boire le bouillon du bœuf. — Je cherche les planètes parmi les étoiles. — Tenir le loup par les oreilles. — Chasser les marmitons de *(da)* la cuisine.

CHAPITRE III.

De l'Adjectif.

88. *Qu'est-ce que l'adjectif ?*

L'adjectif est un mot qui sert à qualifier ou à déterminer les noms. Adjectif vient du latin *adjectus* qui signifie ajouté. Il ajoute en effet au substantif une qualité ou une détermination. Il y a par conséquent deux sortes d'adjectifs, les *qualificatifs* et les *déterminatifs*.

89. *Qu'est-ce que l'adjectif qualificatif ?*

L'adjectif qualificatif est un mot qui sert à exprimer la manière d'être, l'état, la *qualité* des personnes et des choses. Exemple :

Fanciullo studioso,	enfant studieux ;
Tigre crudele,	tigre cruel ;
Madre tenera,	mère tendre.

90. *Quelles sont les syllabes finales des adjectifs qualificatifs en italien ?*

Les mêmes que pour les noms, excepté qu'il n'y en a point en *ù* et un très-petit nombre en *i*.

91. *Comment distingue-t-on le genre des adjectifs qualificatifs ?*

Par la finale. Les adjectifs en *o* sont masculins, les adjectifs en *a* sont féminins ; les adjectifs en *e* sont des deux genres.

Padre diletto, père chéri. — *Madre diletta,* mère chérie. — *Uomo* ou *donna amabile,* homme ou femme aimable.

92. *Comment forme-t-on le pluriel des adjectifs qualificatifs ?*

Comme pour les noms qui ont la même lettre finale.

Les adjectifs en *o* et en *e* font le pluriel en *i*. Ex. :

Padre e madre diletti, père et mère chéris.
Uomo et donna amabili, homme et femme aimables.

Les adjectifs en *a* font le pluriel en *e*. Ex. :

Madri dilette, mères chéries.

93. *Qu'est-ce que l'adjectif déterminatif ?*

Les adjectifs déterminatifs sont ceux qui déterminent les noms en y ajoutant une idée d'indication, de possession, de nombre, etc.

94. *Combien de sortes d'adjectifs déterminatifs y a-t-il en italien ?*

Il y a en italien quatre sortes d'adjectifs déterminatifs :

1° Les adjectifs démonstratifs ;
2° Les adjectifs possessifs ;
3° Les adjectifs numéraux ;
4° Les adjectifs indéfinis.

95. *Ces adjectifs ont-ils les mêmes finales que les qualificatifs ?*

Oui en général. Cependant il y en a quelques-uns qui font le pluriel en *a* ou en *o* comme *trenta*, trente, *quaranta*, quarante, *cento*, cent, etc.

96. *Quels sont les adjectifs démonstratifs ?*

Questo, ce, cet, ce...cì, cet...ci,	*questa*, cette, cette...ci.
Questi, ces, ces...ci,	*queste*, ces, ces...ci.
Quello, ce, cet, ce...là, cet...là,	*quella*, cette, cette...là.
Quelli, ces, ces...là,	*quelle*, ces, ces...là.
Cotesto, ce, ce...cì ou là,	*cotesta*, cette, cette...ci ou là.
Cotesti, ces, ces...cì ou là,	*coteste*, ces, ces...cì ou là.

On dit aussi *codesto, codesta, codesti*, etc.

97. *Donnez des exemples de ces adjectifs ?*

Prendere questa o quella strada.
Prendre ce chemin-cì ou ce chemin-là.
Pongo cotesto coltello sulla tavola.
Je pose ce couteau-ci sur la table.
Quella memoria dell'antico tempo.
Ce souvenir de l'ancien temps.

98. *Quelles sont les différences de sens entre* questo, quello, cotesto, etc.

Questo se dit d'un objet proche de celui qui parle. Ce chemin-ci, voisin de moi qui dois le prendre, *questa strada.*— *Quello* se dit d'un objet éloigné, en temps ou en lieu de celui qui parle ou de celui qui écoute. *Cotesto* se dit exclusivement des personnes et des objets proches de celui à qui l'on parle. Mais lorsqu'il indique une personne il n'est pas respectueux parce qu'il semble, pour ainsi dire, montrer au doigt.

REMARQUE. — L'adjectif *questa* peut se réduire à *sta* devant les mots *mane* et *mattina* matin, *sera* soir et *notte* nuit. Sta mane pour questa mane ce matin, sta notte pour questa notte cette nuit.

99. *Quels sont les adjectifs possessifs ?*

Les adjectifs possessifs déterminent les noms en y ajoutant une idée de possession. Les voici disposés en tableau.

MASCULINS				FÉMININS			
SINGULIER		PLURIEL		SINGULIER		PLURIEL	
mio,	mien.	*miéi,*	miens.	*mia,*	mienne.	*mie,*	miennes.
tuo,	tien.	*tuoi,*	tiens.	*tua,*	tienne.	*tue,*	tiennes.
suo,	sien.	*suoi,*	siens.	*sua,*	sienne.	*sue,*	siennes.
nostro,	nôtre.	*nostri,*	nôtres.	*nostra,*	nôtre.	*nostre,*	nôtres.
vostro,	vôtre.	*vostri,*	vôtres.	*vostra,*	vôtre.	*vostre,*	vôtres.
loro	leur.	*loro,*	leurs.	*loro,*	leur.	*loro,*	leurs.

On remarquera que *loro* est invariable pour les deux genres et pour les deux nombres.

100. *Ces adjectifs n'ont-ils que le sens marqué à ce tableau ; n'ont-ils pas en outre celui des mots français,* mon, ton, son, notre, votre, leur ?

Non. Il n'y a pas de mot unique en italien pour rendre ces mots français. On traduit :

Mon, par *il mio* le mien ; ton, par *il tuo* le tien ; son, par *il suo* le sien ; notre, par *il nostre* le nôtre ; votre, par *il vostro* le vôtre ; leur, par *il loro* le leur ; et de même au féminin : ma, *la mia* la mienne ; ta, *la tua* la tienne, etc.

Le mie figlie mes filles, c'est-à-dire les miennes filles.

I loro amici leurs amis, c'est-à-dire les leurs amis.

Si *mes* correspondait à *mie,* on pourrait dire *les mes* filles, comme on dit *le mie.*

101. *Quels sont les adjectifs numéraux ?*

Les adjectifs numéraux sont ceux qui déterminent les

noms en y ajoutant soit une idée de nombre soit une idée de rang. De là deux espèces d'adjectifs numéraux : les numéraux *cardinaux* qui marquent le nombre proprement dit :

Uno un, *due* deux, *dieci* dix, etc.

et les numéraux *ordinaux* qui marquent le rang :

Primo premier, *secondo* second, *decimo* dixième, etc.

102. *Les adjectifs numéraux varient-ils selon le genre et le nombre ?*

a. Les cardinaux sont invariables excepté *uno* qui fait au féminin *una*, et *mille* mille dont le pluriel est *mila*.

b. Les ordinaux font le féminin et le pluriel comme les adjectifs qualificatifs.

Il primo ministro,	le premier ministre ;
La seconda signora,	la seconde dame ;
I centesimi anni,	les centièmes années.

103. *Quels sont les adjectifs indéfinis ?*

Ce sont ceux qui déterminent les noms d'une manière vague et générale. Ex. :

Nessuno, nessuna, sans pluriel, aucun, aucune.
Altro, altra,   altri, altre, autre.
Certo, certa,   certi, certe, certain, certaine.
Ciascuno, ciascuna, sans pluriel, chacun, chacune, chaque.
Stesso, stessa, stessi, stesse et
medesimo, medesima, medesimi, medesime } même, mêmes.
Nullo, nulla, sans pluriel, nul, nulle.
Sans singulier, *parecchi, parecchie,* plusieurs.
Quale, des deux genres, *quali,* quel, quelle.
*Chente,   * d°   *chenti* (hors d'usage), quel, le.
Qualunque, d°   sans pluriel, quelconque.
Qualche, d°   d°   quelque.
Tale, d°   *tali,* tel, telle.
Ogni, d°   sans pluriel, tout, toute.

et quelques autres. Ex. :

In ogni luogo,	en tout lieu ;
La medesina donna,	la même femme.

104. *Quelles sont les catégories d'adjectifs où l'on reconnaît au premier abord la place de la tonique ?*

1° Sont *piani* les adjectifs en :

a. *áccio, áccia ; ário, ária ; áro, ára :*

Pallidáccio, très-pâle ; *ereditário,* héréditaire ; *amára,* amère.

b. *ício, ícia* ou *íccio, íccia, ívo, íva :*

Fradício, pourri ;   *abusívo,* abusif.

c. *ório, ória ; óso, ósa :*

Meritório, méritoire ;   *gloriósa,* glorieuse.

d. *uo, ua.* La tonique précède cette désinence :

árduo, ardu ;   *cospícua,* illustre.

REMARQUE. — Les désinences *áccio, ário, ício, ório,* ne font que deux syllabes ; les désinences *uo, ua,* n'en font qu'une. En poésie seulement il est quelquefois permis de faire de trois syllabes, *accio, ario, iccio, orio,* et de deux syllabes, *uo, ua.* Voyez à ce sujet le n° 34.

2° Sont *sdruccioli* les adjectifs en :

a. *ábile, ático, ática :*

Amábile, aimable ;   *fanático,* fanatique.

b. *éfico, éfica ; ético, ética ; évole :*

Benéfica, bienfaisante ;   *farnético,* frénétique ; *lusinghévole,* attrayant.

c. *ífico, ífica :*

Mirífico, merveilleux.

d. *ónico, ónica :*

Crónico, chronique ;   *sardónico,* sardonique.

105. *Quand un adjectif est joint à un nom qu'il qualifie ou qu'il détermine, quel genre prend-il et quel nombre ?*

Il prend le genre et le nombre du nom auquel il se rapporte. C'est ce qu'on appelle l'*accord* de l'adjecjif et du nom.

Il en a été donné des exemples aux n°ˢ 89, 91, 92, 97, 100, 101, 103.

THÈME II

SUR L'EMPLOI DES ADJECTIFS, DES NOMS ET DES ARTICLES.

106. La vraie sagesse. — Les fruits mûrs. — La jalousie odieuse. — Les longues jambes. — Les yeux bleus. — Les ténèbres épaisses. — La tendre fille. — Le front superbe des hommes impies. — La main généreuse du bon prince. — La sainte liberté des enfants de Dieu. — Les prières sacrées de l'église catholique. — Je bêche dans la terre dure. — Je navigue sur la mer profonde.

Cet âne-ci. — Tes fleurs. — Le même visage. — Ce bouc-là. — Vos parents. — Tout aubergiste. — Leurs épouses. — Le vingt-cinquième mois. — Les autres rues. — Celle du pont. — Certain poisson de la même rivière. — Le dix-huitième printemps de cette jeune fille-là. — Plusieurs salles de votre palais. — Quelques plantes de l'autre jardin. — Quel honneur pour le fils d'un tel père. — La trente-cinquième nuit de ce voyage. — Votre gaieté avec ma douleur. — Pour les autres oiseaux de la même forêt.

Je monte dans l'escalier étroit de notre maison. — J'enferme vos beaux chevaux dans ma grande écurie. — Je passe entre les longs murs de la grande forteresse. — Je glisse sur les herbes molles de la colline voisine. — Je chante pour les chères oreilles de ma mère. — Je brode sur le côté opposé de cette même étoffe. — Je cours avec les autres garçons sur la glace mince. — J'entends les mêmes voix dans ce théâtre. — Je loue les humbles servantes de cette digne maîtresse. — Je soigne les autres blessures de mon brave capitaine.

CHAPITRE IV.

Du Pronom.

107. *Qu'est-ce que le pronom ?*

Le pronom (pour nom) est un mot qui tient la place du nom, et qui en prend le genre et le nombre.

108. *Combien y a-t-il de sortes de pronoms en italien ?*

Quatre sortes : les pronoms personnels;
les pronoms démonstratifs ;
les pronoms relatifs ;
les pronoms indéfinis.

109. *Les grammaires françaises comptent en outre des pronoms posses ifs. Il n'y en a donc pas en italien ?*

En effet, il n'y en a pas. Le pronom possessif n'est que l'adjectif possessif précédé de l'article (n° 100). Ex. :

Il mio, le mien ; *il vostro,* le vôtre, etc.

110. *Quels sont les pronoms personnels en italien ?*

Ce sont ceux qui représentent les trois personnes du discours (n° 67). Voici un tableau de ces pronoms avec leurs correspondants français :

1ʳᵉ pers.	sing.	*io* je et moi,	*me* et *mi* me et moi.	
	pluriel	*noi* nous,	*ne* et *ci* nous.	
2ᵉ pers.	sing.	*tu* tu et toi,	*te* et *ti* te et toi.	
	pluriel	*voi* vous,	*ve* et *vi* vous.	
3ᵉ pers.	sing.	masc. *egli, ei, esso, desso* il, lui,	*gli* et *lo* à lui, lui, le.	
		fém. *ella, essa, dessa* elle,	*le, lei* à elle, lui, la	
	pluriel	masc. *eglino, essi* ils,	*li, loro* à les, leur, eux.	
		fém. *elleno, esse* elles,	*le, loro* les, leur, elles.	

111. *Que signifient les différences de formes de ces pronoms qui souvent sont traduits en français par le même mot ; pourquoi par exemple* nous *se traduit-il par* noi, *par* ne *et par* ci *?*

Cela tient à l'usage que l'on fait des pronoms dans le discours comme on le comprendra en apprenant leurs rapports avec les verbes. En voici déjà quelques exemples :

Voi mi conducete,	vous me conduisez.
Io vi conduco,	je vous conduis.
Conducetemi,	conduisez-moi.
Io gli scrivo,	je lui écris (à lui).
Io le scrivo,	je lui écris (à elle).

112. *Vous avez compté lo, la, le, gli pour des pronoms ; ce sont pourtant des articles.*

C'est qu'en italien comme en français, quand certains articles ne servent pas à déterminer les noms, ils les remplacent et deviennent pronoms :

Io la prendo, je *la* prends, c'est-à-dire, je prends elle.

Afferriamoli, saisissons-*les,* c'est-à-dire, saisissons eux.

La et lì sont bien mis pour les pronoms comme la et les en français.

113. *Quels sont les pronoms démonstratifs en italien ?*

Colui, celui ; *colei,* celle ; *coloro,* ceux et celles.

Costui, celui-ci ; *costei,* celle-ci ; *costoro,* ceux-ci et celles-ci.

Quegli, celui ;	*queglino,* ceux.
Questi, celui-ci.	
Cotestui, celui-ci.	
Ciò, ce, ceci, celà.	

et quelques autres pronoms moins usités.

114. *Quelle différence y a-t-il entre ces pronoms et les adjectifs démonstratifs ?*

C'est qu'après l'adjectif démonstratif quello, questo ou cotesto, on peut mettre un nom que cet adjectif détermine. On ne le peut pas après *colui, costui, quegli,* qui remplacent un nom. Il faut remarquer aussi que *colui, costui* et *quegli* ne se disent que des personnes et non pas des animaux ou des choses. *Ciò* au contraire, après lequel on ne peut pas non plus placer un nom, se dit des choses et non des personnes :

Costui è medico,	celui-ci est médecin.
Capisco ciò,	je comprends cela.

115. *N'y a-t-il pas des mots qui aient le sens d'adjectifs et de pronoms démonstratifs tout à la fois?*

Oui, les adjectifs questo, quello, avec leurs féminins et leurs pluriels, sont souvent employés comme pronoms. Ainsi : *questo* et *quello* s'entendent pour « cela. » *Quello, quelli,* pour « celui, ceux. » *Quella, quelle* pour « celle, celles. » Mais jamais *cotesto* n'est entendu comme pronom : il est toujours adjectif.

116. *Quels sont les pronoms relatifs en italien?*

Les pronoms relatifs, appelés aussi conjonctifs, parce qu'ils servent à joindre le mot auquel ils se rapportent à ceux qui le suivent, sont au nombre de cinq. Ils servent aussi à interroger :

1° Un variable. C'est l'adjectif indéfini *quale* (n° 103) dont on fait un pronom en lui donnant l'article :

Il quale, lequel ;   *la quale*, laquelle ;
I quali lesquels ;   *le quali*, lesquelles.

2° Quatre invariables :

Chi, qui ; *che*, qui, que et quoi ;
Cui, qui et quoi ; *ne*, en, c'est-à-dire de cela.

Le relatif français *dont* n'existe pas en un seul mot, on traduit dont ou de qui par *di cui*, à qui par *a cui* :

Il padre che è savio ou *il quale è savio,*
Le père qui est sage ou lequel est sage.
Quello di cui il figlio è pazzo,
Celui dont le fils est fou.
Egli ne prende,   il en prend.
Le persone che sono generose,
Les personnes *qui* sont généreuses.
Chi va là?   qui va là? -

Ainsi lorsque le *qui* français est interrogatif il s'exprime par *chi* ; lorsqu'il se rapporte à un nom ou à un pronom exprimés, c'est par *che*, aux deux genres et aux deux nombres (voir n° 378).

117. *Quels sont les pronoms indéfinis en italien?*

Les pronoms indéfinis sont ceux qui représentent les êtres

d'une manière vague et générale, c'est-à-dire ceux qui ne remplacent pas tel nom en particulier. Ce sont :

Ciascuno, ciascuna, chaque, chacun, chacune.
Niuno, niuna, personne, c'est-à-dire pas un, pas une.
Altri, quelqu'un.   *Chiumque,* quiconque, et
Altrui, autrui.   quelques autres d'un
Niente, rien.   usage rare.
Si, on.

Les quatre premiers ne désignent pas plus un homme qu'une femme : le cinquième, *niente,* est mis pour aucun être quelconque ; le sixième, *si,* que nous traduisons par *on* ne correspond pas en tout à ce pronom français comme on le verra en son lieu.

REMARQUE. — La plupart des adjectifs indéfinis sont en même temps pronoms. Ils sont adjectifs quand ils sont joints au nom.

> *Nesuno uomo è contento,*   aucun homme n'est content.

Ils sont pronoms quand le nom n'est pas exprimé.

> *Nessuno è contento,*   personne n'est content.

AUTRE. — L'emploi des pronoms est tellement lié à celui des verbes qu'on ne peut s'exercer utilement sur les pronoms qu'après avoir appris au moins les verbes réguliers. Le thème sur les pronoms se trouvera donc après ces verbes.

CHAPITRE V

Du Verbe.

ARTICLE Iᵉʳ. — DÉFINITIONS ET VERBES AUXILIAIRES.

118. *Qu'est-ce qu'un verbe ?*

Le verbe est un mot qui exprime que les objets de notre pensée, c'est-à-dire ceux qui peuvent être désignés par des noms existent soit en général, soit d'une certaine manière ou font une action. Ainsi *essere* être, *dormire* dormir, *leggere* lire sont des verbes, parce qu'on peut dire par exemple, en désignant un objet par son nom :

Dio è buono, Dieu est bon ;   *il gatto dorme,* le chat dort ; *Paolo legge,* Paul lit.

119. *Qu'entend-on dans une grammaire italienne, par les termes de sujet, régime direct et régime indirect d'un verbe ?*

Les mêmes choses que dans une grammaire française.

a. Le *sujet* est le nom ou le pronom de la personne, de l'animal ou de la chose qui fait l'action du verbe, ou qui est dans l'état exprimé par le verbe. C'est la réponse à la question *qui est-ce qui* pour les personnes, et *qu'est-ce qui* pour les animaux et les choses, soit en italien *chi* et *che*.

b. Le *régime* ou complément est ce qui *complète* l'idée commencée par un verbe. Il est direct ou indirect.

c. Le régime direct est le nom ou le pronom de la personne, de l'animal ou de la chose, sur qui tombe l'action du verbe. C'est la réponse à la question *qui* pour les personnes, et *quoi* pour les animaux et les choses.

En italien on traduit ces questions par les mêmes pronoms *chi* et *che* vus plus haut. De sorte que la distinction du sujet au régime, pour le lecteur français, doit se faire sur les questions posées en français. Si nous parlions à des italiens nous donnerions une autre règle.

d. Le régime indirect est le nom ou le pronom de la personne, de l'animal ou de la chose sur qui tombe l'action du verbe, *avec le secours d'un autre mot exprimé ou sous-entendu*. C'est la réponse à l'une des questions à qui? de qui? pour qui? avec qui? etc. pour les personnes, et à l'une de celles-ci, à quoi? de quoi? pour quoi? avec quoi? etc., pour les animaux et les choses. En italien *a chi, di chi, per chi, con chi*, etc., et *a che, di che, per che, con che*, etc.

120. *Donnez un exemple qui fasse comprendre la fonction des sujets et des régimes?*

Il medico renderà la salute a Paolo.
Le médecin rendra la santé à Paul.

Qu'est-ce qui rendra? réponse, le médecin. *Il medico* est le sujet du verbe *renderà*.

Il rendra quoi? réponse, la santé; *la salute* est le régime direct du verbe *renderà*.

Il rendra à qui? réponse, à Paul. *Paolo* est le régime indirect du verbe *renderà*. Car *Paolo* ne complète le sens que par l'intermédiaire et le secours du mot *a*.

121. *Pourquoi dites-vous dans la définition du régime indirect: avec le secours d'un autre mot exprimé ou sous-entendu?*

Parce qu'il y a des verbes qui, exprimant un état au lieu d'une action, ne peuvent avoir de régime direct, et leur régime indirect est cependant donné aux verbes, en italien comme en français, sans le secours d'aucun autre mot.

Paolo ha dormito quattro ore.
Paul a dormi quatre heures.

Qu'est-ce qui a dormi? réponse, Paul. *Paolo* est le sujet du verbe *ha dormito*.

Il a dormi quoi? on ne dort pas des heures. Il n'y a donc pas de régime direct. Mais on dort bien *pendant* des heures. Le mot pendant, *durante*, étant sous-entendu, *quattro ore* est un régime indirect.

122. *Pourquoi classe-t-on les verbes dans la catégorie des parties variables du discours?*

Parce que de toutes les parties du discours c'est celle qui

varie le plus ses formes, selon la pensée de celui qui parle. Le verbe n'exprime pas les rapports de genre (note E), du moins en italien, mais il rend ceux de personnes et de nombre, et plus encore ceux de *temps* et de *modes*, comme nous le verrons plus loin. Ainsi *leggeremo*, nous lirons *Paolo leggeva*, Paul lisait, *io leggerei*, je lirais ; etc., ne sont que des formes différentes d'un seul et même verbe *leggere*, lire.

123. *Comment divise-t-on les formes variables des verbes ?*
En formes personnelles et formes impersonnelles.

Les formes *personnelles* sont celles qui se rapportent à l'une et pas à l'autre des personnes ; formes *impersonnelles* celles qui ne se rapportent à aucune des personnes en particulier.

On reconnaît les formes personnelles en français en ce qu'elles peuvent être précédées (et elles le sont ordinairement) des pronoms je, tu, il, ils, nous et vous sujets, toutes les fois que le sujet n'est pas un substantif ou un mot pris substantivement.

124. *Les formes personnelles en italien se distinguent-elles habituellement par des pronoms comme en français ?*
Non, en général les pronoms sujets ne s'expriment pas devant les verbes Cependant il faut les mettre :

1° Quand il y a incertitude à cause de formes semblables, *amava* signifiant également j aimais et il aimait, le sens de la phrase peut obliger à exprimer les pronoms :

> *Io amava,* j'aimais ;   *Eg i amava,* il aimait.

2° Quand il y a une opposition de personnes :

> *Tu ridi e io piango,*   tu ris et je pleure.

3° Quand la force de la phrase réside principalement dans l'énonciation de la personne :

> *Dirò io la verità al principe,*   je dirai, moi, la vérité au prince.

125. *Vous avez dit* (n° 122) *que les verbes, outre les rapports de nombre et de personnes, expriment ceux de temps et de modes. Combien y a-t-il de temps dans les verbes italiens ?*

Il y en a naturellement trois principaux :
Le *présent* qui marque une chose se faisant actuellement :

> *Canto,*   je chante.

Le *passé* qui marque une chose s'étant faite avant le présent :

Cantai, je chantai.

Le *futur* qui marque une chose devant se faire après le présent :

Canterò, je chanterai.

Il y a en outre en italien cinq temps secondaires. Quatre espèces de passé outre celle que nous venons de voir, et une seconde espèce de futur.

126. *Quelles sont les subdivisions du passé italien ?*

a. Ou le passé était *présent* quand une autre action, pareillement passée, s'est faite, et alors ce passé s'appelle *imparfait*.

Paolo cantava quando entrai, Paul chantait quand j'entrai.

b. Ou le passé est purement et simplement passé, sans comparaison avec l'action d'un autre verbe, et alors ce passé s'appelle *parfait*. Il se subdivise en trois espèces.

Paolo cantò, Paul chanta. C'est le temps principal.
Paolo ha cantato, Paul a chanté.
Paolo ebbe cantato, Paul eût chanté.

De ces trois *parfaits* le premier s'appelle *simple*, parce que le verbe y est en un mot : les seconds s'appellent *composés*, parce que la forme verbale *cantato* y est jointe à un temps *ha* ou *ebbe* d'un autre verbe.

c. Ou enfin l'action ou l'état passé par rapport au temps présent, était déjà passé, lorsqu'une autre action ou état pareillement passé s'est produit, et alors ce nouveau passé s'appelle *plus-que-parfait*.

Paolo aveva cantato, quando sono entrato.
Paul avait chanté, quand je suis entré.

Le plus-que-parfait est encore un temps composé puisqu'il a besoin d'un temps d'un autre verbe.

127. *Quelles sont les subdivisions du futur italien ?*

Il n'y en a que deux. Ou bien l'action ou la manière d'être qu'on annonce, se produira, sans qu'il soit exprimé si elle en précède ou en suit une autre. C'est alors le futur principal que nous avons vu et qui est simple :

Paolo canterà,   Paul chantera.

Ou bien l'action ou la manière d'être annoncée doit précéder celle d'un autre verbe, et on appelle ce temps futur *antérieur* ; il est en outre composé :

Paolo avrà cantato quando entrerò.
Paul aura chanté quand j'entrerai.

128. *En combien de façons les temps italiens indiquent-ils des actions ou des manières d'être exprimées par les verbes ?*

En cinq manières ou *modes*, qu'on appelle : indicatif, impératif, subjonctif, infinitif et participe.

129. *Qu'est-ce que l'indicatif ?*

Quand le verbe *indique* simplement que la chose qu'il exprime se fait, s'est faite ou se fera, le mode s'appelle indicatif. C'est ce que nous avons vu dans les exemples cités plus haut : *canto* je chante, *cantai* je chantai, *canterò* je chanterai, *cantava* je chantais, *ha cantato* il a chanté, *ebbe cantato* il eût chanté, *avrà cantato* il aura chanté.

130. *Qu'est-ce que l'impératif ?*

Quand le verbe commande une action ; par exemple quand on dit : *canta* chante, ou *abbi cantato* aie chanté, on fait entendre que la personne à qui l'on parle ne chante pas, et il n'est pas sûr qu'elle chantera, à moins qu'elle ne se détermine à obéir. Ce mode verbal, par lequel on commande, s'appelle impératif.

131. *Qu'est-ce que le subjonctif ?*

Quand le verbe énonce l'action ou la manière d'être, d'une façon incertaine, subordonnée à différentes circonstances, par exemple : *bisogna che Paolo canti*, il faut que Paul chante, ou bien *egli desiderava ch'io parlassi*, il désirait que je parlasse; ces formes *canti*, *parlassi*, sont *jointes* à un autre verbe auquel elles sont *subordonnées*. Le mode qui énonce cette *jonction* subordonnée s'appelle *subjonctif*.

6

132. *Qu'est-ce que l'infinitif ?*

Le verbe peut exprimer l'action ou la manière d'être en général, sans nombre ni personne, comme *cantare* chanter. Ce mode qui ne définit aucunement l'action ou la manière d'être énoncée par le verbe, s'appelle *infinitif*.

Il y a en italien une forme particulière de l'infinitif, on l'appelle *gérondif* ; par ex. : *cantando* en chantant. Le gérondif se dit de toutes les personnes, aux deux nombres, au présent et au premier parfait composé.

133. *Qu'est-ce que le participe ?*

C'est un mode qui s'applique aux noms et aux pronoms, sans distinction de personnes, mais avec distinction de temps, de nombre et ordinairement de genre.

Ho cantato, j'ai chanté. *Avete cantato*, vous avez chanté, *Paolo avrà cantato*, Paul aura chanté. *Le parole che Paolo ha cantate*, les paroles que Paul a chantées.

Dans les trois premiers exemples, *cantato* se rapporte successivement et indifféremment avec la 1re, la 2e et la 3e personne Dans le quatrième il se rapporte à un objet féminin pluriel et devient féminin et pluriel de même. Ce mode est donc un mot *mixte* qui *participe* à la fois du verbe et de l'adjectif ; du verbe, parce qu'il énonce une action ou une manière d'être ; de l'adjectif, parce qu'il détermine cette action par rapport à une personne ou à une chose. Cette ressemblance avec deux espèces de mots, a fait nommer ce mode *participe*.

134. *Y a-t-il deux participes en italien comme en français ?*

Généralement les verbes italiens n'ont que le participe passé ; ceux qui ont un participe présent sont en très-petit nombre, comme on le verra plus loin.

Le participe présent se remplace ordinairement par la forme de l'infinitif que nous avons appelée *gérondif* et qui correspond au participe présent précédé, suivant les cas, des mots *à*, *en*, *pour*, etc. Ainsi on ne peut pas dire en italien : Paul chantant les paroles, mais *cantando Paolo le parole*, c'est-à-dire, Paul *en* chantant les paroles.

135. *Pourquoi n'avez-vous point nommé le conditionnel parmi les modes ?*

Parce que le conditionnel n'est point un mode spécial en

italien. On le remplace par le futur subjonctif qui a le même sens, comme nous le verrons en conjuguant.

136. *Qu'est-ce qu'on appelle conjuguer ?*

C'est réciter les différents temps d'un verbe, dans leurs divers modes, avec leurs nombres et leurs personnes. Il faut remarquer à cette occasion qu'on appelle *modes personnels* l'indicatif, l'impératif et le subjonctif ; *modes impersonnels* l'infinitif et le participe.

137. *Comment les verbes italiens se distinguent-ils par le sens ?*

En deux classes : les verbes *actifs* et les verbes *neutres*.

Un verbe est actif, quand le sujet qui fait l'action peut aussi la recevoir : *Paolo batte*, Paul bat ; Paul pourrait être battu. Donc battre *battere* est un verbe actif.

Quand le sujet fait une action dont la réciproque n'est pas possible ou qu'il éprouve une manière d'être, le verbe est neutre :

Paolo cammina,	Paul marche ;
Paolo dorme,	Paul dort.

Paul ne peut être ni marché ni dormi, donc *camminare*, *dormire* sont des verbes neutres.

138. *Pourquoi les verbes de cette dernière catégorie sont-ils appelés neutres ?*

Quand le sujet d'un verbe est *actif*, c'est-à-dire agissant, son complément direct est *passif*, c'est-à-dire souffrant ; par ex. : je mange mon pain ; si moi je suis actif en mangeant, mon pain est passif en étant mangé. Mais le verbe qui ne peut avoir de complément direct n'est ni à l'état actif ni à l'état passif, il est donc *neutre* (d'un mot latin *neuter* qui signifie ni l'un ni l'autre). »

139. *Y a-t-il donc en italien des verbes passifs ?*

Non. C'est le participe passé du verbe actif qui exprime la passivité. On le joint pour cela, comme en français, aux temps du verbe *essere* être :

Paolo è battuto, Paul est battu ; *Lucia sarà battuta*, Lucie sera battue.

140. *Pourquoi n'appelez-vous pas verbe passif le verbe être conjugué avec un participe ?*

Parce qu'un verbe passif est un verbe dont les désinences mêmes font connaître la passivité, et que les désinences des verbes actifs en italien et en français ne peuvent se modifier. Le participe *battuto, battuta,* n'est qu'une sorte d'adjectif qualificatif changeant de nombre et de genre.

Dans les langues, au contraire, où il y a de véritables verbes passifs, la désinence du mot l'exprime. En latin, par exemple, j'aime se dit *amo* ; je suis aimé se dit *amor.*

141. *Quel est le plus intéressant des verbes neutres ?*

C'est le verbe *essere* être, celui qui exprime l'existence indépendamment de toute manière. Il sert en outre à l'aide du participe, à exprimer le sens passif et à conjuguer tous les temps composés, d'une grande partie des verbes neutres en italien. On l'appelle pour ces raisons verbe *auxiliaire.*

142. *N'y a-t-il pas d'autre auxiliaire que le verbe* essere ?

Si. Il y a un second verbe auxiliaire comme en français. C'est *avere* avoir. On l'emploie à former les temps composés des verbes actifs et de plusieurs des verbes neutres.

143. *Donnez la conjugaison des verbes auxiliaires.*

On la trouvera dans les deux tableaux suivants. Ces tableaux doivent être lus horizontalement, c'est-à-dire de gauche à droite, mode par mode pour chaque temps, parce que les modes sont une dépendance des temps et non pas les temps une dépendance des modes. Outre que cette méthode de lecture est fondée en raison, elle a l'avantage de faire sauter aux yeux, des ressemblances de formes qui viennent en aide à la mémoire.

On récite d'abord tous les temps simples puis tous les temps composés.

Conjugaison

DES VERBES AUXILIAIRES

ESSERE ET AVERE.

144.   **Tableau de la conjugaison**

Temps simples suivant leurs modes.

	INDICATIF.	IMPÉRATIF.	SUBJONCTIF.	INFINITIF.	Participe
Présent	Je suis.	Sois.	Que je sois.	Étre.	
	Són-o,		*Sia,*	*Éss-ere.*	
	séi,	*Sii,*	*síi,*		
	è,	*sia,*	*sia,*	Gérondif.	
	siám-o,	*siám-o,*	*siám-o,*	En étant.	
	siét-e,	*siát-e,*	*siát-e,*		
	són-o.	*sién-o, si-ano*	*sién-o, si-ano*	*Ess éndo.*	
Imparfait	J'étais.		Que je fusse.		
	Éra,		*Fóss-i,*		
	ér-i,		*fóss-i,*		
	ér-a,		*fóss-e,*		
	er-avámo,		*fóss-imo,*		
	er-ováte,		*fóst-e,*		
	ér-ano.		*fóss-ero.*		
Passé parfait simple	Je fus.				*Stát-o, stát-a,* / *Stát-i, stát-e,* } *été.*
	Fúi,				
	fóst-i,				
	fù,				
	fúmmo,				
	fóst-e,				
	fúr-ono.				
Futur simple	Je serai.		Je serais.		
	Sar-ò,		*Sar-éi,*		
	sar-ái,		*sar-ésti,*		
	sar-à,		*sar-ébbe,*		
	sar-émo,		*sar-émmo,*		
	sar-éte.		*sar-éste,*		
	sar-ánno.		*sar-ébbero*		

du verbe auxiliaire ESS-ERE — ÊTRE.

Temps composés suivant leurs modes.

	INDICATIF.	IMPÉRATIF.	SUBJONCTIF.	INFINITIF.	Participe
1er Parfait composé	J'ai été. *Són-o,* (*stát-o* *séi,* } ou *è,* (*stát-a* *siám-o* (*stát-i* *siéte,* } ou *són-o.* (*stát-e*	Aie été. *Sti.* {*stát-o* ou *sia,* { *stát-a.* *siám-o,* (*stát-i* *siál-e,* } ou *sién o* (*stát-e* ou *si-ano.*	Que j'aie été. *Sia,* (*stát-o* *sii,* } ou *sia,* (*stát-a* *siám-o,* (*stát-i* *siál-e,* } ou *sién-o* (*stát e* ou *si-ano.*	Avoir été. *Éss-ere* { *stát-o* / *stát-a* / *stát-i* / *stát-e* **Gérondif.** en ayant été *ess-éndo* { *stát-o* / *stát-a* / *stát-i* / *stát-e*	
Plus-que-parfait	J'avais été. *Ér-a,* (*stit-o* *ér-i,* } ou *ér-a,* (*stát-a* *er-avámo* *er-aváte* } *stát-i* ou *stát-e* *ér ano,*		Q j'eusse été. *Fóss-i,* (*stát o* *fóss-i,* } ou *fóss-e,* (*stát-a* *fóss-imo,* *fóst-e,* } *stát-i* ou *stát-e* *fóss-cro*		
2e Parfait composé	J'eus été. *Fùi,* (*stát-o* *fósti,* } ou *fù,* (*stát-a* *fùmm-o* *fóst-e,* } *stat-i* ou *stat-e* *fúr-ono.*				
Futur composé	J'aurai été. *Sar-ò,* (*stát-o* *sar-ái,* } ou *sar-à,* (*stát-a* *sar-émo,* *sar-éte,* } *stát-i* ou *stát-e* *sar-ánno*		J'aurais été. *Sar-éi,* *sar-ésti,* } *stát-a* *sar-ébbe* *sar-émmo* *sar-éste* } *stát-i* ou *stát-e* ou *stát-a* *sar-èbbero*		

145. **Tableau de la conjugaison**

Temps simples suivant leurs modes.

	INDICATIF.	IMPÉRATIF.	SUBJONCTIF.	INFINITIF.	Participe
Présent	J'ai.	Aie.	Que j'aie.	Avoir.	
	Ho, *hái,* *ha,*	*ább-i,* *ább-ia,*	*ább-ia,* *ább-ia,* *ább-ia,*	*Av-ére.*	
				Gérondif.	
	abb-iámo, *av-éte,* *hánn-o.*	*abb-iámo,* *abb-iáte,* *ább-iano.*	*abb-iámo,* *abb-iáte,* *ább-iano.*	En ayant. *Av-éndo.*	
Imparfait	J'avais.		Que j'eusse.		
	Av-éva, *av-évi,* *av-éva,*		*Av-éssi,* *av-éssi,* *av-ésse,*		
	av-evámo, *av-eváte,* *av-évano.*		*av-éssimo,* *av-éste,* *av-éssero.*		
Passé parfait simple	J'eus.				*av-úto, avut-a,* en eue *av-úti, av-úte,* eus eues
	Ébb-i, *av-ésti,* *ébb-e,*				
	av-émmo, *av-este,* *ébb-ero.*				
Futur simple	J'aurai.		J'aurais.		
	Avr-ò, *avr-ái,* *avr-à,*		*Avr-éi,* *avr-ésti,* *avr-ébbe,*		
	avr-émo, *avr-éte,* *avr-ánno.*		*avr-émmo,* *avr-éste,* *avr-ébbero.*		

du verbe auxiliaire AV-ERE — AVOIR.

Temps composés suivant leurs modes.

	INDICATIF.	IMPÉRATIF.	SUBJONCTIF.	INFINITIF.	Participe
1er parfait composé	J'ai eu. Ho, hái, ha, abb-iámo av-éte, hánn-o. *av-úto.*	Aies eu. ább-i, óbb-ia, abb-iámo abb-iáte, ább-iano, *av-úto.*	Que j'aie eu. ább-ia, ább-ia, ább-ia, abb-iámo abb-iáte, ább-iano. *av-úto.*	Avoir eu. *Av-ère av-úto* Gérondif. En ayant eu. *av-éndo av-úto*	
Plus-que-parfait	J'avais eu. Av-éva, av-évi, av-éva, av-evámo av-eváte, av-évano *av-úto.*		Que j'eusse eu. Av-éssi, av-éssi, av-ésse, av-éssimo av-éste, av-éssero *av-úto.*		
2e parfait composé	J'eus eu. Ébb-i, av-ésti. ébb-e, av-émmo, av-éste, ébb ero. *av-úto.*				
Futur composé	J'aurai eu. Avr-ò. avr-ái, avr-à. avr-émo, ave-éte, avr-ónno. *av-úto.*		J'aurais eu. Avr-éi, avr-ésti, avr-ébbe, avr-émmo avr-éste, avr-ébbero. *av-úto.*		

6*

146. *Quelles remarques faites-vous sur la conjugaison des deux verbes auxiliaires ?*

1° Il faut remarquer la symétrie des temps composés avec les temps simples ; ils se correspondent un à un, mode par mode, excepté au participe qui n'existe que simple. Cette correspondance se retrouve dans toutes les conjugaisons.

2° Au subjonctif, nous ne faisons pas précéder les formes personnelles du *che* (que) comme en français, parce qu'on peut les employer dans certains cas, sans cette particule, comme on le verra en son lieu (n° 432).

3° Le participe passé *stato, stata* que l'on traduit par été, n'appartient pas en propre à *essere* ; il est emprunté au verbe *stare*.

ARTICLE II. — DES CONJUGAISONS RÉGULIÈRES.

147. *Combien de conjugaisons régulières y a-t-il en italien ?*

Trois : la 1re qui fait l'infinitif en   *are ;*
la 2e qui fait l'infinitif en   *ere ;*
la 3e qui fait l'infinitif en   *ire.*

148. *Comment appelle-t-on cette couple de syllabes finales* **are,** **ere, ire,** *à la fin de l'infinitif du verbe ?*

On l'appelle *terminaison.*

149. *Et comment appelle-t-on le reste du mot, c'est-à-dire la syllabe ou les syllabes qui, à l'infinitif, précèdent la terminaison ?*

On appelle cette syllabe ou ces syllabes *radica'.*

150. *Donnez des exemples de radicaux et de terminaisons ?*

Dans les verbes *amare* aimer, *credere* croire, *sentire* sentir, on n'a pour trouver le radical qu'à séparer are, ere, ire comme il suit :

am-*are,*   cred-*ere,*   sent-*ire.*

Am, cred, sent, sont les radicaux de ces trois verbes.

Les radicaux se retrouvent dans les verbes réguliers à toutes les formes des différents temps, et dans tous les modes. Dans les verbes irréguliers ils sont quelquefois défigurés à certains temps, et l'on est obligé d'apprendre par cœur ces formes irrégulières. Mais quoiqu'il en soit, pour trouver le radical d'un verbe donné, il faut toujours se reporter à l'infinitif.

151. *Où est la tonique dans l'indicatif des trois conjugaisons ?*

Sur *ar* et sur *ir* dans la première et la troisième. Quant à la seconde elle se divise en deux catégories ; l'une a l'*e* pénultième fermé et affecté de la tonique, comme dans tem-ére craindre ; l'autre a l'*e* pénultième pareillement fermé, mais plus sourd, et la tonique est sur la syllabe précédente comme dans créd-ere croire. Mais cette différence exceptée, ces deux catégories de verbes forment leurs temps de la même manière et se réduisent à une seule conjugaison.

152. Tableau du verbe AM-ARE — AIMER,

Temps simples suivant leurs modes.

	INDICATIF.	IMPÉRATIF.	SUBJONCTIF.	INFINITIF.	Participe
Présent	J'aime. *ám-o*, *ám i*, *ám-a*, *am-iámo*, *am-áte*, *ám-ano*.	Aime. *ám-a*, *ám-i*, *am-iámo*, *am áte*, *ám-ino*.	Que j'aime. *ám-i*. *ám-i*, *ám-i*, *am-iámo*, *am-iáte*, *ám-ino*.	Aimer. *Am-áre*. Gérondif. En aimant. *Am-ándo*.	
Imparfait	J'aimais. *am-áva*, *am ávi*, *am-áva*, *am-aváino*, *am-aváte*, *am-ávano*.		Que j'aimasse. *am-ássi*, *am-ássi*, *am-ásse*, *am ássimo*. *am-áste*, *am-ássero*.		
Passé parfait simple	J'aimai. *am-ái*, *am ásti*, *am-ò*, *am-ámmo*, *am-aste*, *am-árono*.				*am-áto, a.* Aimé, ée. *am-áti,e.* Aimés, ées.
Futur simple	J'aimerai. *Am-erò*, *am-erái*, *am-erà*. *am-erémo*, *am-eréte*, *am-eránno*.		J'aimerais. *am-eréi*, *am-erés'i*, *am-erébbe*, *am-erémmo*, *am-eréste*, *am-erébbero*.		

type de la première conjugaison.

Temps composés suivant leurs modes.

		INDICATIF	IMPÉRATIF.	SUBJONCTIF.	INFINITIF.	Participe
1er parfait composé		J'ai aimé.	Aie aimé.	Q. j'aie aimé.	Avoir aimé.	
		Ho			*av-ère am-áto*	
		hai	*ább-i*	*ább-ia*		
		ha	*ább-ia*	*ább-ia*	Gérondif.	
				ább-ia		
		abb-iámo	*abb-iámo*	*abb-iámo*	En ayant aimé.	
		av-éte	*abb-iáte*	*abb-iáte*	*av-éndo am-áto*	
		hánn-o	*ább-iano*	*abb-iano*		
Plus-que-parfait		J'avais aimé.		Q. j'eusse aimé		
		Av-éva		*Av-éssi*		
		av-évi		*av-éssi*		
		av éva		*av-ésse*		
		av-evámo		*av-éssimo*		
		av-eváte		*av-éste*		
		av-évano		*av-éssero*		
2e parfait composé		J'eus aimé.				
		Ébbi				
		av-ésti				
		ébbe				
		av-émmo				
		av-éste				
		ébb-ero				
Futur composé		J'aurai aimé.		J'aurais aimé.		
		Avr-ò		*Avr-éi*		
		avr-ái		*avr-ésti*		
		avr-à		*avr-ebbe*		
		avr-émo		*avr-émmo*		
		avr-éte		*avı-éste*		
		avr-ánno		*avr-ébbero*		

153. Tableau du verbe CRED-ERE — CROIRE,

Temps simples suivant leurs modes.

	INDICATIF.	IMPÉRATIF.	SUBJONCTIF.	INFINITIF.	Participe
Présent	Je crois. Créd o créd-i, créd-e, cred-iámo, cred-éte, créd-ono.	Crois. Créd-i, créd-a, cred-iámo, cred-éte, cred-ano,	Que je croie. Créd-a, créd-a, créd-a, cred-iámo, créd-iáte, créd-ano.	Croire. Créd-ere. Gérondif. Cred-éndo. En croyant.	
Imparfait	Je croyais. Cred-éva, cred-évi, cred-éva, cred evámo, cred-eváte, cred-évano.		Que je crusse. Cred-éssi, cred-éssi, cred-ésse, cred-éssimo, cred-éste, cred-éssero.		
Passé parfait simple	Je crus. Cred-éi, cred-ésti, cred-è, cred-émmo, cred-éste, cred-érono.				Cred-úto, a, cru, c. Cred-úti, e, crus, ues.
Futur simple	Je croirai. Cred-erò, cred-erái, cred-erà, cred-erémo, cred-eréte, cred-eránno.		Je croirais. Cred-eréi, cred-erésti, cred-erébbe, Cred-erémmo cred-eréste, cred-erébbero		

type de la deuxième conjugaison

Temps composés suivant leurs modes.

	INDICATIF.	IMPÉRATIF.	SUBJONCTIF.	INFINITIF.	Participe
1er parfait composé	J'ai cru. *Ho hai ha* *abb-iámo av-éte hánno*	Aie cru. *ább-i ább-ia* *ab5-iámo abb-iáte ább-iáno*	Q. j'aie cru. *ább-ia ább-ia ább-ia* *abb-iámo abb-iáte ább-iano*	Avoir cru. *Av-ére cred-úto,* Gérondif. En ayant cru *Av-éndo cred-úto.*	
		cred-úto.	*cred-úto.*	*cred-úto.*	
Plus-que-parfait	J'avais cru. *Av-éva av-évi av-éva* *ar-evámo av-eváte av-évano*		Q. j'eusse cru. *av-éssi av-éssi av-ésse* *av-éssimo av-éste av-éssero*		
	cred-úto.		*cred-úto.*		
2e parfait composé	J'eus cru. *Ébb-i av-ésti ébb-e* *av-émmo av-éste ébb-ero*				
	cred-úto.				
Futur composé	J'aurai cru. *Avr-ó avr-ái avr-à* *avr-émo avr-éte avr-ánno*		J'aurais cru. *Avr-éi, avr-ésti, avr-ébbe* *avr-émmo avr-éste avr-ébbero*		
	cred-úto		*cred-úto.*		

154. Tableau du verbe SENT-IRE — SENTIR,

Temps simples suivant leurs modes.

	INDICATIF.	IMPÉRATIF.	SUBJONCTIF.	INFINITIF.	Participe.
Présent	Je sens.	Sens.	Que je sente.	Sentir.	
	Sént-o,		*Sént-a,*	*Sent-íre,*	
	sént-i,	*Sént-i,*	*sént-a,*		
	sént-e,	*sént-a,*	*sént-a,*	Gérondif.	
	sent-iámo,	*sent-iámo,*	*sent-iámo,*	En sentant.	
	sent íte,	*sent-íte,*	*sent-iáte,*		
	sént-ono,	*sént-ano.*	*sént-ano.*	*Sent-éndo.*	
Imparfait	Je sentais.		Q. je sentisse.		
	Sent-íva,		*sent-íssi*		
	sent-ívi,		*sent-íssi,*		
	sent-íva,		*sent-ísse,*		
	sent-ivámo,		*sent-íssimo,*		
	sent-ivále,		*sent-íste,*		
	sent-ívano.		*sent-íssero,*		
Passé parfait simple	Je sentis.				*Sentísto, a, senti, ie.*
	Sent-íi,				*Sent-íti, e, sentíts, ies.*
	sent-ísti,				
	sent-ì,				
	sent-ímmo,				
	sent-íste,				
	sent-írono.				
Futur simple	Je sentirai.		Je sentirais.		
	Sent-irò,		*Sent-iréi,*		
	sent-irài,		*sent-irésti,*		
	sent-irà,		*sent-irébbe.*		
	sent-irémo,		*sent-irémmo,*		
	sent-iréle,		*sent-iréste,*		
	sent-iránno.		*sent-irébbero.*		

type de la troisième conjugaison.

Temps composés suivant leurs modes.

	INDICATIF.	IMPÉRATIF.	SUBJONCTIF.	INFINITIF.	Participe
1er parfait composé	J'ai senti. *Ho* *hai* *ha* *abb-iámo* *av-éte* *hánno* *sent-ito.*	Aie senti. *ább-i* *ább ia* *abb-iámo* *abb-iáte* *ább-iano* *sent-ito.*	Q. j'aie senti. *ább-ia* *ább-ia* *ább-ia* *abb-iámo* *ubb-iáte* *ább-iano* *sent-ito.*	Avoir senti. *Av ére sent-ito.* Gérondif. En ayant senti *av-éndo* *sent-ito.*	
Plus-que-parfait	J'avais senti. *av-éva* *av-évi* *av-éva* *av-evámo* *av-eváte* *av-évano* *sent-ito.*		Q j'eusse senti. *Av-éssi* *av-éssi* *av-ésse* *av-éssimo* *av-éste* *av-éssero* *sent-ito.*		
2e parfait composé	J'eus senti. *Ébbi* *av-ésti* *ébb-e* *av-émmo* *av-éste* *ébb-ero* *sent-ito.*				
Futur composé	J'aurai senti. *Avr-ò* *avr-ái* *avr-à* *avr-émo* *avr-éte* *avr-ánno* *sent-ito.*		J'aurais senti. *Avr-éi* *avr-ésti* *avr-ébbe* *avr-émmo* *avr-éste* *avr-ébbero* *sent-ito.*		

155. *Les verbes réguliers suivent-ils tous l'un des trois modèles ci-dessus ?*

Non. Il y a dans la troisième conjugaison une variété de verbes qui ont une légère différence mais toujours la même avec le modèle *sentire*. On les appelle verbes en *isco*.

156. *Qu'est-ce que les verbes en isco ?*

Ce sont des verbes qui au présent de l'indicatif, de l'impératif et du subjonctif seulement, introduisent après le radical et avant la terminaison la syllabe *isc;* encore ne le font-ils ni à la première ni à la deuxième personne du pluriel. Ainsi *favorire* favoriser, fait au présent de l'indicatif *favor-isc-o* et à celui du subjonctif *favor-isc-a*.

157. *Donnez un tableau de la conjugaison des verbes en isco.*

		INDICATIF.	IMPÉRATIF.	SUBJONCTIF.	INFINITIF.	Participe
Indicatif		*Favor-isco,*		*Favor-isca.*	*Favor-ire,*	
		favor-isci,	*Favor-isci,*	*favor-isca,*		
		favor-isce,	*favor-isca,*	*favor-isca,*	Gérondif.	
		favor-iámo,	*favor-iámo,*	*favor-iámo,*	*favor-éndo.*	
		favor-ite,	*favor-ite,*	*favor-iáte,*		
		favor-iscono	*favor-iscano.*	*favor-iscano*		
Imp.		*Favor-iva,*		*Favor-íssi,*		*Favor-íto.*
Parf.		*favor-ti,*				
Fut.		*favor-irò.*		*favor-iréi.*		

Les temps composés des verbes en isco sont absolument semblables à ceux des autres verbes réguliers en ire.

158. *Comment sait-on si un verbe de la troisième conjugaison fait le présent en isco ?*

Par l'usage. Cependant comme les verbes en isco sont beaucoup plus nombreux que les autres, on peut s'aider des observations suivantes :

1° Prennent la forme en o seulement :

Aprire	ouvrir	*Sdruoire* (irr.)	découdre
Bollire	bouillir	*Seguire*	suivre
Coprire	couvrir	*Sentire*	sentir
Cucire (irrég.)	coudre	*Servire*	servir
Dormire	dormir	*Soffrire*	souffrir
Fuggire	fuir	*Tossire*	tousser
Offrire	offrir	*Vestire*	vêtir.
Pentire (*si*)	repentir (se)		

2° Prennent indifféremment les deux formes :

Empire	remplir	*Partire*	partager et
Mentire	mentir		partir
Nutrire	nourrir	*Sortire*	choisir et sortir.

N. *Partisco* signifie je partage ; *mi parto* je pars.
   Sortisco d° je choisis ; *sorto* je sors.

3° Prennent la forme isco en prose et les deux formes en poésie :

Carpire	arracher	*Perire*	périr
Ferire	blesser	*Putire*	puer
Forbire	fourbir	*Ruggire*	rugir
Garrire	gazouiller	*Schermire*	s'exercer à l'escrime
Languire	languir	*Scolpire*	sculpter
Muggire	mugir	*Tradire*	trahir.

CONCLUSION. — Les verbes qui ne se trouvent pas dans ces trois tables sont assurément en isco, comme :.

   Bandire bannir ; *finire* finir ;
   Fiorire fleurir ; *rapire* ravir, etc.

Il en est de même de tous ceux qui commencent par les particules citées au n° 27, comme :

   Abbellire embellir ; *concepire* concevoir ;
   Illustrire illustrer ; *presagire* présager, etc.

Des uns et des autres il peut y en avoir une centaine.

159. *N'y a-t-il aucune variante pour les formes verbales dont vous venez de donner les types réguliers?*

Il y en a quelques-unes.

a. A l'imparfait indicatif on trouve quelquefois la première personne en o. *Amavo, temevo, sentivo*. Mais cette licence n'appartient qu'au style familier.

b. Au parfait indicatif de la seconde conjugaison on dit à volonté *credetti, credette, credettero* au lieu de *credei, credè, crederono*. Les trois autres personnes n'ont qu'une forme.

c. Au futur subjonctif on dit souvent *amerebbono, crederebbono, sentirebbono* pour *amerebbero, crederebbero, sentirebbero*. De plus, dans beaucoup de verbes on peut remplacer *ei* et *ebbe* à ce temps par *ia*. Ainsi, par exemple, *saria* pour *sarei* ou *sarebbe*, *avria* pour *avrei* et *avrebbe*, *crederia* pour *crederei* ou *crederebbe*, etc. Mais comme il faut de l'usage pour employer ces variantes, nous ne les donnons ici que pour les faire connaître à l'élève qui peut les rencontrer dans la lecture.

160. *Vous avez dit au n° 134 qu'en général les verbes italiens n'ont pas de participe présent. Cependant on trouve dans le dictionnaire des mots tels que « amante, credente » qui sont dérivés des verbes modèles et qui ressemblent aux participes présents français. Que sont donc ces formes tirées des verbes?*

Ce sont des adjectifs verbaux. Ils diffèrent des participes présents français en ce qu'on ne peut donner à ces mots un régime direct. Ainsi on dit bien en français : « Le chrétien aimant Dieu et croyant la doctrine de l'église. » La traduction littérale italienne « *il cristiano amante Dio e credente la dottrina della chiesa* » n'aurait aucun sens. Il faut recourir à la tournure suivante :

Un chrétien qui aime Dieu et qui croit, etc.

Amante, credente... sont des adjectifs qualificatifs. Ex. :

Fanciulli amanti,	enfants aimants ;
Pio credente,	pieux croyant.

On compte cependant quelques véritables participes présents pourvus d'un régime direct, c'est-à-dire de sens *actif*, mais en fort petit nombre. Par ex. :

Dio ajutanteci,	Dieu nous aidant,	de *ajutare;*
Moventesi,	se mouvant,	de *muovere.*

et quelques autres.

161. *La conjugaison des verbes réguliers étant connue, ne peut-on pas donner des règles pour la collocation de la tonique ?*

a. *Dans les modes impersonnels* la tonique est sur la pénultième :

Amáre, aimer ;	*temére,* craindre ;	*sentíre,* sentir ;
Amándo, en aimant ;	*teméndo,* en craignant;	*senténdo,* en sentant ;
	credéndo, en croyant ;	
Amáto, aimé ;	*temúto,* craint ;	*sentíto,* senti.
	cred-úto, cru ;	

Dans la deuxième conjugaison il y a dix-sept verbes qui ont la tonique sur la pénultième à l'infinitif comme *temére ;* tous les autres l'ont sur l'antépénultième comme *crédere* croire. L'usage les fait connaître.

b. *Dans les modes personnels* les toniques *forcées* suivent la règle générale (n° 44) :

ámo, crédi, sénte ; *amámmo, crederéste, sentiránno.*

Quant aux toniques *naturelles* (n° 46) il faut distinguer les cas.

Au singulier du présent il n'y a pas de règle ; ainsi l'usage apprend à prononcer *irríto,* j'irrite, et *líbero,* je délivre. Mais une fois la première personne connue, la seconde et la troisième du singulier, ainsi que la troisième du pluriel, maintiennent la tonique au même rang :

Irríto,		*irríti*	*líbero*		*líberi*
irríti	*irríta*	*irríti*	*líberi*	*líbera*	*líberi*
irríta		*irríti*	*líbera*		*líberi*
irrítano		*irrítino*	*líberano*		*líberino.*

Au pluriel du présent la tonique est pénultième dans les deux premières personnes :

Amiámo, sentíte, crediáte.

Au singulier de l'imparfait la tonique est pénultième :

Amáva, credévi, sentísse.

Au pluriel de l'imparfait la tonique est pénultième :

Amavámo, credeváte, sentiváte.

excepté à la troisième personne partout et à la première du subjonctif :

Amávano, credévano, sentivano, sentissero, amássimo, etc.

Au singulier du parfait et aux deux premières personnes du pluriel la tonique est forcée :

Amái, credéi, sentíi,   amò, credè, sentì,   dernière syllabe
Am-ásti, credésti, sentísti, amámmo, credéste,   pénultième.

A la troisième personne du pluriel la tonique est naturelle sur l'antépénultième :

Amárono, credérono ou credéttero, sentirono.

Au singulier du futur à la première personne la tonique est sur la dernière syllabe :

Amerò, sentiréi.

A la deuxième et troisième personne de l'indicatif, elle est aussi sur la dernière, et au subjonctif elle est forcée :

Amerái, crederái, sentirà, crederésti, sentirésti, sentirébbe.

A la première et à la deuxième personne du pluriel les toniques sont pénultièmes :

Amerémo, amerémmo, crederéte, sentiréste.

A la troisième personne elle est pénultième à l'indicatif et antépénultième au subjonctif :

Ameránno, sentiránno, crederébbero, sentirébbero.

ARTICLE III. — DES PRONOMS SUJETS ET RÉGIMES DE VERBES.

162. *Vous avez dit n° 111 que les différences de formes des pronoms personne's, s'expliquent par leurs rapports avec les verbes. Quels sont ces rapports?*

C'est que certains pronoms se rapporteut aux verbes comme sujets et d'autres comme régimes.

163. *Quels sont les pronoms personnels qui servent comme sujets et non autrement?*

Ce sont au singulier : *io, tu, egli, ei, ella, desso, dessa ;*
au pluriel : *eglino, elleno.*

On a vu au n° 124 que ces pronoms sujets ne s'expriment que dans certains cas devant les verbes.

164. *Quels sont les pronoms personnels qui servent ordinairement comme régimes ?*

Ce sont au singulier : *me, mi, te, ti, gli, lui, lei, lo, la, le ;*
au pluriel : *ne, ci, ce, ve, vi, li, le ;*
aux deux nombres : *si* et *se.*

N. B. — *Lui* et *lei* peuvent quelquefois être sujets. On verra dans la seconde partie à quelles conditions.

165. *Quels sont les pronoms personnels qui servent selon le besoin comme sujets et comme régimes ?*

Ce sont au singulier : *esso, essa ;*
au pluriel : *noi, voi, essi, esse, loro.*

166. *Tous les pronoms personnels, représentent-ils indifféremment les noms de personnes, d'animaux et de choses?*

Non. Les pronoms *egli, ei, ella, eglino, elleno, lui, lei, desso,* se disent uniquement des personnes. Les quelques exemples contraires, que l'on pourrait trouver chez les anciens, ne sont pas à imiter de nos jours.

167. *Qu'est-ce qu'on appelle pronoms conjoints et disjoints?*

Les uns et les autres sont des régimes. Les *conjoints* sont ceux qui, suivant le verbe, s'y incorporent et ne forment avec

lui qu'un seul mot. Les *disjoints* sont ceux qui précèdent le
verbe et ne s'incorporent pas avec lui.. Dans les exemples
cités n° 112,

Afferriamoli.   *Io la prendo*

li est un pronom conjoint; *la* un pronom disjoint.

168. *Les pronoms régimes sont-ils indifféremment conjoints
au verbe ou disjoints ?*

Non. On emploie les pronoms conjoints avec les modes non
personnels, et avec les deuxièmes personnes de l'impératif,
pourvu, dans ce dernier cas, qu'il n'y ait point de négation ; on
emploie les pronoms disjoints avec les modes personnels et
avec les secondes personnes de l'impératif, quand il y a négation :

Conjoints : dirlo, le dire ;   *mendatela,* envoyez-la ;
Disjoints : li recherai, tu les apporteras ;
       Non la mandate, ne l'envoyez pas.

169. *Lorsque deux pronoms sont à la fois régimes d'un même
verbe, sont-ils conjoints ou disjoints ?*

Ils peuvent être l'un et l'autre et ils obéissent selon les modes
à la règle précédente :

Conjoints: dirmelo, me le dire ; *mandatemela,* envoyez-la moi.
Disjoints : me li rechercherai, tu me les apporteras ;
       non me la mendate, ne me l'envoyez pas.

170. *De quelle façon les pronoms personnels se combinent-ils
quand ils sont deux, comme régimes d'un même verbe ?*

Ces combinaisons sont données dans le tableau suivant :

COMBINAISONS DEUX A DEUX DES PRONOMS PERSONNELS.

Me le ou le moi,	*melo.*	Nous le,	*celo.*
Me la ou la moi,	*mela.*	Nous la,	*cela.*
Me les ou les moi,	*meli, mele.*	Nous les,	*celi, cele.*
Te le ou le toi,	*telo.*	Vous le,	*velo.*
Te la ou la toi,	*tela.*	Vous la,	*vela.*
Te les ou les toi,	*teli, tele.*	Vous les,	*veli, vele.*
Se le,	*selo.*	Le lui,	*glielo.*
Se la,	*sela.*	La lui,	*gliela.*
Se les,	*seli, sele.*	Les lui,	*glieli, gliele.*

171. *Quelles remarques avez-vous à faire sur ce tableau ?*
Six.

1° Les pronoms se combinent ainsi, qu'ils soient conjoints ou disjoints. Seulement dans le premier cas, les pronoms s'écrivent unis l'un à l'autre comme au verbe ; dans le second séparés l'un de l'autre comme du verbe.

2° Le pronom *loro*, eux, est toujours disjoint.

3° Les pronoms *mi, ti, si, ci, vi*, quand ils sont suivis d'un autre, changent *i* en *e* ; *me lo* au lieu de *milo*, etc.

4° Le lui, la lui, les lui, lorsque lui veut dire à lui ou à elle, s'expriment par *glielo, gliela, glieli, gliele*, et non par *le lo, le la, le li, le le*, afin d'éviter le mauvais son qui en résulterait.

5° Les pronoms conjoints en s'incorporant aux verbes, ne font point changer de place à la tonique, soit qu'il n'y ait qu'un pronom, soit qu'il y en ait deux.

6° A l'infinitif, l'incorporation du pronom fait supprimer l' final de la terminaison

Les exemples des nᵒˢ 168 et 169 montrent des applications de ces remarques.

172. *Les pronoms personnels peuvent-ils être seuls conjoints?*
Non, il y a en outre le relatif *ne* qui peut être joint à un verbe, soit seul, soit avec un pronom personnel. Il suit en tout alors, les règles précédentes. On dit donc :

mene, m'en ;	*tene,* t'en ;	*sene,* s'en.
gliene, lui en ;	*cene,* nous en ;	*vene,* vous en.

Portàtemene,	portez-m'en.
Dárgliene,	lui en donner.

173. *Quels sont les pronoms démonstratifs, relatifs et indéfinis, qui peuvent être sujets ou régimes de verbes ?*
Parmi les *démonstratifs, quegli, queglino, questi* (masculin singulier signifiant celui-ci) ne s'emploient que comme sujets.

Parmi les *relatifs, cui* et *ne* ne peuvent être que régimes. *Il quale, chi, che*, peuvent être sujets et régimes. Lorsque *il quale* sert à interroger il perd l'article. *Quale* se dit des personnes et des choses ; *chi* des personnes seules ; *che* des personnes et des choses. Parmi les pronoms *indéfinis, altrui* ne s'emploie aujourd'hui que comme régime ; quant à *si* il présente des difficultés qui seront l'objet d'un développement spécial dans la seconde partie. *Altri, ciascuno, niente, niuno* peuvent être sujets et régimes.

7

THÈME III

SUR L'EMPLOI DES VERBES RÉGULIERS ET DES PRONOMS.

174. Vous me flattez. — Il se console. — Je t'éveillai. — Ils se gouvernaient. — Vous me blâmiez. — Je vous enchaînerai. — Il marchait; je lui parlais. — Elle travaillait; je lui ordonnai. — Il désire les récompenser. — Tu espérais la lui laisser. — Ils nous la montrèrent. — Celui qui m'appelle. — En m'écoutant. — Ils vous la laissent. — Celles que je menace. — Il te les (masc.) montrera. — Celui qui me flatte. — Celui que je flatte. — Celui dont je parle. — Les personnes à qui je pense. — Lequel choisissons-nous? — Qui l'écoutait? — Je m'abandonnais. — Tu m'appelleras. — Nous nous jugerions. — Ils leur parleront. — Il cessera; tu lui crieras. — Je désirais les rencontrer. — Elle dormirait; tu lui parlerais. — Vous leur ordonnâtes. — Vous nous guérissez. — Ils se chauffèrent. — Vous espérâtes les (masc.) leur donner. — Vous les (fém.) lui laisseriez. — Ceux qui nous blâment. — Ceux que j'examinais. — Chacune lui (fém.) parlait. — Personne ne le châtiait. — Que mangerons-nous? — Ceux-ci jouaient : ceux-là dormaient. — Il les (masc.) répara. — Nous les réparer (masc.). — Il s'apaisa. — Nous nous évitâmes. — Je te trouve. — Celles-ci dansent; celles-là gémissent. — Celle qui vous battait. — Celui que tu loues. — Ceux que vous honorez. — Celles qui m'écouteront. — En nous les (masc.) réparant. — Les parents de qui nous cultivons les champs. — L'oiseau dont j'admire les plumes. — Ceux à qui vous m'envoyez. — Que méritons-nous?

ARTICLE IV. — DES VERBES IRRÉGULIERS DE LA PREMIÈRE CONJUGAISON.

175. *Combien y a-t-il de verbes irréguliers dans la première conjugaison ?*

Il n'y en a que quatre qui sont : *dare*, donner ; *stare*, se tenir debout ; *fare*, faire ; *andare*, aller.

176. *Donnez la conjugaison de ces quatre verbes ?*

Nous les présentons tous les quatre en un seul tableau, afin que l'on saisisse d'un coup d'œil, la ressemblance qu'ils ont entre eux. Nous ne mettons pas les temps composés : comme ils ne sont que la conjugaison du verbe être avec le participe, ils ne peuvent avoir d'autre irrégularité nouvelle, que celle de ce mode. Enfin, dans les temps simples, nous ne donnons que la première personne à l'imparfait et au futur, les suivantes se déduisant régulièrement de la première une fois connue.

Verbes irréguliers

INDICATIF

Je donne.	Je suis debout.	Je fais.	Je vais.
Présent			
Do,	*Sto,*	*Fo.*	*Vo et vad-o,*
dai,	*stái,*	*fai,*	*vai,*
dà,	*sta,*	*fa,*	*va,*
diám-o,	*stiám-o,*	*facc-iámo,*	*and-iámo,*
dát-e,	*stát-e,*	*fát-e,*	*and-áte,*
dánn-o.	*stánn-o.*	*fánn-o.*	*vánn-o.*
Imparf.			
Je donnais.	J'étais debout.	Je faisais.	J'allais.
Dáv-a.	*Stáv-a.*	*Fác-éva.*	*And-áva.*
Parfait			
Je donnai.	J. m. tins debout	Je fis.	J'allai.
Détt-i ou diéd-i	*Stétt-i,*	*Féc-i,*	*And-ái,*
désti,	*stést-i,*	*fac-ésti,*	*and-ásti,*
détt-e ou diéd-e	*stétt-e,*	*féc-e et fè.*	*and-ò,*
démm-o,	*stémm-o,*	*fac-émmo,*	*and-ámmo,*
dést-e,	*stést-e,*	*fac-éste,*	*and-áste,*
détt-ero ou	*stétt-ero.*	*féc-ero.*	*and-árono.*
diéd-ero.			
Futur			
Je donnerai.	Je me tiendrai debout.	Je ferai.	J'irai.
Dar-ò.	*Star-ò.*	*Far-ò.*	*Andr-ò.*

IMPÉRATIF

Donne.	Tiens-toi debout	Fais.	Va.
Da,	*Sta,*	*Fa,*	*Va,*
día,	*stía,*	*fácc-ia,*	*vád-a,*
diám-o,	*stiám-o,*	*facc-iámo,*	*and-iámo,*
dát-e,	*stát-e,*	*fát-e,*	*and-áte,*
di-ano.	*stí-ano.*	*fácc-iano.*	*vád-ano.*

de la première conjugaison.

SUBJONCTIF				Infinitif		PARTICIPE
Que je donne.	Q. j. sois debout.	Q. je fasse.	Que j'aille.	*Dár-e,* donner. / *Dánd-o,* en donnant.	*Stár-e,* être debout. / *Stánd-o,* en étant debout. / *Fár-e,* Faire. / *Fac-éndo,* en faisant. / *And-áre,* aller. / *And-ándo,* en allant.	
Día,	*Stía,*	*Fácc-ia,*	*'ád-a,*			
díi,	*stíi,*	*fácc-ia,*	*vád-a,*			
día,	*stía,*	*fácc-ia,*	*vád-a,*			
diàm-o	*stiàm-o*	*facc-iámo*	*and-iámo*			
diàt-e,	*stiát-e,*	*facc-iáte,*	*and-iáte,*			
dí-ano	*stí-ano*	*fácc-iano.*	*vád-ano.*			
q.j. donnasse.	q.j. fusse debout.	Q. je fisse.	Q. j'allasse			*Dát-o,* donné. / *Stát-o,* été. / *Fátt-o,* fait. / *And-áto,* allé.
Déss-i	*Stéss-i.*	*Fac-éssi.*	*And-ássi.*			
Je donnerais.	j.m.tiendraisdeb	Je ferais.	J'irais.			
Dar-éi	*Star-éi*	*Far-éi.*	*Andr-éi.*			

177. *Quelles remarques spéciales faites-vous sur ces verbes ?*

Le verbe *fare*, actuellement de la première conjugaison, se disait autrefois *fácere* de la seconde. C'est à ce primitif que l'on doit les formes *facciámo*, *facésti*, *facémmo*, etc. De même les temps du verbe *andáre* sont pris en partie du verbe ancien *vádere*, qui fournit les formes *vádo*, *váda*, *válano*, etc.

ARTICLE V. — Des verbes irréguliers de la deuxième conjugaison.

178. *Y a-t-il quelque distinction à faire, quant à l'irrégularité dans les verbes de la deuxième conjugaison ?*

Oui, les verbes qui ont la pénultième tonique à l'infinitif (n° 151) sont généralement irréguliers au présent et au parfait, quelquefois au futur ; les verbes qui ont la tonique sur l'antépénultième, ne sont ordinairement irréguliers qu'au parfait. L'imparfait est régulier, chez les uns et chez les autres.

179. *Y a-t-il une distinction à faire entre les personnes par rapport aux irrégularités ?*

Oui, le plus souvent au présent, et *toujours* au parfait, la seconde personne du singulier et les deux premières du pluriel, sont régulières : l'irrégularité ne porte que sur la première et la troisième personne du singulier, et sur la troisième du pluriel, et elle est la même à ces trois personnes.

180. *Expliquez ce procédé par un exemple ?*

Soit dans le tableau ci-dessous, le parfait indicatif du verbe *cadére*, tomber. Les formes régulières sont en italique et les irrégulières en romain.

Passé parfait.				
Cadd-i	je tombai,	*cad-émmo*	nous tombâmes,
Cad-ésti	tu tombas,	*cad-éste*	vous tombâtes,
Cadd-e	il tomba,	cadd-ero	ils tombèrent.

La singularité du redoublement du *d* qui modifie le radical *cad*, tombe sur la première et la troisième personne du singulier et sur la troisième du pluriel ; les trois autres personnes sont régulières. L'irrégularité ne consiste pas toujours dans le redoublement de la consonne du radical. Mais toujours au parfait indicatif, dans les verbes irréguliers *piani* et *sdruccioli*, l'irrégularité se borne à trois personnes, et ce sont toujours les mêmes.

181. *Combien y a-t-il de verbes irréguliers* piani *dans la seconde conjugaison ?*

Il y en a dix-sept que nous allons conjuguer entièrement

dans leur présent et dans leur parfait, nous ajouterons la première personne à l'imparfait et au futur. Pour épargner la place nous ne donnerons pas l'impératif, dont les secondes personnes sont semblables aux correspondantes du présent indicatif, tandis que les autres s'empruntent au présent subjonctif. Nous ne donnerons aussi que le masculin singulier du participe, le reste allant de soi.

Quand nous disons qu'il n'y a que dix-sept verbes *piani* dans la seconde conjugaison, nous entendons des verbes complets; nous ne tenons pas compte de certains verbes défectueux qui n'ont qu'un petit nombre de formes, comme *calére* se soucier de, qui n'a que *cále, caléva, cálse, cáglia* et quelques autres.

182. *Comment divisez-vous les dix-sept verbes piani irréguliers ?*

En cinq catégories qui sont :

1° Huit verbes qui redoublent au parfait indicatif la consonne du radical.

Cadére	tomber,	*caddi*	je tombai,
Sapére	savoir,	*seppi*	je sus,
Tenére	tenir,	*tenni*	je tins,
Vedére	voir,	*viddi* et *vidi*	je vis,
Volére	vouloir,	*volli*	je voulus,
Giacére	être gisant,	*giacqui*	je fus gisant,
Piacére	plaire,	*piacqui*	je plus,
Tacére	se taire,	*tacqui*	je me tus.

Dans ces trois derniers verbes, le second *c* est remplacé par un *q*, parce que si l'on redoublait purement et simplement le *c* dans *giácci*, on ne distinguerait pas à l'oreille cette forme de *giáci*, c'est-à-dire le passé du présent, la tonique étant dans les deux cas sur la pénultième syllabe.

2° Trois verbes qui ajoutent une autre consonne à celle du radical, dans le parfait indicatif.

Dolére,	sentir de la douleur ;	*dolsi,*	je sentis de la douleur,
Parére,	paraître ;	*parvi,*	je parus.
Valére,	valoir ;	*valsi,*	je valus.

3° **Deux verbes** qui changent la consonne du radical dans le parfait indicatif.

> Persuadére, persuader ;   persuási, je persuadai.
> Rimanére, demeurer ;   rimási, je demeurai.

4° Trois verbes dont le parfait indicatif est régulier.

> Potére, pouvoir ;   potéi, je pus.
> Dovére, devoir ;   dovéiti, je dus.
> Sedére, être assis ;   Sedéi, je fus assis.

5° Un verbe qui n'a pas de parfait indicatif simple :

> Solére, avoir coutume.

183. *Conjuguez les dix-sept verbes piani, dans les modes et temps que vous avez annoncés ?*

INDICATIF.	SUBJONCTIF	INFINITIF.	INDICATIF.	SUBJONCTIF	INFINITIF
Je tombe.	Q. je tombe	Tomber.	Je sais.	Q. je sache	Savoir.
Cád-o,	Cád-a,	Cad-ére.	So,	Sápp-ia,	Sap-ére.
cád-i,	cád-a,		sai,	sápp-ia,	
cad-e,	cád-a,		sa,	sápp-ia,	
cad-iámo,	cad-iámo,	en tombant	sapp-iámo,	sapp-iámo	en sachant
cad-éte,	cad-iáte,	Cad-éndo	sap-éte,	sapp-iáte,	Sap-éndo
cád-ono.	cád-ano.		sánn-o.	sápp-iano.	
Je tombais.	Q. je tombasse		e savais,	Q. je susse	
Cad-éva.	Cad-éssi.		Sap-éva.	Sap-éssi.	
Je tombai.			Je sus.		
Cádd-i,			Sépp-i,		
cad-ésti,			sap-ésti,		
cádd-e,		PARTICIPE	sépp-e,		PARTICIPE
cad-émmo,		Tombé.	sap-émmo		Sù.
cad-éste,		Cadút-o.	sap-éste,		Sap-úto,
cádd-ero.			sépp-ero,		
Je tomberai	J. tomberais		Je saurai.	Je saurais.	
Cad-rò.	Cad-réi.		Sap-rò.	Sap-réi.	

INDICATIF.	SUBJONCT.	INF.	INDICATIF.	SUBJONCTIF.	INF.
Je tiens	Q je tienne	Tenir. Ten-ère	Je vois.	Que je voie.	Voir. Ved-ère.
Téng-o,	Ténga,		Véd-o et végg-o,	véd-a et végg-a,	
tién-i,	téng-a,		véd-i,	véd-a et végg-a,	
tién-e,	téng-a,		véd-e,	véd-a et végg-a,	
ten-iámo	lengh-iámo	en tenant ten-éndo	ved-iámo et vegg	ved-iámo et veggh-	en voyant ved-éndo
ten-éte,	lengh-iáte		ved-éte, iámo	ved-iáte et iámo	
téng-ono.	téng-ano.		véd-ono et végg-ono	veggh-iáte, véd-ano et végg-ano	
Je tenais.	Q. je tiusse		Je voyais.	Que je visse.	
Ten-éva.	Ten-éssi.		Ved-éva.	Ved-éssi.	
Je tins.		Tenu Ten-úto.	Je vis.		Vu. Ved-úto.
ténn-i,			Víd-i et vídd-i,		
ten-ésti,			ved-ésti,		
ténn-e,			víd-e et vídd-e,		
ten-émmo,			ved-émmo,		
ten-éste,			ved-éste,		
ténn-er-o.			vídero, vídd-ero		
Je tiendrai	J. tiendrais		Je verrai.	Je verrais.	
Ter-rò.	Ter-réi.		Ved-rò.	Ved-réi.	
Je veux.	Q. je veuille.	Vouloir. Vol-ère.	Je gis.	Q je sois gisant.	être gisant Giac-ère
Vógl-io,	Vógl-ia,		Giacc-io,	Giácc-ia,	
vuói,	vógl-ia,		giác-i,	giácc-ia,	
vuóle et vuò,	vógl-ia,		giác-e,	giácc-ia,	
vogl-iámo,	vogl-iámo	en voulant vol-éndo	giacç-iámo,	giacc-iámo,	en gisant giác-éndo
vol-éte,	vogl-iáte		giac-éte,	giacc-iáte,	
vógl-iono.	vógl-iano.		giácc-iono.	giácc-iano.	
Je voulais.	Q. je voulusse		Je gisais.	Q j. fusse gisant	
Vol-év-a,	Vol-éssi.		Giac-éva.	Giac-éssi.	
Je voulus.		Voulu. Vol-úto.	Je fus gisant.		ayant été gisant Giac-iúto.
Vóll-i,			Giácqu-i,		
vol-ésti,			giac-ésti,		
vóll-e,			giácqu-e,		
vol-émmo,			giac-émmo,		
vol-éste,			giac-éste,		
vóll-ero.			giácqu-ero.		
Je voudrai.	Je voudrais.		Je serai gisant	Je serais gisant	
Vorr-ò.	Vor-réi.		Giac-erò.	Giac-eréi.	

7*

INDICATIF.	SUBJONCTIF.	INF.	INDICATIF.	SUBJONCTIF.	INF.
Je plais. *Piácc-io,* *piác-i,* *piác-e,* *piacc-iámo* *piac éte,* *piácc-iono.*	Que je plaise. *Piácc ia,* *piácc-ia,* *piácc-ia,* *piacc-iámo* *piac-iate,* *piácc-iano.*	En plaisant Plaire. *Piac-éndo. Piac-ére*	Je me tais. *Tácc-io.* *tác-i,* *tác-e,* *tacc-iámo,* *tac-éte,* *tácc-iono.*	Q. je me taise. *Tácc ia,* *tácc-ia,* *tácc-ia,* *tacc-iámo,* *tacc-iáte,* *tácc-iano.*	en se taisant Se taire. *Tac-éndo. Tac-ére.*
Je plaisais. *Piac- éva.*	Q. je plusse *Piac-éssi,*		Je me taisais. *Tac-éva.*	Q je me tusse. *Tac-éssi.*	
Je plus. *Piácqu-i,* *piac-ésti,* *piácqu-e,* *piac-émmo,* *piac-éste,* *piácqu-eio.*		Plu. *Piac-iúlo.*	Je me tus. *Tácqu-i,* *tac-ésti,* *tácqu-e,* *tac-émmo,* *tac-éste,* *tácqu-ero.*		Tu. *Tac-iúlo.*
Je plairai. *Piac-erò.*	Je plairais. *Piac-eréi.*		Je me tairai. *Tac-erò.*	Je me tairais. *Tac-eréi.*	
Je sens de la douleur. *Dólg-o, dúgl-duól-i, io. duól-e,* *dogl-iámo, dol-éte, dólg-ono.*	Que je sente de la douleur. *dólg-a, dógl-ia dólg-a, dógl-ia dólg-a, dógl-ia dolgh-iámo et dogl-iámo dogl-iáte, dólg-ano.*	Sentir de la d. Dol-ére. en sentant de la d. Dol-éndo.	Je parais. *Páj-o,* *pári,* *pár-e,* *par-iámo,* *par-éte,* *páj-ono.*	Q. je paraisse. *Pái-a,* *pái-a,* *pái-a,* *par-iámo,* *par-iáte,* *pái-ano.*	en paraissant Paraître. *par-éndo. Par-ére.*
Je sentais de la d *Dol-éva.*	Q je sentisse de la douleur. *Dol-éssi.*		Je paraissais. *Par-éva.*	Q. je parusse. *Par-éssi.*	
Je sentis de la d. *Dóls-i,* *dol-ésti,* *dóls-e,* *dol-émmo,* *dol-éste,* *dóls-ero.*		Ayant senti de la d. Dol-úto.	Je parus. *Párv-i,* *par-ésti,* *párv-e,* *par-émmo,* *par-éste,* *párv-ero.*		Paru. *par-úto et párso*
J. sentirai de la d *Dor-rò.*	J. sentirais de la d. *Dor-réi.*		Je paraîtrai. *Par-rò.*	Je paraîtrais. *Par-réi.*	

INDICATIF.	SUBJONCTIF.	INF.	INDICATIF.	SUBJONCTIF.	INF.
Je vaux. *Válg-o,* *vál-i,* *vál-e,*	Que je vaille. *válg-a, vágl-ia* *válg-a, vágl-ia* *válg-a, vágl-ia*	Valoir. *Val-ére.*	Je persuade. *Persuád-o,* *persuád-i,* *persuád-e,*	Q. je persuade *Parsuád-a,* *persuád-a,* *persuád-a,*	l'ersuader. *persuad-ére*
valgh-iámo, *val-éte,* *válg-ono.*	*valgh-iámo,* *vagl-iáte,* *válg-ano.*	en valant *val-éndo*	*persuad-iámo* *persuad-éte,* *persuád-ono.*	*persuad-iámo* *persuad-iáte,* *persuád-ano.*	en persuadant *persuad-éndo*
Je valais. *Val-éva.*	Q. je valusse. *Val-éssi.*		Je persuadais. *Persuad-éva.*	Q.je persuadasse *Persuad-éssi.*	
Je valus. *Váls-i,* *val-ésti,* *váls-e,* *val-émmo,* *val-éste,* *váls-ero.*		Valu. *Val-úto.*	Je persuadai. *Persuás-i,* *persuad-ésti,* *persuás-e,* *persuad-émmo* *persuad-éste,* *persuás-ero.*		Persuadé. *Persuáso.*
Je vaudrai. *Var-rò.*	Je vaudrais. *Var-réi.*		Je persuaderai *Persuad-erò.*	Je persuaderais *Persuad-eréi.*	
Je reste. *Rimáng-o,* *rimón-i,* *rimán-e,*	Que je reste. *Rimáng-a,* *rimáng-a,* *rimáng-a,*	Rester. *riman-érr.*	Je puis. *Póss o,* *puói,* *può,*	Que je puisse. *Póss-a,* *póss-a,* *póss-a,*	Pouvoir. *Pot-ére.*
riman-iámo, *riman-éte,* *rimáng-ono.*	*rimangh-iámo* *rimangh-iáte,* *rimáng-ano.*	en restant *riman-éndo*	*poss-iámo,* *pot-éte,* *póss-ono.*	*poss-iámo,* *poss-iáte,* *póss-ano.*	en pouvant. *pot-éndo.*
Je restais. *Riman-éva,*	Q. je restasse. *riman-éssi.*		Je pouvais. *Pot-éva.*	Que je pusse. *Pot-éssi.*	
Je restai. *Rimás-i,* *riman-ésti,* *rimás-e,* *riman-émmo* *riman-éste,* *rimás-ero.*		Resté. *rimas-o, asto.*	Je pus. *Pot-éi,* *pot-ésti,* *pot-é,* *pot-émmo,* *pot-éste,* *pot-érono.*		Pu. *Pot-úto.*
Je resterai. *Rimar-rò.*	Je resterais. *Rimar-réi.*		Je pourrai. *Pot-rò.*	Je pourrais. *Pot-réi.*	

INDICATIF.	SUBJONCTIF.	INF.	INDICATIF.	SUBJONCTIF.	INF.
Je dois.	Q. je doive.		Je m'asseois	Q. je m'assoie	
Débb-o et *dévo.*	*Débb-a,*		*Ségg-o,*	*Ségg-a,*	
dév-i ou *déi,*	*débb-a,*		*sied-i.*	*ségg-a,*	
dév-e ou *dée,*	*débb-a,*		*siéd-e,*	*ségg-a,*	
dobb-iámo,	*dobb-iámo,*		*sed-iámo,*	*segg-iámo,*	
dov-éte,	*dobb-iáte,*		*sed-éte,*	*segg-iáte,*	
débb-ono.	*débb-ano.*		*ségg-ono.*	*ségg-ano.*	
Je devais.	Q. je dusse.		J. m'asseyais	Q. je m'assisse	
Dov-éva,	*Dov-éssi.*		*sed-éva.*	*Sed-éssi.*	
Je dus.			Je m'assis.		
Dov-étti,			*Sed-éi,*		
dov ésti,			*sed-ésti,*		
dov-élte,			*sed-è,*		
dov-émmo,			*sed-émmo,*		
dov-éste,			*sed-éste,*		
dov-éttero et *dov-érono.*			*sed-érono.*		
Je devrai.	Je devrais.		J. m'assoierai.	J. m'assoierais	
Dov-rò.	*Dov-réi.*		*Sed-erò.*	*Sed-eréi.*	

INF. (colonne 1) : Devoir. *Dov-ére.* / en devant *dov-éndo.* / Dû. *Dov-úto.*

INF. (colonne 2) : S'asseoir. *Sed-ére.* / en s'asseyant *Sed-éndo.* / Assis. *Sed-úto.*

	INDICATIF.	IMPÉRAT	SUBJONCTIF.	INFINITIF.		Participe
Présent	J'ai coutume.		Q. j'aie coutume.	Avoir coutume		
	Sógl-io,		*Sógl-ia,*			
	suól-i,		*sógl-ia,*	*Sol-ére.*		
	suól-e,		*sógl-ia,*			
	Sogl-iámo,		*sogl-iámo,*	En ayant cout.		Accoutumé
	sol-éte,		*sogl-iáte,*			*Sól-ito.*
	sógl-iono.		*sógl-iano.*	*Sol-éndo.*		
Imp	J'avais cout.		Q. j'eusse cout.		Passé	
	Sol-éva.		*Sol-éssi.*			

184. *Avez-vous quelque remarque à faire sur les dix-sept verbes piani ?*

Il y en a trois.

La première c'est que le dernier conjugué, le verbe *solére* est non-seulement irrégulier, mais défectueux, car il manque du parfait et du futur simple. On remplace le premier de ces temps par son correspondant composé, *sono solito, sei solito* etc., et de même pour le second par *sarò solito, sarai solito* etc.,

La seconde remarque, c'est que plusieurs de ces dix-sept verbes abrègent le futur, en supprimant l'*e* de la désinence ordinaire, *erò* ou *eréi* : par ex. *cadrò* pour *caderò*, *terrò* pour *tenerò*, *rimarrò* pour *rimanerò*, etc. C'est pour rappeler la désinence du futur, que nous avons écrit en isolant le radical *ved-rò* et non *vedr-ò*, *pot-rò* et non *potr-ò*, etc.

La troisième remarque enfin, c'est que les verbes composés d'un de ces dix-sept augmenté d'une particule, se conjuguent comme les simples : ainsi, *contenere*, contenir ; *ottenere*, obtenir ; *sostenere*, soutenir etc., se conjuguent comme *tenere*.

185. *Combien y a-t-il dans la seconde conjugaison, de verbes irréguliers sdruccioli ?*

Il y en a une centaine à peu près.

186. *En combien de catégories les divise-t-on ?*

En trois catégories, selon la dernière consonne du radical.

La première est celle des verbes qui ont une labiale ou une gutturale.

La seconde est celle des verbes qui ont une dentale.

La troisième est celle des verbes qui ont une liquide ou une voyelle.

187. *Ne pouvant à cause de leur grand nombre, conjuguer en détail les cent et quelques verbes dont il s'agit, quelles indications suffisantes avez-vous à donner ?*

Ces verbes étant réguliers au présent, à l'imparfait et au futur, il suffira de donner le parfait, et comme trois personnes de l'indicatif sont régulières à ce temps (n° 179), nous ne donnerons que la première et la deuxième personne et le masculin singulier au participe.

188. *Donnez en trois tables les catégories sus-énoncées ?*

Première catégorie. Labiale ou gutturale à la fin du radical.
Parfait indicatif en si. — Parfait participe en to.

Accórg-ere(si)s'apercevoir,	*accorsi* (*mi*)	accorgesti (ti),	*accorto.*
Affligg-ere affliger,	*afflissi*	affligesti,	*afflitto.*
Assólv-ere absoudre,	*assolsi assolvei assolvetti*	assolvesti,	*assoluto* et *assolto.*

Cíng-ere	ceindre,	*cinsi*	cingesti,	*cinto.*
(*condúc-ere*	conduire,	*condússi*	conducesti,	*condotto.*
(condúr-re				
cuóc-ere	cuire,	*cóssi*	cuocesti,	*cotto.*
(*díc-ere*	dire,	*díssi*	dicesti,	*cetto.*
(*dír-e,*				
érg-ere	élever,	*érsi*	ergesti,	*erto.*
eríg-ere	élever,	*eréssi*	erigesti,	*erélto.*
estíngu-ere,	éteindre,	*estinsi*	estinguesti,	*estinto.*
fígg·ere,	ficher,	*físsi*	figgesti,	*fitto.*
fíng-ere,	feindre,	*fínsi*	fingesti.	*fínto.*
frung-ere	briser,	*fransi*	frangesti,	*franto, fratto*
frígg-ere	frire,	*frissi*	friggesti,	*fritto.*
giúng-(re,	(joindre,	*giúnsi*	giungesti,	*giunto.*
	(parvenir,			
légg-ere	lire	*léssi*	leggesti,	*letto.*
múng-ere,	traire,	*múnsi*	mungesti,	*munto.*
neglíg-ere,	négliger,	*negléssi*	negligesti,	*negletto*
piáng-ere	pleurer,	*piánsi*	piangesti,	*pianto.*
píng-ere	peindre,	*pinsi*	pingesti,	*pinto.*
pórg-ere	présenter,	*pórsi*	porgesti,	*porto.*
púng-ere	piquer,	*púnsi*	pungesti,'	*punto.*
régg-ere	soutenir,	*ressi*	reggesti,	*retto.*
(*ridúc-ere*	réduire,	*ridússi*	riducesti,	*ridotto.*
(*ridúr-re*				
sconfígg-ere	mettre en déroute	*sconfissi*	sconfiggesti,	*sconfitto.*
scórg-ere	apercevoir,	*scorsi*	scorgesti,	*scorto.*
scriv-ei e	écrire,	*scrissi*	scrivesti,	*scritto.*
sórg-ere	se lever,	*sorsi*	sorgesti,	*sorto.*
spárg-ere	répandre,	*sparsi*	spargesti,	*sparto, spars°*
spíng ere	pousser,	*spinsi*	spingesti,	*spinto.*
stríng-ere	serrer,	*strínsi*	stringesti,	*stretto.*
strúgg-ere	fondre,	*strussi*	struggesti,	*strutto.*
tíng-ere	teindre,	*tinsi*	tingesti,	*tinto.*
tórc-ere	tordre,	*torsi*	torcesti,	*torto.*
(*trágg-ere*	tirer,	*trássi*	traesti,	*tratto* (1).
(*trár-re*				
úng-ere	oindre,	*únsi*	ungesti,	*únto.*
vínc·ere	vaincre,	*rínsi*	vincesti,	*vinto.*
vólj-ere	tourner.	*vólsi*	volg-esti.	*vólto.*

EXCEPTIONS. — Ont le participe en so :

Aspérg-ere	arroser,	*aspérsi*	aspergesti,	*aspérso.*
immérg-ere	plonger,	*immérsi*	immergesti,	*immérso.*
muór·ere	mouvoir,	*móssi*	muovesti,	*mósso.*
térg-ere	essuyer.	*térsi*	tergesti,	*térso.*

(1) *Trarre* est fort irrégulier ; il fait : *tràggo, trái, tróe, trajámo, traéte, tràggono. — Trágga, trágga, trágga ; trajámo* et *traggiámo, trajáte* et *traggiáte, traggáno.*

{ *Deuxième catégorie.* Dentale à la fin du radical.
{ Parfait indicatif en si. — Parfait participe en so.

Accénd-ere	allumer,	*accési*	accendesti,	*accéso.*
oncíd-ere	tuer (poët),	*ancísi*	ancidesti,	*ancíso.*
árd-ére	brûler,	*ársi*	ardesti,	*árso.*
ascónd-ere	cacher,	*ascósi*	ascondesti,	*ascóso.*
assíd-ere (si)	s'asseoir,	*assísi* (mi)	assidesti (ti),	*assíso.*
chiúd-ere	fermer,	*chiúsi*	chiudesti,	*chiúso.*
circoncíd-ere	circoncire,	*circoncísi*	circoncidesti,	*circonciso.*
connétt-ere	attacher,	*connéssi*	connettesti,	*connésso.*
conquíd-ere	vexer,	*conquísi*	conquidesti,	*conquíso.*
decíd-ere	décider,	*decísi*	decidesti,	*decíso.*
delúd-ere	jouer, tromper	*delúsi*	deludesti,	*delúso.*
difénd-ere	défendre,	*difési*	difendesti,	*diféso.*
discút-ere	discuter,	*discússi*	discutesti,	*discússo.*
divíd-ere	diviser,	*divísi*	dividesti,	*divíso.*
esclúd-ere	exclure,	*esclúsi*	escludesti,	*esclúso.*
fénd-ere	fendre,	*fési*	fendesti,	*fésso, fend-*
fónd-ere	fondre,	*fúsi*	fondesti,	*fúso,* [úto.
genuflétt-ere	fléchir les genoux	*genufléssi*	genuflettesti,	*genuflésso.*
impénd-ere	pendre (actif),	*impési*	impendesti,	*impéso.*
incíd-ere	inciser,	*incísi*	incidesti,	*inciso.*
inclúd-ere	inclure,	*inclúsi*	includesti,	*inclúso.*
intríd-ere	détremper,	*intrísi*	intridesti,	*intríso.*
intrúd-ere	introduire de	*intrúsi*	intrudesti,	*intrúso.*
léd-ere	léser [force,	*lési*	ledesti,	*léso.*
métt-ere	mettre,	*misi*	mettesti,	*mésso.*
mórd-ere	mordre,	*mórsi*	mordesti,	*mórso.*
nascónd-ere	cacher,	*nascósi*	nascondesti,	*nascóso,* nas-
offénd-ere	offenser,	*offési*	offendesti,	o*fféso.* (costo
pénd-ere	pendre (neutre)	*pési*	pendesti,	péso et plutôt
				pendúto.
percuót-ere	frapper,	*percóssi,*	percuotésti,	*percósso.*
pérd-ere	perdre,	*pérsi, perdéi*	perdesti,	*pérso,* perd-
precíd-ere	trancher,	*precísi*	precidesti,	*preciso* (úto
prénd-ere	prendre,	*prési*	prendesti,	*préso.*
rád-ere	raser,	*rási*	radesti,	*ráso.*
recíd-ere	retrancher,	*recísi*	recidesti,	*recíso.*
rénd-ere	rendre,	*rési, rendéi,*	rendesti,	*réso, rendúto*
ríd-ere	rire,	*rísi*	ridesti,	*riso.*
ród-ere	ronger,	*rósi*	rodesti,	*róso.*
scénd-ere	descendre,	*scési*	scendesti,	*scéso.*
scuót-ere	secouer,	*scóssi*	scuotesti,	*scósso.*
sospénd-ere	suspendre,	*sospési*	sospendesti,	*sospéso.*
spónd-ere	répandre,	*spási*	spandesti,	*spáso, spánta*
spénd-ere	dépenser,	*spési*	spendesti,	*speso.*
spérd-ere	dissiper,	*spérsi*	sperdesti,	*spérso.*
ténd-ere	tendre,	*tési*	tendesti,	*téso.*
tónd-ere	tondre,	*tósi*	tondesti,	*tóso.*
uccíd-ere	tuer.	*uccísi*	uccidesti.	*uccíso.*

Excêrtions. — Ont le participe en to :

Assist–ere	assister,			*assistíto.*
chièd–ere	demander,	*chièsi*	chiedesti,	*chièsto.*
rispónd–ere	répondre,	*rispósi*	rispondesti,	*rispósto.*
scind–ere	déchirer.	*scinsi*	scindesti.	*scinto.*

(*Troisième catégorie.* Liquide ou voyelle avant la terminaison.
(Parfait indicatif en si. — Parfait participe en so ou en to.

Avéll–ere	arracher,	*avélsi*	avellesti,	*avélto.*
assúm–ere	assumer,	*assúnsi*	assumesti,	*assúnto.*
{*cógl–iere*	cueillir,	*cólsi*	cogliesti	*cólto.*
{*córr–e*				
córr–ere	courir,	*córsi*	corresti,	*córso.*
espéll–ere	expulser,	*espúlsi*	espellesti,	*espúlso.*
esprím–ere	exprimer,	*espréssi*	esprimesti,	*esprésso.*
opprím–ere	opprimer,	*oppréssi*	opprimesti,	*opprésso.*
{*pón–ere*	poser,	*pósi*	ponesti,	*pósto.*
{*pórre*				
prém–ere	presser,	*préssi*	premesti,	*premúto.*
presúm–ere	présumer,	*presúnsi*	presumesti,	*presúnto.*
redím–ere	racheter,	*redénsi*	redimesti,	*redénto.*
{*sciógl–iere*	délier,	*sciólsi*	scogliesti,	*sciólto.*
{*sciór–re*				
spegn–ere	éteindre,	*spénsi*	spegnesti,	*spento.*
svéll–ere	arracher,	*svelsi*	svellesti,	*svélto.*
{*tógl–iere*	enlever, ôter,	*tólsi*	togliesti,	*tólto.*
{*tór–re*				
scégl–iere	choisir.	*scelsi*	scegliesti.	*scélto.*

189. *Les trois catégories ci-dessus contiennent-elles tous les verbes irréguliers sdruccioli ?*

Non, il en reste une dizaine qui ne peuvent y rentrer, le parfait étant régulier au participe chez les uns, pendant qu'il ne l'est pas à l'indicatif, et *vice-versa* :

Conósc–ere	connaître,	*conóbbi*	conoscesti,	*conosciuto.*
crésc–ere	croître,	*crébbi*	crescesti,	*cresciuto.*
esig–ere	exiger,	*esigéi*	esigesti,	*esátto.*
násc–ere	naître,	*nacqui*	nascesti,	*náto.*
nuóc–ere ou	nuire,	*nocqui*	nocesti.	*nociuto*
nóc–ere				

Pióv-ere	pleuvoir,	*piovve*	(pas de 2ᵉ pers.)*piovuto.*
protegg-ere	protéger,	*protegéi*	protegesti, *protétto.*
rómp-ere	rompre,	*rúppi*	rompèsti, *rótto.*
sólv-ere	délier,	*solvéi*	solvesti, *solúto.*
viv-ere.	vivre.	*víssi*	vivesti. { *vivúto* et *vissuto.*

190. *Vous avez dit nᵒ 187, que ces verbes sont réguliers au futur ; on trouve cependant des futurs singuliers, tels que :* sciorrò, sciorréi *de* sciögliere, *etc.*

Cette irrégularité est plus apparente que réelle ; l'usage ayant prévalu de dire à l'infinitif *sciorre* au lieu de *sciögliere*, où on forme tout naturellement *sciorrò* et *sciorréi* pour *sciögliero* et *sciöglieréi*. De même *condurrò* et *condurrei* de *condurre* pour *conducere*, conduire, *porrò* et *porrei*, de *porre* pour *ponere*, poser, *torrò* et *torrei* de *torre* pour *togliere*, ôter, et ainsi des autres dont l'infinitif est contracté.

191. *Quelle est la conjugaison du verbe* bére, boire?

Bére est contracté de *bévere*. Dans cette dernière forme il est plus usité et est régulier, il fait *beve, bevi,* etc.; *bevei, bevesti,* etc; *beverò, beverài,* etc.

Quand on contracte ce verbe à l'infinitif, il se conjugue irrégulièrement. Il fait alors :

Présent....	*Béo,* *bei,* *bée,*	*Béa,* *béa,* *béa,*	*Bére.* *Bevéndo.*
	beiǎmo, *beéte,* *béono.*	*beiǎmo,* *beáte,* *béano.*	
Imparfait....	*Beéva.*	*Beéssi.*	
Parfait.....	*Bévvi, bevésti*		*Bevúto.*
Futur.....	*Berò.*	*Beréi.*	

ARTICLE VI. — DES VERBES IRRÉGULIERS DE LA TROISIÈME
CONJUGAISON.

192. *Y a-t-il quelque distinction à faire quant aux temps, dans les verbes irréguliers de la troisième conjugaison ?*

Oui, la même que pour les verbes de la seconde : quelques-uns sont irréguliers au présent, au parfait et au futur ; d'autres au présent seul ou au parfait seul.

193. *Combien sont irréguliers au présent, au parfait et au futur ?*

Deux seulement, ce sont ; *morire*, mourir et *venire*, venir.

INDICATIF.	SUBJONCTIF.	INF.	INDICATIF.	SUBJONCTIF.	INF.
Muój-o et *mór-o*, *muór-i*, *muór-e*,	*Muój-a*, *muój-a*, *muój-a*,	*Mor-ìre.*	*Veng-o*, *vién-i*, *vién-e*,	*Véng-a*, *véng-a*, *véng-a*,	*Venìre.*
muoj-ámo et *mor-iámo*, *mor-íte*, *muój-ono.*	*mor-iámo*, *muoj-áte*, *muój-ano.*	*Mor-éndo.*	*ven-iámo*, *ven-íte*, *véng-ono.*	*vengh-iámo*, *vengh-iáte*, *véng-ano.*	*Ven-éndo.*
Mor-íva.	*Mor-íssi.*		*Ven-íva,*	*Ven-íssi.*	
Mor-ii, *mor-isti*, *mor-ì*,		*Mórt-o.*	*Vénn-i*, *ven-isti*, *vénn-e*,		*Ven-úto.*
mor-immo, *mor-íste*, *mor-irono.*			*ven-immo*, *ven-iste*, *vénn-ero.*		
Mor-rò.	*Mor-réi* et *mor-iréi.*		*Ver-rò.*	*Ver-réi.*	

194. *Quels sont les verbes irréguliers au présent ?*

Il y en a cinq : *cucire*, coudre ; *empire*, remplir ; *udire*, entendre ; *uscire*, sortir ; et *salire*, monter.

L'irrégularité des deux premiers, se borne à l'introduction d'un *i* après le radical à la première personne du singulier et à la troisième du pluriel. On dit :

Cucio, cuciono à l'indicatif ; *cucia* et *cuciano* au subjonctif ; au lieu de *cuco, cucono, cuca,* etc.

De même *empio, empiono, empia, empiano* au lieu de *empo, empono, empa,* etc., qui seraient les formes régulières.

Quant aux trois autres verbes dont les irrégularités sont plus nombreuses, les voici en tableaux :

INDICATIF.	SUBJONCTIF.	INF.	INDICATIF.	SUBJONCTIF.	INF.
Sálg o, ságl-io	*Sálg-a,*		*ód-o,*	*ód-a,*	
sál-i,	*sálg-a,*	*Sal-íre.*	*ód-i,*	*ód-a,*	*Ud-íre.*
sál-e,	*sálg-a,*		*ód-e,*	*ód-a,*	
sal-iámo,	*salgh-iámo,*		*ud-iámo,*	*ud-iámo,*	
sál-ite,	*salgh-iáte,*	*Srl-éndo.*	*ud-íte,*	*ud-iáte,*	*Ud-éndo.*
sálg-ono.	*sálg-ano*		*ód-ono.*	*ód-ano.*	
Sal-íva.	*Sal-íssi.*		*Ud-íva.*	*Ud-íssi.*	
Sal-íi.	»	*Sal-íto.*	*Ud-íi.*	»	*Ud-íto.*
sal-irò.	*Sal-iréi.*		*Ud-irò.*	*Ud-iréi.*	

Le verbe *uscire* n'est irrégulier qu'au présent indicatif et subjonctif. Toutes les autres formes viennent régulièrement de *uscire*.

Prés. indic. :   *Ésc-o, ésc-i, ésce; usc-iámo, usc-íte, ésc-ono.*
     id. subj. :   *Ésc-a, ésc-a, ésca; usc-iámo, usc-iáte, ésc-ano.*

195. *Quels sont les verbes de la troisième conjugaison, irréguliers au parfait seulement ?*

Ils sont en nombre fort restreint. Nous donnerons comme dans la seconde conjugaison, la première et la deuxième personne de l'indicatif parfait et le masculin singulier du participe.

Appar-ire	apparaître,	*{apparii* et *apparvi*	apparisti,	*apparito.*
apr-ire	ouvrir,	*{aprii* et *apersi*	apristi,	*aperto.*
comp-ire	accomplir,	*compii*	compisti,	*{compito* et *compiuto.*
influ-ire	influer, ·	*influii*	influisti,	*{influsso* et *influito.*
{offer-ire et *offr-ire*	offrir,	*{offerii* et *offersi*	offeristi,	*offerto.*
seppell-ire	ensevelir.	*seppellii*	seppellisti.	*{seppellito* et *sepólto.*

Sur le modèle d'*aprire* se conjuguent *coprire*, couvrir; *scoprire*, découvrir; *ricoprire*, recouvrir; *soffrire*, souffrir, dont les participes sont *coperto*, *scoperto*, *ricoperto*, *sofferto*. Il y a encore le verbe *gire*, aller, qui s'emploie pour *andare*, mais rarement en prose. Il est d'ailleurs défectueux et on ne le trouve guère qu'à l'infinitif *gire*, à l'imparfait indicatif *giva* et au participe *gito*.

196. *Pourquoi avez-vous compté le verbe* dire, *dire (n° 188) dans les verbes irréguliers de la deuxième conjugaison; n'appartient-il pas à la troisième ?*

Non, il appartient bien à la deuxième conjugaison, parce qu'il est contracté de *dicere*, inusité. On le reconnaît parce que les imparfaits sont : *diceva, dicessi*, et non pas *diciva* et *dicissi*. Ses formes sont au présent indicatif : *Dico, dici, dice; diciamo, dite, dicono*; subjonctif : *dica, dica, dica, diciamo, diciate, dicano*. *Dite* est la seule forme irrégulière. Les futurs sont *dirò* et *diréi*.

THÈME IV

SUR L'EMPLOI DES VERBES IRRÉGULIERS ET DES PRONOMS, ET SUR
LES PARTIES DU DISCOURS DÉJA CONNUES.

197. Elle se leva; en la voyant, je lui dis. — Elle naquit; tu
la présentas à l'église. — Ils avaient lu ce livre; je le leur ren-
dis. — Ils avaient caché la mort du prince : le peuple les
expulsa. — Je négligeai mon chant : le maître me le fit répéter.
— Tu as vaincu les ennemis, tu ne sais pas les poursuivre. —
Je l'avais écrit une fois; je dus le recommencer. — Il mit sa
main dans la mienne; il voulut me surprendre. — Le chien
m'avait mordu; je le tuai. — Il offensa le roi, il fut jugé, et (e)
mis dans la prison. — Elles éteignirent leurs chandelles; je les
découvris dans la nuit obscure. — Il vécut cent ans, et (e) il
mourut jeune dans son vieil âge. — Je leur répondis; vous
m'avez joué (trompé). — Elle pleura; il feignit la colère. — Ils
paraissent m'aimer; je saurai lire dans leur cœur. — Elles
peuvent rire; je resterai calme. — Vous me donneriez votre
voiture. — Il se tint debout, en attendant mes ordres. — Faisons la volonté de notre Père; nous devons en respecter la
prudence. — Je les lui présentai (*les* masc.) — Ecrivez-le-
leur. — S'en étant aperçu. — Ils le brûlèrent et en répandirent
les cendres sur le pré. — Qui voudrait en rire? — Il en connut la difficulté. — Ceux qui lui nuisirent, en feignant de le
plaindre. — Vous avez vu notre chaumière; couvrez-là, je vous
en prie de paille nouvelle. — (De se traduit par con = avec).
— Ils lui (à lui) plurent. — Je vins, je vis, je vainquis. — La
terre se tut devant Alexandre. — (*Traduisez devant par innauzi
ad et Alexandre par Alessandro*).

CHAPITRE IV.

Des parties invariables du discours.

ARTICLE 1er. — DE L'ADVERBE.

198. *Qu'est-ce que l'adverbe ?*

L'adverbe est un mot invariable, qui sert à modifier la signification du verbe, de l'adjectif, ou même d'un autre mot de son espèce. Ainsi :

le ore scorrono rapidamente, les heures passent rapidement ;
queste ciliége sono molto dolci, ces cerises sont fort douces ;
giovanetti assai bene educati, enfants très-bien élevés.

Rapidamente modifie le verbe *scorrono* ; *molto* l'adjectif *dolci* ; *assai* l'adverbe *bene*.

Le nom d'adverbe a été donné à cette espèce de mots, parce qu'ils accompagnent le plus souvent un verbe.

199. *Comment distingue-t-on les adverbes ?*

Selon les idées accessoires qu'ils apportent, pour modifier le sens du verbe, de l'adjectif ou de l'adverbe qu'ils accompagnent. Ainsi il y a des adverbes :

1° *De temps*, comme *óggi*, aujourd'hui ; *iéri*, hier ; *dománi*, demain ; *sémpre*, toujours ; *spésso*, souvent ; *adésso*, maintenant ; *mai*, jamais ou bien un jour ; *ancóra*, encore, etc.

2° *De lieu*, comme *qui*, ici ; *là* et *ivi*, là ; *vi*, y ; *ne*, de là ou en ; *óve* et *dóve*, où ; *ónde*, d'où ; *déntro*, dedans ; *fuóri*, dehors ; *altróve*, ailleurs ; *sù*, en haut ; *giù*, en bas ; *ovunque*, partout, etc.

3° *De quantité*, *più*, plus ; *méno*, moins ; *assái*, très, fort et beaucoup ; *abbastánza*, assez ; *molto*, beaucoup ; *póco*, peu ; *tróppo*, trop, etc.

4° *D'affirmation ou de négation*, *si*, oui ; *no*, non ; *non*, ne pas; *cérto*, certainement ; *veraménte*, vraiment ; *appúnto*, précisément, etc.

5° *De doute*, *fórse*, peut-être ; *quási*, à peu près ; *circa*, environ ; *pressochè*, presque, etc.

6° *De qualité*, *béne*, bien ; *méglio*, mieux ; *ottimaménte*, parfaitement ; *mále*, mal ; *péggio*, pis ; *pessimaménte*, très-mal ; *come*, comme et comment ; *così*, ainsi ; *tanto*, tant, aussi et si ; *prestaménte*, promptement ; *saviaménte*, sagement, etc.

200. *Tous les adverbes italiens consistent-ils en un seul mot ?*

Non, ainsi qu'en français, il y en a qui sont composés de plusieurs mots, et on les appelle alors locutions adverbiales. Ex. :

Ieri l'altro, avant-hier ; *dopo domani*, après-demain ; *a poco a poco*, peu à peu ; *di quanto in quanto*, de temps en temps ; *a vicenda*, alternativement ou tour à tour ; *di grazia*, de grâce, etc.

201. *Les adverbes sont-ils toujours distinctement séparés des mots qu'ils déterminent ?*

Non, les adverbes de lieu *vi* et *ne* peuvent se joindre aux verbes, comme nous l'avons vu pour les pronoms conjoints (167 et 168). Les règles à suivre pour la jonction sont les mêmes. Les deux adverbes peuvent être conjoints aux modes impersonnels et à l'impératif.

Restándovi, y restant ;   *andárvi*, y aller.
Uscítene, sortez-en ;   *uscítone*, en étant sorti.

Mais les adverbes seront disjoints aux modes personnels.

Vi vado, j'y vais ;   *ne veniva*, j'en venais.

Comme pour les pronoms, la tonique du verbe reste à sa place. — Remarquez pour ne pas confondre dans l'usage, que *ne* est à la fois pronom relatif et adverbe. (nºˢ 116 et 199).

ARTICLE II. — DE LA PRÉPOSITION.

202. *Qu'est-ce que la préposition ?*

La préposition est un mot invariable qui sert à exprimer certains rapports que les noms ou les pronoms ont entre eux, autres que ceux des qualités (donnés par les adjectifs) et des actions (donnés par les verbes). **Ex.:**

1° *Rapport de temps.* Dopo il pranzo, après dîner ; *dalla mia nascita,* depuis ma naissance ; *durante quattro anni,* pendant quatre ans.

2° *Rapport de lieu.* A Parigi, à Paris ; *dinanzi al fiume,* devant la rivière , *sotto il fogliame,* sous le feuillage.

3° *Rapports de moyen, de cause et d'effet. A vostro malgrado,* malgré vous ; *per i miei sforzi,* par mes efforts ; *secondo le vostre brame,* selon vos désirs.

4° *Rapports de manière, de jonction, de séparation. Colla vostra madre,* avec votre mère ; *fuorchè un solo,* hormis un seul ; *senza ascoltare,* sans écouter.

203. *D'après cette nomenclature de rapports, la préposition ressemble beaucoup à l'adverbe. Comment les distingue-t-on ?*

En ce que la préposition ne peut se passer d'un nom, d'un prénom ou d'un verbe, qui en complète le sens, c'est-à-dire d'un complément ou régime, comme dans les exemples ci-dessus. *Depuis* ne signifierait rien si l'on n'ajoutait ma naissance ; *sans* si l'on n'ajoutait le verbe écouter, etc. C'est pour cela que cette espèce de mots est appelée *préposition,* ce qui veut dire *posée devant* (*præ devant* en latin). L'adverbe au contraire, renferme une idée par lui-même, sans le secours d'aucun autre mot ; par ex. : aujourd'hui, ailleurs, beaucoup, etc.

204. *Quelles sont les principales prépositions en italien ?*

Ce sont, eu égard aux rapports ci-dessus énoncés :

1° *De temps.* Dopo, après ; *prima,* avant ; *da,* de, par depuis ; *durante,* pendant, durant, etc.

2° *De lieu.* A, à ; *in,* en et dans ; *sopra,* sur, *sotto,* sous ; *verso,* vers ; *appresso,* près de ; *innanzi,* au devant ; *fra,* entre et parmi ; *fuori,* hors, etc.

3° *De moyen, de cause, d'effet.* Con, avec ; *per*, par et pour ; *contro*, contre ; *secondo*, selon ; *mediante*, moyennant, etc.

4° *De manière, de jonction, de séparation.* Con, avec ; *senza*, sans ; *oltre*, outre ; *circa*, touchant ; *di*, de, etc.

205. *Les prépositions italiennes correspondent-elles exactement aux prépositions françaises ?*

Non, c'est-à-dire que les Italiens mettent souvent une préposition, où les Français en mettent une autre qui ne la traduit pas. Ils disent par exemple *colla forza*, avec la force ; *uno scudo a testa*, un écu *à* tête, tandis que le français dit : par la force, un écu *par* tête, et ainsi de plusieurs autres prépositions. On verra des exemples de ces divers usages dans la seconde partie.

206. *N'y a-t-il pas des mots italiens qui soient à la fois, adverbes et prépositions ?*

Oui, il y en a quelques-uns : ils sont prépositions quand ils ont un régime, et adverbes quand ils n'en ont pas.

Ainsi, par exemple, des mots *innanzi* et *appresso*.

Piétro andava innanzi e Paolo appresso.
Pierre allait devant et Paul après.

Voilà des adverbes ; mais si l'on dit :

Pietro gli venne innanzi, Pierre vint au devant de lui ; *corrergli appresso*, lui courir après.

Voilà des prépositions.

207. *Les prépositions sont-elles toujours distinctement séparées des mots qui les suivent ?*

Non ; d'abord elles peuvent se fondre avec les articles, et elles forment alors ce que nous avons appelé des articles composés (n° 85). Ensuite il y en a quelques-unes qui peuvent être conjointes avec des pronoms, comme on le verra dans la seconde partie.

8

ARTICLE III. — DE LA CONJONCTION.

208. *Qu'est-ce que la conjonction?*

La conjonction est un mot invariable qui sert à lier un verbe à un ou plusieurs autres. Qand nous disons ici verbes, il faut entendre soit que ces verbes aient des sujets et des compléments exprimés, soit qu'ils n'en aient pas; soit enfin que tous les verbes à lier l'un à l'autre soient exprimés, soit qu'il y en ait de sous-entendus. P. Ex. :

La primavera promette e l'autunno arreca i frutti, le printemps promet *et* l'automne apporte les fruits. Deux verbes sont exprimés, *promette et arreca*, chacun avec son sujet, *primavera* et *autunno*, mais il n'y a de complément que pour le second. C'est au mot *e* et, qu'ils doivent d'être liés l'un à l'autre et de posséder un seul et même complément.

Sans la conjonction *e* le verbe *promette* n'aurait pas de complément, et il n'y aurait pas de sens précis aux mots : *la primavera promette*.

Autre exemple. Il castigo verrà presto o tardi, le châtiment viendra tôt *ou* tard.

C'est comme s'il y avait : *Il castigo verrà presto o verrà tardi*. Le second verbe est sous-entendu. Il n'y a qu'un seul sujet *castigo* pour les deux verbes. C'est à la conjonction *o* que le verbe sous-entendu et son adverbe *tardi* doivent d'être liés au verbe exprimé et à son adverbe *presto*.

209. *Quelles sont les principales conjonctions en italien?*

Ce sont : *e* et, devant les consonnes; *ed* et, devant les voyelles : *o* ou ; *poichè,* car ; *pure,* cependant ; *come,* comme ; *siccome,* comme ; *dunque,* donc ; *mentre,* pendant que ; *quando,* quand ou lorsque ; *ma,* mais ; *nè,* ni (avec l'accent grave, ne pas confondre avec *ne* pronom et adverbe de lieu); *nondimeno,* néanmoins ; *ora,* or ; *se,* si ; *che,* que ; *perchè,* pourquoi : *anchè,* aussi, et plusieurs autres.

ARTICLE IV. — De l'interjection.

210. *Qu'est-ce que l'interjection ?*

L'interjection est un mot invariable qui sert à exprimer les mouvements vifs et subits de l'âme, comme la joie, la douleur, la surprise, etc. Par exemple quand un français s'écrie : aïe ! c'est la même chose que s'il disait ; je ressens de la douleur.

211. *Quelles sont les principales interjections italiennes ?*

Ah, ah ; *ahi,* aïe ; *ahimè,* hélas ; *deh,* eh ! de grâce ; *guai,* malheur ; *oh,* oh ; *oibò,* fi ; *ohimè,* hélas ; *via,* allons, et d'autres encore.

THÈME V

SUR L'EMPLOI DE TOUTES LES PARTIES DU DISCOURS, ET PARTI-
CULIÈREMENT DES INVARIABLES.

212. Je me hâte de vous écrire une lettre, mais je ne sais pas où vous l'envoyer. — Je fis selon vos conseils, et je me plus à les suivre. — Vous vous êtes assis avant (*prima di*) l'heure, pendant que les autres marchaient encore et se fatiguaient. — Vous brisâtes alors la fenêtre de la maison, ne pouvant en ouvrir la porte avec la clef que le domestique vous avait remise avant hier. — Qui peignit jamais ce superbe tableau, qui est suspendu à la voûte ? — Celui que vous mîtes dans la prison, en sortit peu après, sans être vu, de (*da*) ceux qui y restaient. — Votre cousin prit hier cet argent ; pourquoi ne l'a-t-il pas rendu ? — Je n'en sais rien. — Après votre dîner, vous viendrez dans mon jardin, pour me raconter ce que vous avez dit et fait avant hier. — Comment vous plut le sermon du prédicateur ? — Donnez-m'en votre avis, selon la justice qui vous guide. — Outre ce qu'il présenta à la reine, il avait dans sa

voiture plusieurs objets précieux dont il resta le maître. — En
s'approchant vers le couchant, il découvrit une nouvelle île,
dont les collines s'élevaient couvertes de (*di*) hautes forêts. —
Je me doutais de l'ingratitude de cet enfant ; cependant je ne
le croyais pas si mauvais, (traduisez par *tant* mauvais). —
Vingt fois il aperçut le lièvre, sans pouvoir lui lancer le plomb
de son fusil. — Je n'ai rien à (*da*) lui enseigner, car il connaît
la justice, et saura ne pas s'en éloigner. — Tous ceux qui seront instruits de (*di*) ton courage, seront contraints de te
craindre et de t'honorer. — Je dus fuir hors de la ville (*fuori
di*), pour ne pas y tomber entre les mains de l'ennemi. — Que
puis-je faire pour te montrer ma reconnaissance, puisque tu
m'as conservé ton amitié, quand chacun me tournait le dos ?
(l'Italien dit les épaules).

CHAPITRE VII.

Des degrés de signification dans plusieurs espèces de mots.

213. *Qu'entendez-vous par degrés de signification ?*

Quand un français dit : « tourelle», « moindre », « sautiller », « plus saintement »; ces expressions renferment le même sens que celles de : tour, petit, sauter, saintement, mais dans un degré différent. La tourelle n'est pas seulement une tour, mais une petite tour ; moindre équivaut à plus petit; sautiller n'est pas absolument la même chose que sauter, et plus saintement est un degré de sainteté supérieur à celui qu'exprime l'adverbe saintement seul. Ces différences d'un sens premier semblable, s'appellent *degrés de signification*.

214. *Dans quelles espèces de mots les Italiens ont-ils des degrés de signification ?*

Dans les noms, les adjectifs, les adverbes et les verbes. Nous allons examiner dans trois articles différents, comment on exprime en italien ces degrés, d'abord dans les noms, ensuite dans les adjectifs et les adverbes, enfin dans les verbes.

———

ARTICLE Iᵉʳ. — Des degrés de signification dans les noms.

215. *Comment change-t-on le degré de signification dans les noms?*

Au moyen de l'adjonction de certaines syllabes à la fin du mot, les noms expriment plus ou moins que l'idée qu'ils renfermaient primitivement. Ainsi de *torre*, tour, on a fait *torrióne*, grosse tour et *torrétta*, petite tour. Les mots qui ont reçu ainsi une idée d'augmentation et de diminution, s'appellent *augmentatifs* et *diminutifs*.

216. *Peut-on faire à volonté en français des augmentatifs et des diminutifs ?*

Non. Il y a un certain nombre de diminutifs admis par l'usage, comme tourelle cité plus haut, chaînette petite chaîne, oison petite oie, ponceau petit pont, etc. ; quant aux augmentatifs ils sont très-rares.

217. *Les augmentatifs et les diminutifs italiens n'ajoutent-ils aux noms, que des idées de grandeur et de petitesse ?*

Si, ils peuvent encore y joindre des idées de mépris ou de grâce. Ainsi de *córpo*, corps, on fait *corpáccio*, qui n'est pas seulement un grand corps, mais qui est aussi un corps mal fait. De *stánza*, chambre, on fait *stanzétta*, qui n'est pas seulement une petite chambre, mais une chambre jolie et proprette.

218. *Quelles sont les terminaisons qui donnent ces diverses significations ?*

Pour la grandeur ou la grosseur,	*one, ona.*
Pour la grandeur et la force,	*otto, otta.*
Pour la grandeur jointe à la laideur,	*accio, accia, azzo.*
Pour la petitesse avec la grâce,	*ino, ina; etto, etta; ello, ella.*
Pour la petitesse qui est en même temps méprisable,	*uccio, uccia; aglia, ame, iccialto, icciuolo, astro; onzolo.*

219. *Donnez des exemples de ces diverses modifications ?*

Stráda, rue ;	*stradóne*, grande rue.
Giórine, jeune homme ;	*giovinótto*, grand jeune homme vigoureux.
Dónna, femme ;	*donnáccia*, grande vilaine femme.
Fanciúllo, enfant ;	*fanciullino*, petit et gentil enfant.
Canéstro, corbeille ;	*canestrétto*, petite et gracieuse corbeille.
Fiúme, fleuve ;	*fiumicéllo*, jolie petite rivière.
Médico, médecin ;	*medicónzolo*, un triste médecin.
Poéta, poëte ;	*poetástro*, un mauvais poëte.
Uómo, homme ;	*omúccio*, un pauvre petit homme.

On voit d'après cette variété de terminaisons et de significations, que la faculté de faire des augmentatifs et des diminutifs, est une des qualités les plus remarquables de la langue italienne.

220. *Les noms ainsi augmentés ou diminués, conservent-ils le genre qu'ils avaient ?*

Pas toujours ; ainsi *stráda* féminin, devient *stradóne*, masculin ; *távola*, table, en devenant *tavolíno*, petite table, passe du féminin au masculin et ainsi de beaucoup d'autres. Ce sont les syllabes augmentatives ou diminutives qui déterminent le genre. *One, otto, accio, azzo, ino, etto, ello, uccio, ame, icciatto, icciuolo, astro, onzolo*, sont masculins. *Ona, otta, accia, ina, etta, ella, uccia, aglia, icciuola*, etc., sont féminins.

221. *Les noms diminués peuvent-ils se diminuer encore ?*

Oui, l'on peut faire des diminutifs de diminutifs, ainsi de : *còsa*, chose, on obtient, *cosétta, cosettína, coserélla* ; de *fórno*, four, *fornéllo*, fourneau, et *fornellétto* ou *fornellíno*, petit fourneau, etc.

REMARQUE. — On ne peut jamais donner aux noms ainsi altérés, la désinence qu'ils avaient avant ce changement. Ainsi de *sermóne*, discours ; *víno*, vin, on peut faire *sermoníno* et *vinétto*. On pécherait contre l'oreille, en disant *sermonóne* ou *viníno*.

ARTICLE II. — DES DEGRÉS DE SIGNIFICATION DANS LES ADJECTIFS ET LES ADVERBES.

222. *Comment change-t-on le degré de signification dans les adjectifs ?*

De deux manières : d'abord comme pour les noms, au moyen des augmentatifs et des diminutifs ; en second lieu, d'une façon particulière aux adjectifs et aux adverbes, ainsi qu'on le verra plus loin, au moyen de ce qu'on appelle le comparatif et le superlatif.

223. *Quelles sont les désinences des augmentatifs et des diminutifs pour les adjectifs ?*

Les mêmes que pour les noms, et l'idée ajoutée au sens est la même. Ainsi on fait de :

Grásso, gras ;	*grassótto*,	gros et gras, mais dans de bonnes proportions.
Píccolo, petit ;	*piccolíno*,	fort petit, avec une certaine idée de grâce.
Crudéle, cruel ;	*crudeláccio*,	très-cruel et d'une cruauté repoussante, etc.

224. *Qu'entendez-vous par les termes énoncés plus haut, de comparatif et de superlatif?*

L'adjectif peut exprimer la qualité d'un objet de plusieurs manières.

a. Ou il l'expose simplement comme si l'on dit *heureux*.

b. Ou il établit une comparaison, *plus* heureux ou *moins* heureux.

c. Ou bien il indique une supériorité portée au plus haut degré : par ex. : *le plus* heureux ou *très*-heureux. De ces trois degrés de signification dans l'adjectif, le premier, qui n'est autre que l'adjectif lui-même, s'appelle *positif*, le second, *comparatif*, le troisième *superlatif*.

225. *Comment exprime-t-on le comparatif en italien?*

Comme en français, c'est-à-dire au moyen des mots *più*, plus, et *méno*, moins.

La lingua francese è dolce, ma l'italiana è più dolce.
La langue française est douce, mais l'italienne est *plus* douce.
Il tigre è feroce, il leone è meno feroce.
Le tigre est féroce, le lion est *moins* féroce.

226. *Emploie-t-on toujours les mots* più e meno *pour le comparatif?*

Presque toujours ; cependant il y a comme en français quelques comparatifs qui n'ont besoin ni de *più*, ni de *meno*, p. ex.:

Maggióre, plus grand ; *minóre*, plus petit ou moindre ; *miglióre*, meilleur (pour plus bon) ; *peggióre*, pire ou plus mauvais.

227. *Comment exprime-t-on le superlatif?*

De trois manières :

a. Si l'on veut dire que la qualité est au plus haut degré par rapport aux objets dont on parle, alors on se sert des mots *più* et *méno* précédés de l'article.

La più dolce ou *la meno dolce delle lingue.*
La plus douce ou la moins douce des langues.

b. Si la qualité est au plus haut degré sans rapport avec d'autres objets, on peut exprimer ce superlatif comme en français, par les mots *mólto* ou *assái* qui correspondent à fort et à très.

Questa valle è molto bella, cette vallée est *fort* belle.

Queste case sono assai brutte, ces maisons sont *très*-laides.

c. Enfin dans ce même cas du plus haut degré sans comparaison, il y a une manière toute italienne d'exprimer le superlatif, c'est d'ajouter à l'adjectif qualificatif dont on retranche la dernière lettre, les désinences *issimo, issima, issimi, issime,* suivant le genre et le nombre.

Questa valle è bellissima, cette vallée est fort belle.

Queste case sono bruttissime, ces maisons sont très-laides.

REMARQUE. — Les adjectifs terminés en *co* et en *go*, prennent une *acca* avant la terminaison *issimo*.

    Lúngo, long ;   *lunghíssimo,* très-long.

228. *Emploie-t-on toujours l'une de ces trois manières pour exprimer le superlatif ?*

Presque toujours. Cependant il y a quelques superlatifs qui ne se forment ni par l'adjonction de *il più, il meno*, etc., ni par celle de *molto* ou d'*assai*, ni enfin par celle des terminaisons *issimo, issima,* etc., mais qui renferment en eux-mêmes et dans une forme particulière, l'idée du plus haut degré. Ce sont :

    óttimo,   très bon ;   *péssimo,* très-mauvais.
    Mássimo, très-grand ;   *mínimo,* très-petit.
    Sómmo, très-haut, suprême.
    Acérrimo, très-fier et très-rude.
    Celebérrimo, très-célèbre.
    Integérrimo, très-intègre.
    Salubérrimo, très-salubre.

229. *Comment change-t-on les degrés de signification pour les adverbes ?*

De trois manières : d'abord par les augmentatifs et les diminutifs, et alors on emploie les mêmes désinences que pour les adjectifs : en second lieu, par le comparatif, et l'on se sert encore comme pour les adjectifs des mots *più* et *meno*; enfin par le superlatif, qu'on rend soit comme pour les adjectifs, en faisant précéder l'adverbe des mots *molto* ou *assai*, soit par les syllabes *issimo* et *issima*.

Mais, dans ce dernier cas, il y a une remarque à faire.

On ne met *issimo* qu'à la fin d'un petit nombre d'adverbes que l'usage apprendra, principalement de ceux qui ont leur finale semblable à celle d'un adjectif; *issima* au contraire se donne à la plupart des adverbes de qualité en *mente*, mais dans l'intérieur du mot.

230. *Donnez des exemples de ces diverses manières ?*

a. Adverbes en *augmentatifs* et *diminutifs* :

Adágio, doucement ;	*adagíno*, tout doucement.
Appúnto, justement ;	*appuntíno*, tout justement.
Bene, bien ;	*beníno*, assez bien.
	benóne, très-bien.
Piáno, bas, à voix basse ;	*pianíno*, tout bas.
Póco, peu ;	*pochétto*, *pochíno*, *pochettíno*, un peu.
	pocolíno, très-peu.

b. Adverbes *comparés* :

Più adagio, plus doucement ;	*meglio*, mieux.
Meno presto, moins vîte ;	*peggio*, pis.

c. Adverbes mis au *superlatif*.

Benissimo,	très-bien ;
Assai presto,	très-vîte ;
Prestissimo,	très-vîte ;
Prestissimamente,	extrêmement vîte ;
Spesso, souvent ;	*spessissimamente*, très-souvent.
Nobilmente, noblement ;	*nobilissimamente*, très-noblement.
Severamente, sévèrement ;	*severissimamente*, très-sévèrement.
Stranamente, étrangement ;	*stranissimamente*, très-étrangement.

Et ainsi des autres.

Cependant tous les adverbes en *mente* ne peuvent pas indistinctement recevoir ainsi un superlatif; le sens et l'oreille doivent avertir, quand cette faculté est interdite.

ARTICLE III. — DES DEGRÉS DE SIGNIFICATION DANS LES VERBES.

231. *Quel est le degré de signification qu'on peut introduire dans la forme positive des verbes ?*

C'est le diminutif. Un très-petit nombre de verbes a des diminutifs. Nous allons en donner quelques exemples des plus usités.

Balzare, bondir ;	*bazellare,* sauter par petits bonds.
Cantare, chanter ;	*canterellare,* chanter à voix basse.
Giocare, jouer ;	*giocolare,* faire des jeux de passe.
Piovere, pleuvoir ;	*piovigginare,* bruiner.
Rubare, voler ;	*rubacchiare,* grapiller.
Saltare, sauter ;	*salterellare,* sautiller.
Sarchiare, sarcler ;	*sarchiellare,* sarcler légèrement.
Spazzare, balayer ;	*spazzolare,* brosser.

REMARQUE. — Les syllabes qui marquent le diminutif dans le verbe, précèdent la terminaison, comme celles qui marquent le superlatif pour les articles en *mente.*

THÈME VI

SUR L'EMPLOI DES AUGMENTATIFS, DES DIMINUTIFS, DES COMPARATIFS ET DES SUPERLATIFS.

232. Je vis un grand homme assis sur un ânon tout petit. Il avait sur sa grosse tête, un grand vilain chapeau noir. Le pauvre petit animal marchait tout doucement, et il était fort las. — La belle petite fille qui sautillait et chantait tout bas ce matin, est morte après dîner. — Il était le plus savant, mais non pas le plus sage. (Non pas, se traduit comme ne pas).— Je l'ai connu moins pauvre ; mais il n'a jamais été très-riche. Il racontait tout bas à son ami ce qu'il craignait, en se pro

menant dans la grande rue, quand il entendit la grosse cloche.
A ce son, il retourna bien vîte à sa petite maison. — Le plus
vaillant homme de l'armée était aussi le plus doux. — Ce
prince fut toujours très-juste. Son plus grand plaisir (dites le
plus grand plaisir de lui), était de consoler ceux qui avaient
souffert très-noblement pour leur fidélité. — Il arriva tout
justement, quand la petite gourmande finissait de grapiller les
fruits posés sur la petite table. Il lui donna sur ses petites mains
(dites les mains d'elle) un coup d'un petit bâton, et elle s'en-
fuit en mangeant son dernier petit morceau. — Il dut avoir
une très grande force, pour dissimuler ses malheurs très-
cruels. Cependant une plus grande vertu est souvent nécessaire, pour se conduire très-bien dans le bonheur. — Elle a
choisi la meilleure part, qui ne lui sera point ôtée. — Elle
cueillit une petite fleur, et la posa dans les cheveux du beau
gros enfant. Elle le prit sur son bras, et parut à la petite
fenêtre de la petite chambre, en le montrant à celle qui se
tenait debout devant la grande porte, et qui était sa mère,
(dites la mère de lui). — Le plus généreux des rois sut vaincre
ses ennemis, en leur faisant reconnaître sa très-touchante bonté.
— Le tailleur de votre beau-frère est fort adroit : le mien est
moins habile. J'en connais cependant un pire, qui vend la
marchandise (roba) fort cher. — Ils brisèrent les statues qui
étaient fort belles.

CHAPITRE VIII.

Des mots de ripieno ou explétifs.

233. *Qu'entend-on en italien par mots de* ripieno ?

Ripieno signifie proprement remplissage, et on entend par mots de remplissage des mots qui, sans être indispensables au sens, servent cependant à donner plus de clarté, d'agrément et d'énergie au discours.

234. *Les mots de* ripieno *sont-ils une dixième partie du discours ?*

Non, ce sont des noms, des adjectifs, des pronoms ou des adverbes que l'on introduit à volonté dans le discours. Il y en a quelques exemples en français, mais plus rares qu'en italien ; par ex.: « Je voudrais *bien, pour voir*, qu'il me résistât. » « Attendez *un peu* que je vous corrige. »

235. *Quels sont les noms de* ripieno ?

Il y en a quatre : *via, mica, punto*, et *mo*.

Via signifie à proprement parler *route*. On l'emploie après les verbes de mouvement, pour exprimer plus complétement l'effet du verbe :

Gettare via, jeter et laisser ;   *portare via,* emporter ;
Condurre via, emmener.

C'est comme s'il y avait : laisser en suivant sa route, porter en suivant sa route, mener avec soi en route.

Mica veut dire littéralement une miette de pain, c'est-à-dire un rien ; *mica* s'ajoute à une négation :

Non è mica venuto, il n'est pas venu du tout.

Punto qui signifie un point, s'emploie dans le même sens :

Non lo conobbe punto, il ne le connut pas du tout.

Mo est un abrégé de *modo*, manière ; on s'en sert dans le sens du français : « par exemple », ou « pour voir » ou « un peu. »

Guardate mo la malizia dell'uomo, regardez un peu la malice de l'homme :

Credete mo che, etc., croyez vous par exemple que, etc.

236. *Quels sont les adjectifs de* ripieno ?

A proprement parler, il n'y en a qu'un, c'est *bello* qui, employé comme *ripieno*, correspond au français bel et bien ou bel et bon :

Ho bello legato il somaro, j'ai bel et bien attaché le baudet ;
A bella posta, à dessein, exprès ; littéralement bel et bien apposté.

On peut encore considérer comme *ripieni*, les adjectifs que l'on répète pour en faire mieux sentir le sens :

Balzò snello snello dalla rupe, il s'élança avec agilité du haut du rocher.

237. *Quels sont les pronoms de* ripieno ?

Ce ne sont que les pronoms personnels *mi, ti, ci, vi, si, me, te, ce, ve, se, esso, egli* et *ella* :

Io mi credeva questa bugia, je croyais ce mensonge.
Te ne verrai con me,   tu t'en viendras avec moi.

Esso s'ajoutant à l'un des pronoms personnels *lui, loro, lei*, etc., et toujours après l'une des prépositions *con, sopra, sotto, lungo*, a quelque chose de la force de *même* en français. Il s'emploie invariable pour les deux genres et les deux nombres :

Con esso lei, avec elle-même ; *con esso noi*, avec nous-mêmes.

Egli, ella, s'emploient d'une manière toute explétive comme il suit :

Egli è vero pour *è vero*, il est vrai ; *ella non andrà cosi*, cela ne se passera pas ainsi ; *ella è cosa singolare*, c'est une chose singulière.

238. *Quels sont les adverbes de* ripieno?

Il y en a cinq principaux qui sont: *mai, bene, forse, pure* et *già.*

> *Mai sempre ritroverò la mia borsa,*
> Jamais je ne retrouverai ma bourse.

> *Vi erano bene cento fiorini,*
> Il y avait bien cent florins.

> *Che forse l'abbiate rubata,*
> L'auriez vous par hasard volée.

> *Dite pure,* dites toujours.

> *Non lo credo già,* je ne le crois pas pour ma part.

CHAPITRE IX.

De l'orthographe.

239. *Qu'est-ce que l'orthographe ?*

L'orthographe est l'ensemble des règles suivies par une nation, pour écrire les mots de sa langue.

240. *Ces règles en Italie ont-elles été toujours et partout uniformes ?*

Non ; depuis la formation de la langue au xii° siècle, il y a eu des pratiques très-diverses chez les meilleurs écrivains et aujourdh'ui encore, il reste quelques variantes dans l'usage.

241. *S'il en est ainsi, comment pouvez-vous exposer les règles de l'orthographe italienne ?*

En les limitant aux points qui sont incontestés, ou en faisant connaître l'objet de la divergence.

242. *Quelles sont les difficultés à examiner ?*

En général la valeur des lettres une fois connue, la langue italienne s'écrit comme elle se prononce ; mais il y a trois difficultés à examiner.

La première concerne l'emploi des lettres h, i et j et le remplacement dans certains mots des lettres française x et y.

La seconde concerne les cas où il faut et ceux où il ne faut pas redoubler des consonnes.

La troisième enfin concerne la manière d'employer les signes d'accentuation.

Nous ferons un article séparé, sur chacun de ces objets.

Nous ne dirons rien de la ponctuation, c'est-à-dire de la manière de distribuer les points et les virgules, l'usage des Italiens, en cette matière, étant conforme à celui des Français, ainsi que pour les guillemets, les parenthèses, etc.

Quant à l'apostrophe qui joue un rôle particulier dans l'orthographe italienne, il en sera parlé à propos de l'élision dans le chapitre dixième et suivant.

ARTICLE Ier. — De l'emploi des lettres h, i, j, etc.

243. *Dites ce qui concerne l'acca ?*

Nous avons déjà fait remarquer (n°s 17 et 22) que l'*acca* est plutôt un signe d'écriture qu'une véritable lettre, parce qu'elle n'a pas de son par elle-même. Elle sert de trois manières différentes.

1° Pour donner le son dur, aux gutturales *c* et *g* devant un *e* ou un *i*. Ex. :

Fresc-a,	fraîche ;	*fresch-e,*	fraîches.
Luog-o,	lieu ;	*luogh-i,*	lieux.
Pasc-o,	pâturage ;	*pasch-i,*	pâturages.
Giuoc-o,	je joue ;	*giuóch-i,*	tu joues.
Pag-o,	je paie ;	*pagh-ino,*	qu'ils paient.

L'*acca* ne sert pas seulement à maintenir le son dur du *c* et du *g* dans les formes diverses d'un même mot, mais à le donner à ces lettres en des mots différents :

Cet-o,	baleine ;	*chet-o,*	paisible ;
Gett-o,	jet ;	*ghett-o,*	quartier des juifs.
Gir-o,	tour (de tourner) ;	*ghir-o,*	loir (animal).

2° La plupart des Italiens écrivent par une *acca* :

Ho	j'ai		*o*	ou, conjonction.
Hai	tu as	pour	*ai*	aux, (article composé).
Ha	il a	distinguer de	*o*	à, préposition,
Hanno	ils ont		*anno*	année, substantif.

Cependant cet usage n'est pas général. On voit souvent ces mots écrits avec un accent, ainsi qu'il suit :

ó, j'ai ; *ái,* tu as ; *á* il a ; *ánno,* ils ont.

L'autre usage est préférable, parce qu'il rend ces quatre mots plus faciles à distinguer.

L'*acca* sert enfin dans certaines interjections, pour y mettre une légère aspiration, destinée à manifester l'émotion de celui qui parle.

A hi, ohi, ahimè, ohimè,

toutes exclamations qui signifient hélas. On trouve cependant chez de bons auteurs, *aimè* et *oimè* sans h.

Comme on introduit l'*h* dans le milieu des interjections, on la met aussi à la fin :

Ah, ah ! *eh,* he ! *oh,* oh !
Uh, fi ! *deh,* de grâce, etc.

Dans ces derniers mots l'usage de l'*acca* est général.

NOTA. — Les anciens se servaient bien plus souvent de l'*acca* que les modernes. Ainsi on trouve chez eux : *huomini* pour *uomini, historia* pour *istoria; havesse* pour *avesse, honorando* pour *onorando,* etc.; ce sont des réminiscences du latin.

244. *Qu'avez-vous à dire sur l'usage de l'*i lungo ?

Cette lettre n'est pas employée par tous les Italiens; quelques-uns mettent un *i* simple dans tous les cas où le plus grand nombre écrit un *i* consonne.

L'usage de ces derniers est préférable, comme on va le voir, par les règles que suivent ceux qui se servent de l'*i lungo.*

1° On met l'*i lungo* au commencement de certains mots d'origine latine. Alors il est consonne :

Jacopo, Jacques ; en latin *Jacobus.*
Jattanza, jactance; id. *jactantia.*

Ceux qui rejettent cette lettre, la remplacent en ce cas, par un *g* avec un *i* voyelle : *giacopo, giattanza.*

2° Au milieu des mots l'*i lungo* ne peut être mis qu'entre deux voyelles. Il est encore consonne dans ce cas :

Ajuto, secours; *gioja,* joie; *guajo,* hurlement.
Librajo, libraire, etc.

Beaucoup de bons auteurs écrivent cependant par un simple *i* voyelle *aiuto, gioia, guaio, libraio,* etc.

3° On met enfin l'*i lungo* au pluriel, à la fin des noms et des adjectifs dont le singulier est en *io* et dont le pluriel demanderait deux *i.* P. Ex.:

Desidérj	pluriel de	*desidério,*	désir.
Giudizj	id.	*giudízio,*	jugement.
Ozj	id.	*ózio,*	loisir.
Princípj	id.	*princípio,*	principe.
Próprj	id.	*próprio,*	propre.
Témpj	id.	*témpio,*	temple.

REMARQUE. — Dans des exemples comme *princípj* et *témpj*, on voit l'avantage de l'*i lungo*. Si l'on ne mettait en effet qu'un *i* simple on pourrait confondre ces mots avec *princípi*, princes et *témpi*, temps, pluriel de *principe* et *tempo*.

245. *Ceux qui se servent du* j *le mettent-ils donc toujours à la place de deux* i *simples ?*

Non, il y a deux remarques à faire à ce sujet :

1° Pour que l'*i* du singulier des noms et des adjectifs dans la diphthongue *io* puisse au pluriel être remplacé par un *j*, il faut que cet *i* ne porte pas la tonique. Ainsi :

Natío, natif ; *pio,* pieux ; *restío,* rétif, font :

Natíi,   *píi;*   *restíi*

et ne peuvent jamais s'écrire *natj, pj, restj*.

2° *Jamais dans les verbes* les deux *i* d'une syllabe finale ne peuvent être remplacés par un *j*. Ainsi toujours on écrit *udíi*, j'entendis; *obblíi*, tu oublies; et non pas *udj, obblj*.

246. *Cette remarque ne fait pas connaître quels sont les verbes où l'on doit redoubler l'*i *simple?*

Ces verbes sont plusieurs de ceux dont l'infinitif est en *iare*. Si la tonique tombe sur *i* à la première personne de l'indicatif présent comme dans :

Obblío, j'oublie, de *obliare* ; *avvío,* j'achemine, de *avviare;* *invío*, j'envoie, de *inviare,* etc.

On met deux *i* au présent indicatif et subjonctif.

Obblíi, tu oublies ; *avvíi*, tu achemines ; *invíi*, tu envoies ; *obblíino*, qu'ils oublient ; *avvíino*, qu'ils acheminent ; *invíino*, qu'ils envoient, etc.

Mais si au présent la tonique ne tombe pas sur l'*i* précédant la terminaison, comme dans :

> *Cámbio*, je change ;   *consíglio*, je conseille ;
> *Láscio*, je laisse ;   *mácchio*, je tache, etc ;

on écrit avec un seul *i* : *cambi*, *macchino*, *lasci*, etc.

Il y a cependant une *exception* à faire ; c'est lorsqu'un verbe peut se confondre avec un autre. On écrira donc :

Várii, tu varies, de *variare* ; *ódii*, tu haïs, de *odiare* ; *accóppii*, tu accouples, de *accoppiare* ; avec deux *i*, malgré la place de la tonique, pour distinguer de :

Vári, tu lances un vaisseau, de *varare* ; *ódi*, tu entends, de *udire* ; *accóppi*, tu assommes, de *accoppare*, etc.

REMARQUE. — Les verbes en *ciare* et *giare* méritent une mention particulière, parce que aux deux futurs ils suppriment l'*i* :

> *Lascerete*, *lascerei*, *mangerebbe*, etc.

247. — *Quand a-t-on besoin de remplacer les lettres françaises* X *et* Y *que les Italiens n'ont pas ?*

C'est lorsqu'on veut italianiser des noms propres, au lieu de les écrire comme chez les peuples auxquels ils appartiennent.

L'*x* au milieu d'un nom se remplace ordinairement par deux *s*. Ex.: *Alessándro*, Alexandre ; *Aléssio*, Alexis ; *Brussélle*, Bruxelles ; *Massimiliáno*, Maximilien, etc.

L'*x* au commencement d'un nom se remplace par un *s* seul. Ex.: *Senofónte*, Xénophon ; *Sérse*, Xercès.

Il faut excepter la rivière Xanthe nommée dans Homère ; on l'écrit *Xanto* pour ne pas la confondre avec *santo*, saint.

L'*y* se remplace par un *i* simple. Ex.: *Lisia*, Lysiss ; *Pitágora*, Pythagore ; *Síria*, Syrie ; *Tírio*, tyrien.

ARTICLE II. — DU REDOUDLEMENT DES CONSONNES.

248. *Quelles sont les règles qui président au redoublcment des consonnes dans un mot ?*

Ces règles sont diverses, selon que les mots où se trouvent les consonnes, sont simples, dérivés ou composés.

249. *Qu'entendez-vous par ces termes, mots simples, mots dérivés et mots composés ?*

On appelle *simples* les mots dans lesquels les syllabes qui forment le radical, ne laissent voir qu'une seule signification ; *dérivés* ceux dans lesquels, entre le radical et la terminaison, il a une ou plusieurs syllabes intercallées ; *composés* ceux dans lesquels le radical laisse voir deux ou plusieurs mots simples, ainsi que nous l'avons indiqué dans l'introduction (n° 27).

250. *Vous avez bien dit (n°ˢ 148 et 149) ce que sont dans un verbe le radical et la terminaison ; mais que faut-il entendre par ces termes, pour les autres espèces de mots ?*

La terminaison dans un nom ou un adjectif, est la syllabe finale, qui varie selon que le nom et l'adjectif sont masculin ou féminin, singulier ou pluriel. Ainsi dans :

Lúp-o, loup ;   *lúp-a,* louve ;
Gránd-e, grand ;   *gránd-i,* grands ;

les voyelles variables *o, a , e, i,* sont des terminaisons.

Le reste du mot s'appelle radical. Dans les exemples cités, ce radical est *lup* et *grand.*

Dans les adverbes de qualité en *mente* (note F), ces deux syllabes qui caractérisent l'adverbe de qualité, en sont la terminaison. « *Ottima-mente,* parfaitement ; *nobil-mente,* nobleblement ; *fiera-mente,* cruellement, etc.

Le reste du mot est le radical. La distinction de radical et de terminaison n'a pas lieu pour les articles, les prépositions, les conjonctions et les interjections.

Il n'y a aussi qu'un très-petit nombre de pronoms où il y ait lieu de la faire.

251. *Pour mieux faire comprendre ce que vous venez de dire, donnez des exemples de mots simples, dérivés ou composés ?*

Padr-e père est un mot simple. En effet le radical *pardr-* ne peut se diviser, ni par conséquent former deux mots ayant chacun sa signification propre ; quant à la terminaison *e* elle représente dans ce cas le masculin et le singulier.

Padr-one, maître ou patron, c'est-à-dire celui qui exerce certains droits de paternité, est un mot dérivé, parce qu'en outre de *padr* qui était le radical du mot simple et de *e* qui est la terminaison commune au simple et au dérivé, il y a une syllabe ajoutée *on* qui entre dans le radical du nouveau mot.

Par rapport à ce dérivé, le radical *padr* du mot simple s'appelle *racine*.

Com-padr-e, compère, est un mot composé, parce que entre le radical *padr* du mot simple, *racine commune* de tous les dérivés et composés qui ont cette syllabe, il s'y trouve une autre racine *com* pour *con*, qui veut dire *avec*. Le compère en effet, est celui qui accompagne le père qui est avec *lui* :

De même *cavall-o*, cheval est simple ; *cavalc-are*, chevaucher, *cavall-errizzo*, écuyer, sont des dérivés.

Ac-cavalc-are, surmonter, est composé.

Semblablement aussi pour les adjectifs :

Fiér-o, fier et cruel, est simple.
Fiér-ezza, fierté et cruauté, est dérivé.
In-fier-ire, exercer sa cruauté, est composé, parce qu'outre la racine commune *fier*, il y en a une nouvelle *in* qui signifie dans et contre.

Observation. — Il n'est pas toujours aisé de distinguer les mots dérivés des mots simples, mais il n'en est pas de même des mots composés, où l'assemblage des racines est ordinairement facile à reconnaître. Notons cependant, que dans tous les mots où le radical n'a qu'une syllabe, il est en même temps racine, et le mot alors est simple.

252. *Ceci étant compris, quelles règles suit-on pour le redoublement des consonnes dans les mots simples ?*

Pour toutes les consonnes, le *z* excepté, il n'y a pas de règle, si ce n'est que jamais une consonne redoublée, ne se trouve au commencement d'un mot. Si du reste on écrit :

Cas-a, maison et *cass-a*, caisse.
Pen-a, peine   et *penna*, plume.
Mir-a, but   et *mirr-a*, myrre.
Ros-a, rose   et *rossa*, rouge (féminin).
Rup-e, roche   et *rupp-e*, il rompit,

c'est que l'origine du mot et la diversité du sens primitif le veulent ainsi. Des idées différentes s'attachent aux racines *cas* et *cass*, *pen* et *penn*, etc.

Il n'y a pas de raison à donner de ces préférences.

Exception. — Il y a une lettre cependant pour laquelle il existe un usage général, c'est la *zeta*.

quand elle est entre deux voyelles on la redouble :

Razzo, rayon ;   *rezzo*, lieu couvert.
Stizza, colère ;   *puzza*, pus, puanteur.

Quand elle est suivie des diphthongues, *ia*, *ie*, *io*, on la met simple, à moins que la tonique ne tombe sur l'*i* :

Grázia, grâce ;   *azióne*, action ;   *spézie*, espèce.

Mais on écrit *pazzía*, folie, avec deux *z* parce que l'*i* est accentué.

253. *Quelles règles suit-on pour le redoublement des consonnes dans les mots dérivés ?*

Ils sont écrits généralement à la demande des mots simples dont ils dérivent. Ainsi on écrit avec deux *n* :

Penn-ácch-io, plumet ;   *penn-ell-o*, pinceau.
Penn-in-o, aigrette ;   *penn-ón-e*, étendard,
Penn-út-o, emplumé, etc.

parce que tous ces mots sont dérivés du mot simple *pénn-a*, plume. De même :

Pen-ál-e, pénal , *pen-ár-e*, tourmenter ;
Pen-ós-o, pénible, etc.

s'écrivent avec une senle *n*, parce que le mot simple *pén-a*, peine, n'en a qu'une. Et ainsi des autres dérivés.

EXCEPTIONS. — Il y a cependant des exceptions à cette règle, mais en fort petit nombre. En voici quelques unes :

Dúbb-io, doute et   *dub-itár-e*, douter.
Cav-all-o, cheval et   *cav-al-iér-e*, chevalier.
Cand-ell-iér-e, chandelier et *cand-él-a*, chandelle.
Sepp-ell-ir-e, ensevelir et   *sep-ólt-o*, enseveli.

254. *Quelles règles suit-on pour le redoublement des consonnes dans les mots composés ?*

RÈGLE GÉNÉRALE. — On redouble la consonne qui commence le second composant, lorsque le premier finit par une voyelle tonique. Ex. :

Perciocchè,	parce que			*perciò*.
Vedrollo,	je le verrai	à cause	de	*vedrò*.
Statti,	tiens-toi			*sta* (tonique forcée).
Evvi,	il y a			*è*.

EXCEPTION PREMIÈRE. — Le *g* de *gli* ne se redouble jamais :

Dirógli, je lui dirai ;   *manderàgli*, il lui enverra, et non pas *diroggli*, *manderaggli*.

EXCEPTION DEUXIÈME. — On ne redouble jamais l's impure :

So-spiro, soupir et non pas *sos-spiro*.

EXCEPTION TROISIÈME. — Lorsque le composé est un verbe, dont le second composant est un verbe simple et le premier composant une particule, c'est-à-dire une préposition italienne comme *a, con, di, frà, in, sù, trà*, etc., où l'une des syllabes *e, o, ra, ri, so* ou *su* qui sont des débris de prépositions latines (1), la règle générale souffre un certain nombre d'exceptions. Ainsi on écrit *suivant la règle* en redoublant:

Ac-córrere, accourir,	pour	*a-correre.*
Com-muóvere, toucher,	id.	*con-muovere.*
Dif-fóndere, répandre,	id.	*di-fondere.*
Ec-cédere, excéder,	id.	*e-cedere.*
Fram-méttere, entremettre,	id.	*fra-mettere.*
Ir-rigáre, arroser,	id.	*in-rigare.*
Op-pórre, opposer,	id.	*ob-porre.*
Rac-contáre, raconter,	id.	*ra-contáre.*
Sol-leváre, soulever,	id.	*sub-levare.*
Suc-cédere, succéder,	id.	*sub-cedere.*
Trat-tenére retenir, amuser,	id.	*tra-tenere.*

On écrit pareillement en redoublant la consonne, certains mots qui proviennent des verbes.

Ef-fusióne, effusion,	à cause de *ef-fondere.*	
In-náto, inné,	id.	*in* et *nato* de *nascere.*
Inn-amoráto, épris d'amour,	id.	*in* et *amore*,

bien que *amore* ne commence pas par une consonne.

On écrit *par exception* à la règle, avec une seule consonne :

De-lúdere, tromper,	et non pas	*del-lúdere.*
De-rídere, se moquer,	id.	*der-ridere.*
Di-negáre, nier,	id.	*din-negare,*
Disin-gannáre, désabuser,	id.	*dissin-gannare.*
Dis-onóre, déshonneur,	id.	*diss-onore.*
Per-méttere, permettre,	id.	*perr-mettere.*

La raison de ces différences ne peut être donnée dans une grammaire purement italienne, parce qu'elle est fondée sur la nature des prépositons latines, dont les particules italiennes, sont la reproduction plus ou moins altérée. Il faut apprendre par cœur la liste ci-dessus pour y conformer son orthographe, lorsqu'on rencontre des cas analogues.

(1) *E* pour *ex*, de ; *o* pour *ob*, autour ; *ra* et *ri* pour *re*, de nouveau ; *so* ou *su*, pour *sub*, sous.

9

ARTICLE III. — DE L'USAGE DES ACCENTS.

255. *Quel est l'usage de l'accent grave ?*

L'accent grave (ˋ) se pose sur la tonique finale, dans les mots de deux ou plusieurs syllables (n° 41) :

Finirà, il finira ; *potè*, il put ; *griderò*, je crierai ;
Sentì, il sentit ; *virtù*, vertu.

Pour les monosyllabes, bien que la voix s'y appuie ordinairement par nécessité, on ne leur donne pas généralement le signe de l'accent. On écrit donc :

Sta, il se tient debout, et non pas *stà*.
Re, roi et non pas *rè*.

Cependant il y a trois cas où l'on doit mettre l'accent.

1° Quand le monosyllabe est produit par le retranchement d'une syllabe finale :

Tò pour *tógli*, prends , *fè* pour *féde*, foi.

On verra dans le chapitre suivant les règles de ces retranchements.

2° Quand le monosyllabe a une diphthongue, dont la dernière voyelle est tonique. Ex. :

Ciò, cela ; *già*, déjà ; *più*, plus ; *può*, il peut, etc.

3° Quand on veut distinguer la signification diverse de deux mots qui s'écrivent de même. Ex. :

Da, de et par	(préposition).	*dà*	il donne	(verbe).
Di, de	(d°)	*dì*	jour	(nom).
E, et	(conjonction).	*è*,	il est	(verbe).
La, la	(article).	*là*,	là	(adverbe).
Ne, en	(pronom).	*nè*,	ni	(conjonction).
Si, soi	(d°)	*sì*,	oui	(adverbe).

256. *Pourquoi a-t-on choisi les mots de la seconde colonne pour leur donner le signe de l'accent, plutôt que ceux de la première ?*

On leur a donné le signe de l'accent, parce qu'ils en ont la réalité. Les premiers au contraire n'ont pas de tonique, se fondant pour ainsi dire dans les mots qu'ils déterminent. Ainsi quand je dis : *Ricevo* DA TE LA NUOVA DI QUESTA *disgrazia* E NE SONO *assai dolente*. Je reçois de toi la nouvelle de ce malheur et j'en suis très-affligé ;

Chacun des groupes soulignés *da te, la nuova, di questa, e ne sono*, est lié de telle sorte qu'il ne semble faire qu'un seul mot. Aussi n'entend-on la tonique, c'est-à-dire l'élévation et l'appui de la voix, que sur *te, nuov, quest, son*. Dès lors il est naturel que les syllabes effacées ou absorbées, *da, la, di,* et *ne,* ne portent pas de signe d'accent.

Si je dis au contraire : si *in questo* DÌ *egli mi* DÀ *la mano ;* oui, en ce jour, il me donne la main ; la voix s'appuie sur *sì, dì* et *dà,* qui sont de véritables toniques. Il est donc juste de donner à ces syllabes le signe de l'accent (1).

257. *Quel est l'usage de l'accent aigu (⸜)?*

Il ne se met guère que sur certains mots dont la signification varie, selon la place de la tonique, et pour marquer cette place même.

áncora, ancre ;	*ancóra,* encore ;
Bália, nourrice ;	*Balía,* autorité ;
Gía, il allait (de gire) ;	*Già,* déjà ;
Pérdono, ils perdent ;	*Perdóno,* pardon ;
Súbito, subit (adjectif) ;	*Subíto,* subi (participe) ;

Mais ce n'est nullement pécher contre l'orthographe que de ne pas mettre ce signe d'accent aigu dans ces divers cas. L'usage n'en est pas général.

258. *Se sert-on de l'accent circonflexe en italien (▲) ?*

Quelques modernes voudraient l'introduire (▲) pour distinguer l'o ouvert de l'o fermé. Ainsi ils écrivent :

Côlto participe de *cogliere* pour distinguer de *Colto* cultivé
Tôrre infinitif pour *togliere*   *torre* tour.

---

(1) Voir ce qui est dit des *proclitiques* dans les traités d'accentuation latine.

Mais cet expédient est mauvais, car l'italien en représentant l'o ouvert *o* par *ô* se mettrait en contradiction, nonseulement avec le français qui représente par *ô* l'o fermé o, mais encore avec le latin dont il descend. Du reste peu de gens écrivent ainsi. On peut donc dire que généralement l'accent circonflexe n'est pas employé dans l'orthographe italienne (1).

CHAPITRE X.

Des Retranchements et des Adjonctions de lettres.

259. *Les Italiens abrègent-ils quelquefois leurs mots ?*

Oui, ils suppriment parfois une ou plusieurs lettres, à la fin ou dans le corps d'un mot, ou même, quoique plus rarement, au commencement. Cette suppression de lettres s'appelle en général un *retranchement*.

260. *Donnez des exemples des trois espèces de retranchements ?*

1º Retranchement à la fin du mot :

D'une lettre : *fier destino*, pour *fiero destino*, cruel destin.
De deux lettres : *gran dolore*, pour *grande dolore*, grande douleur.

2º Retranchement dans le corps du mot :

Sapea, pour *sapeva*, il savait.

3º Retranchement au commencement d'un mot :

Già'l signore, pour *già il signore*, déjà le Seigneur.

261. *Quelles sont les conditions générales pour qu'on puisse faire un retranchement à la fin d'un mot ?*

Il y en a deux.

---

(1) L'accent circonflexe en latin, ne se met jamais sur un *o* ouvert, mais seulement sur un *o* fermé comme celui de *amore*, *amore*, mot que nous donnons pour exemple, parce qu'il est à la fois latin et italien.

1° Il fau que les deux mots qui se suivent, et dont le premier subit un retranchement, *soient étroitement unis dans la prononciation*. S'il y avait entre les deux mots, une virgule ou seulement un repos de la voix, le retranchement ne pourrait avoir lieu. Ainsi on écrit :

> *Il fier destino è vicino*, le cruel destin est proche.
> Mais on n'écrirait pas, *il destino fier è vicino*,

parce que *fier destino* forme un seul sens, dont les deux éléments sont étroitement liés quand on parle, tandis que la liaison est moindre entre *fiero* et le verbe *è*.

2° Il faut que la lettre ou les lettres à retrancher, ne soient ni suivies d'un *s* impure, ni précédées d'une syllabe renfermant une diphthongue. Ex. : *Sole splèndido*, soleil splendide ; *suono soave*, son suave, et non pas *sol splendido, suon soave*, qui seraient insupportables.

262. *Y a-t-il quelque retranchement qui porte un nom particulier ?*

Oui, on appelle *élision*, le retranchement d'une voyelle par suite de sa rencontre avec une autre voyelle :

> *L'edera*, pour *la edera*, le lierre.

263. *Y a-t-il un signe d'écriture pour l'élision ?*

Oui. C'est l'apostrophe, comme on le voit dans l'exemple précédent. Les retranchements sans élision ne comportent pas d'apostrophe.

264 *Quelle est la règle générale pour que l'élision soit possible ?*

C'est que les voyelles ne soient pas accentuées, car si elles le sont, elles ne s'élident pas, excepté dans les mots composés de *che* comme *perchè*, pourquoi ; *anchè*, encore, etc.

Ainsi dans : *amerò*, j'aimerai ; *farà*, il fera ; *virtù*, vertu, les voyelles finales ne peuvent s'élider :

> *Virtù eminente*, vertu éminente, et non *virt'eminente*,

qui n'aurait pas de sens. Mais on dit bien *bench' egli*, bien qu'il, pour *benchè egli*.

265. *Quelles sont les règles de l'élision, pour chaque voyelle en particulier ?*

1° *A* ne s'élide que dans l'article et les pronoms :

L'arte pour *la arte*, l'art.

Cette élision de l'article, est la seule qui soit obligatoire ; les autres que nous verrons ci-dessous sont *facultatives* :

Ell' entrava, pour *ella entrava*, elle entrait.

2° *E* se peut élider devant toutes les voyelles et dans toute espèce de mots. Ex. :

S' io vi vedo,   pour *se io vi vedo*, si je vous vois.
Car' entrambe, pour *care entrambe*, toutes deux chères.
Soav'eloquenza pour *soave eloquenza*, douce éloquence

EXCEPTION. — Si la finale *e* est précédée d'un *c* ou d'un *g*, elle ne s'élide que devant un *e*. On pourra donc écrire :

Piagg' estese, pour *piagge estese*, rivages étendus.

Mais on ne mettrait pas :

Piagg' amene. pour *piagge amene*, rivages charmants.

3° *I* ne se peut élider que devant un *i*. On dira donc à volonté, *dolc' inganni* ou *dolci inganni*, douces illusions. Mais on ne dira pas : *dolc' amplessi*, pour *dolci amplessi*, doux embrassements.

OBSERVATION. — Au lieu d'élider leur voyelle finale, les pluriels *belli* et *quelli*, de *bello* et *quello*, peuvent se changer devant une voyelle ou une *s* impure, en *quegli* et *begli*. Cependant, *belli* est plus usité que *begli*, et *quegli* plus usité que *quelli* :

Begli occhj, beaux yeux ;   *quegli spiriti*, ces esprits.

4° *O* final peut s'élider devant toutes les voyelles :

Tropp'altiero,   pour *troppo altiero*, trop altier.
Uom'onorato,   pour *uomo onorato*, homme honoré.

EXCEPTION. — On n'élide jamais l'*o* à la première personne du présent de l'indicatif d'un verbe, si ce n'est pour *sono*, je suis ou ils sont, que l'on peut écrire *son*. La raison de cette défense, c'est que l'*o* est la caractéristique de la personne même. On ne peut donc dire ni *tem* pour *temo*, je crains, ni *conduc* pour *conduco*, je conduis, etc. Mais on dira comme on voudra : *io son certo* ou *io sono certo*, je suis certain (1). Dans ce cas on ne met pas d'apostrophe.

5° *U* final étant toujours accentué ne s'élide jamais.

266. *Y a-t-il un signe d'écriture, pour le retranchement de lettres, devant une consonne ?*

Non ; il n'y en a pas, l'apostrophe est réservée pour l'élision.

267. *Quelles sont les règles des retranchements, pour chaque voyelle en particulier ?*

1° *A* final ne se retranche pas, excepté dans les mots *ora*, maintenant, et ses composés *ancora*, encore ; *allora*, alors, etc., et dans le mot *suora*, sœur (religieuse), précédant immédiatement un nom propre. Ainsi Dante a dit :

Ahi ! *dura terra, perchè non t'apristi ?*
Ah ! terre cruelle, pourquoi ne t'ouvris-tu pas ?

Il n'aurait pu, même en vers, écrire *dur terra*.

Mais on écrit, même en prose :

Or ti veggo pour *ora ti veggo*, à présent je te vois.
Ho veduto suor Rosalia pour *ho veduto suora Rosalia*, j'ai
vu sœur Rosalie.

Il faut remarquer, conformément au n°261, que l'on ne dirait pas : *ho veduto la suor Rosalia*, il faudrait : *la suora Rosalia*, parce que *suora* étant lié à l'article *la* qui le détermine, ne l'est plus autant avec le mot suivant *Rosalia*.

2° Les voyelles *e, o* finales, ne peuvent se retrancher devant une consonne, que si elles sont précédées d'une liquide.

---

(1) *Son* a l'*o* ouvert ; *sono* a l'*o* fermé. Voir Supplément relatif aux accents, n° 482.

Il faut, bien entendu, que la liquide soit seule et non accompagnée d'une consonne même liquide. On écrit donc :

Il parer mio pour *il parere mio*, mon avis.
Il ciel sereno pour *il cielo sereno*, le ciel serein.

Mais on ne dira pas:

Giorn funesto pour *giorno funesto*, jour funeste.

EXCEPTION. — Il y a quelques mots, où la finale *o* ne peut se retrancher, bien que précédée de *r* :

Chiaro, clair ; *nero*, noir ; *oscuro*, obscur ; *raro*, rare, etc. L'usage les apprendra.

AUTRE. — Les pluriels en *e* des noms ne peuvent supprimer leur finale, pour que la marque du pluriel ne disparaisse pas. On n'écrira donc pas :

Pen gravi, pour *pene gravi,* peines cruelles.

8° L'*i* final en général ne se retranche pas. On ne pourrait donc pas dire : *le man sanguinose* pour *le mani sanguinose,* les mains sanglantes.

Cependant au lieu de retrancher leur voyelle finale, les mots : *bello,* beau ; *quello,* celui ; *tale,* tel ; *quale,* quel, peuvent se changer en *bei* pour *belli,* beaux ; *quei* pour *quelli,* ceux ; *tai* pour *tali,* tels ; *quai* pour *quali,* quels :

Bei cavalli pour *belli cavalli,* beaux chevaux.
Quei cani pour *quelli cani,* ces chiens.

4° L'*u* final ne se retranche pas plus devant une consonne, qu'il ne s'élide devant une voyelle, parce qu'il est toujours tonique.

268. *Outre les mots qui retranchent leur voyelle finale devant une consonne, n'y en a-t-il pas quelques-uns qui retranchent plusieurs lettres ?*

Oui, mais ils sont en petit nombre.

1° Il n'y en a point pour les mots en *a*.

2° Parmi les mots en *e* il s'en trouve trois.

Frate, frère, dans le sens de religieux, qu'on peut écrire *frà; fede,* foi, qu'on peut écrire *fè*; et *grande,* grand, qu'on peut écrire *gran* au pluriel comme au singulier, au féminin comme au masculin :

Frà Cristóforo pour *frate Cristóforo,* frère Christophe.
Grán sála pour *gránde sála,* grande salle.

On écrit souvent aussi dans les verbes, *diè* pour *diede,* il donna; *fè* pour *fece,* il fit; *por* pour *porre,* poser, et ainsi dans quelques autres.

3° Les mots en *i* qui peuvent se réduire de plusieurs lettres, sont :

Egli, il, qui devient *ei; togli,* prends, qui devient *tò.*
Vedi, vois, id. *vè,*

Molto ei soffrì nel glorioso acquisto (Tasse).
Il souffrit beaucoup, dans la glorieuse conquête.

4° Dans les mots en *o* où cette voyelle est précédée de deux *l* ou de deux *n.* On ne voit guère d'autres exemples que les suivants:

Nel, pel, col, etc., articles composés pour *nello, pello,* etc.; *bel* pour *bello; han* pour *hanno,* ils ont; *fan* pour *fanno,* ils font; *san* pour *sanno,* ils savent; *stan* pour *stanno,* ils se tiennent debout.

Enfin le mot *santo,* saint, devant un nom propre peut se réduire à *san* :

San Pietro pour *santo Pietro,* saint Pierre.

269. *Quels retranchements peut-on faire dans l'intérieur d'un mot ?*

Il n'y en a qu'un. On supprime parfois le *v* de l'imparfait indicatif, dans la seconde et la troisième conjugaison, jamais dans la première. Ex.:

Io teméa, je craignais, pour *io teméva.*
Veníano, ils venaient, pour *venívano.*

Ce changement d'ailleurs ne peut se faire qu'à la première et à la troisième personne du singulier et à la troisième personne du pluriel. On dit donc : *facéa* pour *facéva* , je faisais, mais on ne peut dire ni *facéi* pour *facévi,* ni *faceámo* pour *facevámo.*

9'

OBSERVATION. — Nous ne parlons pas ici de quelques retranchements usités seulement par les poëtes, comme *fúro* pour *fúrono*, ils furent ; *amáro* pour *amárono*, ils aimèrent, etc.

270. *Quand peut-on retrancher une lettre au commencement d'un mot ?*

Lorsqu'un mot finit par une voyelle tonique et que le suivant commence par une voyelle qui ne l'est pas, cette dernière s'élide et est remplacée par une apostrophe. **Ex.:**

> *Egli fu'l primo capitano del suo secolo.*
> Il fut le premier capitaine de son siècle.

Mais cette élision n'est pas obligatoire, on peut écrire : *Egli fù il,* etc.

271. *Quand peut-on faire aux mots une adjonction de lettre ?*

C'est pour éviter un effet désagréable de prononciation. On peut dire : *a* ou *ad,* à ; *e* ou *ed,* et ; *o* ou *od* ou ; *nè* ou *ned,* ni, pour éviter la rencontre de deux voyelles. Ex.: *tu ed io,* toi et moi.

En outre, on ajoute un *i* pour un motif semblable, en tête d'un mot commençant par un *s* impure, lorsqu'il est précédé d'une des prépositions *con, in, per* ou de la conjonction *non* : *Con istento* au lieu de *con stento,* avec peine.
Per non ismarrire au lieu de *non smarrire,* pour ne pas perdre.

Et cela se fait afin d'éviter qu'il ne se trouve trois consonnes de suite, ce que la délicatesse italienne supporte difficilement.

OBSERVATION. — Il ne faudrait cependant pas croire d'après cela, qu'il ne se trouve jamais trois consonnes de suite dans un mot italien, mais c'est assez rare et il faut pour cela que l'une des trois soit une *liquide,* se liant facilement aux autres :

Stracco, fatigué ; *stretto,* étroit ; *splendido,* splendide, etc.

DEUXIÈME PARTIE

SYNTAXE

DÉFINITION ET DIVISION

272. *Qu'est-ce que la Syntaxe ?*

La Syntaxe est la manière de disposer ensemble les différentes parties du Discours, pour exprimer ce que l'on pense.
Syntaxe est un mot grec, qui veut dire « arrangement. »

273. *Combien d'espèces de syntaxe peut-on distinguer ?*

Autant que de parties du Discours, chacune devant être
employée, suivant des règles particulières, par rapport aux
autres espèces de mots.

274. *Dans quel ordre exposerez-vous ces différentes espèces de
syntaxe ?*

Dans celui qui a été suivi pour la première partie, excepté
que la syntaxe des articles accompagnera celle des noms, et
que la syntaxe des verbes précédera celle des pronoms, parce
que les exemples de l'usage des pronoms, exigent souvent
l'emploi de verbes, pour être bien compris.

CHAPITRE Ier.

De la Syntaxe, des Noms et des Articles.

275. *Pourquoi traitez-vous à la fois de l'article et du nom ?*

Parce que les noms communs ne sont complétement déter-
minés que par l'article ou simple ou composé. Ainsi dans ces
mots : *fiori di giardino*, fleurs de jardin, il n'est pas expliqué
de quel jardin je parle, ni si j'entends tout ou partie des fleurs
de ce jardin inconnu. Mais si je dis : « *I fiori del giardino*, les
fleurs du jardin » les deux noms deviennent tout à fait déter-
minés. C'est un certain jardin que j'ai en vue et non un autre,
et il s'agit uniquement des fleurs de ce jardin-là.

276. *Les noms propres peuvent-ils être précédés de l'article ?*

Pas ordinairement quand ils sont seuls ; p. ex. :

Dio, Dieu ; *Parigi*, Paris ; *Pietro*, Pierre, etc.

Mais si ces noms propres sont précédés d'un adjectif ou d'un
substantif qui les détermine, on doit mettre l'article, à moins
qu'on ne parle à l'objet du nom propre. Ex. : *Il buon Dio*, le
bon Dieu ; *Il marchese Bentivóglio*, le marquis Bentivóglio.

Mais si l'on adresse la parole à la personne nommée, on
supprime l'article. Ex. : *Grande Iddio*, grand Dieu ; *Addio
Bentivóglio*, Adieu Bentivoglio.

REMARQUE. — Les noms de contrées, quoique ce soient des
noms propres, sont en général précédés de l'article comme
en français. *La Francia* la France et non pas *Francia*. Toutefois
si le nom de pays est précédé en français d'une préposition
seule, on fait de même et sans article en italien. Ex. :

Vado in Francia, je vais en France ; *i re di Spagna*, les rois
d'Espagne.

Il y a cependant un cas dans le style élevé où l'article se

supprime. C'est lorsqu'on veut personnifier le pays dont on parle. Ex. : *Francia ed Italia sono sorelle*, la France et l'Italie sont sœurs.

277. *Si en général les noms propres italiens sont dépourvus de l'article, pourquoi les Français le mettent-ils devant certains noms d'Italiens, comme le Tasse, l'Arioste, etc. ?*

a. Parce que les Italiens ont coutume de faire précéder de l'article, le nom des auteurs. Ils ont alors en vue, l'œuvre de ces auteurs. Ex. :

Il Minervini segue una opinione contraria. Minervini suit une opinion contraire.

b. De plus quand il est question de personnes autres que le auteurs, mais déterminées et connues de ceux à qui l'on s'adresse, soit personnellement, soit par l'histoire :

> *La Castellúcci vi manda mille scudi.*
> Madame *Castellúcci* vous envoie mille écus.

Ce n'est pas une quelconque des dames *Castellúcci*, c'est celle-là précisément que vous savez :

Il Moro au lieu de *Moro*, Thomas Morus. Celui-là dont il est question. (Davanzati).

c. Il arrive même quelquefois que l'on place l'article devant un nom de baptême, mais c'est surtout dans le style familier et gracieux.

> *La Teresina ci ha fatto sentire una musica soavissima.*
> Mlle Thérèse nous a fait entendre une musique délicieuse.

d. Enfin le nom de baptême peut être précédé de l'article, même lorsqu'un adjectif possessif accompagne le nom. Cela se fait alors par un sentiment exquis d'estime et d'affection.

Gentilissimo il mio Giulietto, mon très-aimable petit Jules.

278. *Met-on toujours l'article composé del dello, etc., en italien, aux endroits du Discours, où le français emploie de, du, des ?*

On emploie *del dello*, etc., lorsque *du, des* sont pris en français dans un sens *partitif*, c'est-à-dire lorsqu'ils signifient « une partie de ; »

Dátemi dei fiori del vostro giardíno, donnez-moi *des* fleurs de votre jardin.

On supprime *del dello*, etc.

a. Lorsque l'article français *du*, *des*, etc., cesse de signifier une partie de....:

Comprerò cavalli, j'achèterai des chevaux. Le sens du mot chevaux est alors indéterminé.

b. Lorsque la phrase est absolument négative :

Non ho danaro, je n'ai pas d'argent. Dans ce cas le français lui-même ne se sert pas de l'article, il ne met que la préposition *de*.

c. Lorsque *du*, *des*, etc., en français suivent une préposition :

Eglino sono montati sopra cavalli bianchi, ils sont montés *sur des* chevaux blancs.

279. *La préposition, à, et l'article qui en est composé, au, à la, aux, etc., du français, quand ils expriment propriété, se traduisent-ils en italien par la préposition et l'article correspondants ?*

Non, ils se traduisent par l'article composé de la préposition *di*, ou par cette préposition elle-même:

    I cannoni sono del Re, les canons sont *au* roi.
    Questo libro è di Páolo, ce livre est *à* Paul (note F bis.)

280. *Peut-on en italien, mettre l'article devant d'autres mots que les noms ?*

Oui, on doit le placer ordinairement devant l'adjectif possessif, pour lui donner le sens de l'adjectif français, mon, ton, son, etc., comme nous l'avons vu n° 100.

On le met aussi devant les adjectifs abstraits : *il bello*, le beau pour *la bellezza*, la beauté.

On peut le mettre encore devant l'infinitif d'un verbe, de la même manière qu'en français : *le* manger et *le* boire :

Il fare di costui non mi piace, la manière d'agir (proprement *le* faire) de cet homme ne me plaît pas.

Le verbe ainsi pris substantivement peut même se mettre au pluriel :

Non acconsentendo alli suoi santi parlari (Fioretti, cap. XL).
Ne consentant pas à ses saints discours.

Enfin l'adverbe peut aussi recevoir l'article : *le* quand, *le* comment :

Voglio sapere il perchè delle cose, je veux savoir *le* pourquoi des choses.

281. *Les articles composés ne peuvent-ils être remplacés par leurs composants ?*

Oui, quelquefois, mais ce n'est pas l'usage dans la conversation. Cette décomposition se fait cependant pour éviter le mauvais son de *l* redoublé, lorsque l'article composé finit par une *l* et qu'une *l* commence le mot suivant.

On dira donc plutôt *per il luogo* par le lieu, que *pel luogo* ; *con il libro* avec le livre, plutôt que *col libro,* etc.

Chez les anciens l'usage des articles séparés de la préposition composante était plus fréquent. Ils disaient volontiers *con i* pour *coi* ; *a lo* pour *allo* ; *da le* pour *dalle,* etc.

THÈME VII

SUR LA SYNTAXE DES NOMS ET DES ARTICLES.

282. Je vois des fruits sur des arbres de votre jardin. — Ils ne sont pas à moi, mais au voisin. — La France (1) a des soldats, l'Angleterre (2) a des marins. — La France et l'Angleterre ont été longtemps ennemies. — La faute est à moi. — Mme Mariani (sans traduire littéralement Madame) vous enverra des oranges. — Donnez-moi du pain, du vin et du fromage. — Il voudrait pouvoir acheter le dormir. — Le Tasse (3) est plein de

---

(1) France, *Francia*. (2) Angleterre, *Inghilterra*. (3) Tasse, *Tasso*.

brillantes fictions. — Donnez moi des légumes que j'ai cultivés de (con) més propres mains. — Voici du papier, des plumes, de l'encre ; vous pouvez écrire. — Ce cruel ne veut voir et entendre que des pleurs, des sanglots et des soupirs.

CHAPITRE II.

De la Syntaxe des Adjectifs.

283. *Comment place-t-on les adjectifs qualificatifs par rapport aux noms qu'ils qualifient ?*

En prose c'est généralement après le substantif.

Una tavola rotonda,	une table ronde ;
I fiori odorosi,	les fleurs odorantes.

Du reste il règne en italien pour la place des adjectifs une liberté qui n'existe pas en français. Ainsi *Uomo grande* et *grand'uomo* se prennent également d'un homme grand au moral et au physique.

Les adjectifs, quelle que soit leur position, s'accordent d'ailleurs en genre et en nombre avec le nom auquel ils se rapportent (nº 105).

284. *N'y a-t-il pas quelques adjectifs qualificatifs qui demandent une observation particulière pour leur emploi ?*

Oui, les adjectifs de mesure ne sont pas précédés comme en français de la préposition *di* de.

Un fiume largo cento braccia,
Une rivière large *de* cent brasses ;
Una scala alta venti piedi,
Une échelle haute *de* vingt pieds.

285. *Quand un adjectif qualificatif est employé au comparatif (nº 224), comment exprime-t-on la conjonction française que ?*

De plusieurs manières ; par *che*, par *di* ou par *quanto*, selon l'espèce de comparaison.

286. *Quand traduit-on* que *par* che ?

Lorsque les qualités comparées se rapportent à un même objet.

Quell'uomo è più ricco che dotto, cet homme est plus riche que savant. — *Studiare è più utile che penoso,* étudier est plus utile que pénible.

Il est évident que la richesse et la science se rapportent au même homme et que l'utilité et la peine n'ont qu'un seul objet, l'étude.

287. *Quand traduit-on* que *par* di ?

Lorsque les qualités comparées se rapportent à deux objets différents. Ex. :

Voi siete più ricco di me, vous êtes plus riche que moi ;
La mia casa è meno grande della vostra, ma maison est moins grande que la vôtre.

Il est évident qu'il y a deux objets à la comparaison de richesse ; vous et moi : il y a aussi deux objets à la comparaison de grandeur ; ma maison et la vôtre.

288. *Quand traduit-on* que *par* quanto ?

C'est lorsque la comparaison exprime une égalité. Dans ce cas le *que* français est précédé de *aussi* et de *si*, et ces deux mots aussi — que, ou si — que, se traduisent par le seul mot italien *quanto*.

Essa non è buona quanto la vostra sorella, elle n'est pas aussi bonne que votre sœur.

Egli non è grande quanto voi, il n'est pas *si* grand ou *aussi* grand *que* vous.

289. *Quand les qualités sont comparées au moyen du superlatif* (n° 226), *comment traduit-on le* que *après les mots* le plus, la plus, les plus, le moins, la moins, les moins ?

Ce *que* n'est point alors conjonction mais pronom relatif. Il se traduit par *che* :

Questa porcellana è la meno fragile ch'io conosca.
Cette porcelaine est la moins fragile que je connaisse.

Ecco il cavallo più bello ch'io abbia mai veduto.
Voici le cheval le plus beau que j'aie jamais vu.

Remarquez que si l'article du nom est répété devant plus ou moins « *le* cheval *le* plus beau », cette répétition n'a pas lieu ordinairement en italien : on en trouve cependant quelques exemples.

290. *Comment place-t-on les adjectifs déterminatifs par rapport aux noms qu'ils déterminent ?*

Au contraire des adjectifs qualificatifs, c'est-à-dire qu'on les met ordinairement avant le substantif :

Démonstratif :	*Questo soldato,* ce soldat.
Possessif :	*Il mio cavallo,* mon cheval.
Numéral :	*Tre chiese,* trois églises ;
	La prima chiesa, la première église.
Indéfini :	*Niuna pace per l'empio,* nulle paix pour l'impie.

Ces adjectifs de même que les qualificatifs s'accordent en genre et en nombre avec les noms auxquels ils se rapportent. (Voir n° 105).

OBSERVATION. — Nous avons dit *ordinairement,* parce qu'on peut quelquefois mettre après le nom, les adjectifs possessifs, numéraux ordinaux et indéfinis. Ex :

I protettori tuoi, tes protecteurs ; *l'anno terzo del suo pontificato,* la troisième année de son pontificat; *l'empio non gode pace veruna,* l'impie ne jouit d'aucune paix.

Mais cette transposition ne peut avoir lieu, pour les démonstratifs et les numéraux cardinaux.

291. *Est-on toujours obligé de joindre l'article à l'adjectif possessif ?*

Si *mio, tuo, suo,* etc., doivent traduire mien, tien, sien, etc., on n'y joint pas l'article :

Questa borsa è vostra, cette bourse est vôtre, c'est-à-dire, à vous. Mais si *mio, tuo, suo* etc., remplacent le français, mon, ton, son, etc., on doit en général mettre l'article comme on l'a dit au n° 100.

Cependant *au singulier* on peut omettre l'article devant les noms de parenté ou de dignité. Ex :

Mio padre, mien père   au lieu de mon père.
Tuo re, tien roi   id.   ton roi.
Vostra maestà, vôtre majesté id.   votre majesté.

Mais, au pluriel, on est forcé de reprendre l'article :

I miei cognàti, les miens parents ou mes parents.

292. *Les adjectifs cardinaux italiens, traduisent-ils toujours leurs correspondants français ?*

Non. Quand un adjectif numéral marque le rang d'un souverain ou d'un prince, dans une série, les Français mettent le nombre cardinal ; les Italiens se servent du nombre ordinal :

Enrico quarto, Henri quatre, c'est-à-dire Henri quatrième, et alors l'adjectif suit le nom.

293. *Avez-vous quelques observations particulières à faire sur certains adjectifs indéterminés ?*

Oui, nous en ferons sur *stesso* et *medesimo, tale* et *altro.*

1° *Stesso e medesimo,* signifient l'un et l'autre *même.*

Si ces adjectifs accompagnent un pronom, ils le suivent :

Tu medesimo, toi-même.

S'ils accompagnent un nom, ils peuvent le précéder et le suivre : mais quand ils le précèdent, ils exigent l'article :

Cicerone medesimo ou bien *il medesimo Cicerone non l'avrebbe persuaso,* Cicéron même ne l'aurait pas persuadé.

2° *Tale* et *cotàle* qui signifient à peu près la même chose, c'est-à-dire *tel, certain,* sont des deux genres. Quand ils sont en correspondance avec *quale* ils refusent toujours l'article. Ex. : *Quale m'apparve allora, tale la riveggo oggi,* telle qu'elle m'apparut alors, telle je la revois aujourd'hui.

Si au contraire *tale* n'est pas en correspondance avec *quale,* il peut prendre l'article. Ex. : *la tale cosa m'avvenne,* une telle chose m'advint.

3° *Altro*, autre, employé seul, c'est-à-dire sans nom ni pronom qu'il détermine, signifie « autre chose » :

Più la morte aspettando che ultro (Boccace.)
Attendant plutôt la mort que toute autre chose.

Altro avec les mots *ieri, giorno, mese, anno*, etc., indique le jour, le mois, l'année d'avant ceux dont on parle. Ex. :

L'altro anno, l'année dernière ; *ieri l'altro* ou *l'altro ieri*, avant-hier.

Per altro est une locution adverbiale qui signifie *du reste*.

THÈME VIII

Sur la syntaxe des adjectifs et notamment sur les degrés de signification.

294. Elle est plus riche que belle. — Ils apprennent plus vite à jouer qu'à étudier. — Je reste plus volontiers dans ma maison qu'ici. — Elles sont plus jeunes que moi. — Cet arbre est plus haut que le clocher. — Donnez-moi cette cuiller, cette fourchette et ces deux couteaux. — Vous êtes plus prudent que votre frère. — Elle était plus noire que le charbon, mais sa sœur était plus blanche que la neige. — Ce gredin-là m'a volé tout mon argent. — Il est plus haï que ses frères. — Cette dame est aussi malheureuse que sa voisine. — Ils ne sont pas si spirituels que vous. — Ce soir nous ferons un de ces bons soupers, qui consolent les estomacs fatigués. — Ils ne seront jamais aussi intéressés que leur père. — Elle était si méchante que personne ne pouvait la souffrir. — Elle est la plus sévère de toutes les maîtresses. — Il était le marchand le plus riche de la ville. — Le vieil épicier était très-avare, mais il a tout perdu. — Il agira très-prudemment. — Ce vin est très-mauvais. — Nous nous portons très-bien. — Elles sont plus petites que ma sœur. — Louis XVI (1) fut le plus généreux des princes : il fut aussi pieux que Louis XIII, mais moins sévère que Louis XIV.

(1) Louis, *Luigi*.

CHAPITRE III.

Syntaxe des verbes.

— —

ARTICLE Ier. — DE L'EMPLOI DES TEMPS (1).

295. *Les temps des verbes français, sont-ils toujours traduits par les temps correspondants des verbes italiens ?*

Généralement oui. Cependant le présent indicatif est parfois remplacé par le futur dans le même mode, et le conditionnel présent français est traduit quelquefois par l'imparfait du subjonctif, quoique son correspondant italien soit le futur subjonctif.

296. *Dans quel cas peut-on remplacer le présent français par le futur italien ?*

C'est lorsque le présent français n'est mis que pour la forme et que son sens véritable est futur. Ex.: Si la marquise *est* encore à table, je n'entrerai pas dans sa maison. *Se la marchesa sarà ancora à tavola, non entrerò in casa sua.*

C'est-à-dire, la marquise *sera*-t-elle encore ou non à table, quand j'arriverai à sa porte. C'est-là ce qui me décidera oui ou non à entrer. Cependant quoique cette tournure soit habituellement employée dans les cas semblables, il n'y aurait pas précisément de faute à dire :

Se la marchesa è ancora a tavola, etc.

297. *Dans quel cas traduit-on le présent conditionnel français par un temps autre que son correspondant italien qui est le futur subjonctif ?*

C'est lorsque le présent du conditionnel est précédé de la conjonction quand, *quando*. Alors l'imparfait du subjonctif est

(1) Dans ce chapitre nous mettrons le français des exemples avant l'italien, afin de faire mieux comprendre le procédé de la traduction.

mis pour le futur du même mode. Ex. : Quand cela serait, *quando ciò fosse* et non pas *ciò sarebbe*. Quand même vous le *voudriez*, vous ne le pourriez pas. *Quando anchè lo voleste, non lo potreste*, proprement « quand même vous le *voulussiez*. » *Quando anche lo vorreste*, serait une faute.

ARTICLE II. — DE L'EMPLOI DES MODES.

298. *Comment emploie-t-on le mode indicatif en italien ?*

Comme en français et généralement on traduit l'un par l'autre.

Le berger {défend, défendait, défendit, défendra, a défendu} ses brebis, *il pastore* {*difende, difendeva, difese, difenderà, ha diffeso*} *le sue pecore*

299. *Est-il nécessaire que le sujet précède toujours le verbe à l'indicatif ?*

Non. Lorsque l'attention doit se porter sur l'action du verbe, plutôt que sur le sujet qui fait l'action, on peut mettre le verbe le premier :

Le berger défendit ses brebis, *difese il pastore le sue pecore.*

300. *Est-il nécessaire que le sujet qui fait l'action, accompagne immédiatement le verbe, ou peut-on intercaler le régime direct ?*

Oui, on pourrait traduire l'exemple ci-dessus par

Difese le sue pecore il pastore.

Dans l'usage il faut seulement s'assurer de la clarté du sens ; car si le sujet et le régime étaient au même nombre que le verbe comme dans « le berger défend la bergère » la traduction « *difende il pastore la pastorella* » ne laisserait pas voir clairement si c'est le berger ou la bergère qui défend. Dans ce cas, il faut mettre le sujet avant le verbe.

301. *Comment emploie-t-on le subjonctif en italien ?*

Dans la plupart des cas où il est employé en français.

$$\text{Que Dieu} \begin{cases} \text{fasse} \\ \text{fit} \\ \text{»} \\ \text{ait fait} \\ \text{eût fait} \end{cases} \text{miséricorde, [che Dio} \begin{cases} \textit{faccia} \\ \textit{faccesse} \\ \text{»} \\ \textit{abbia fatto} \\ \textit{avesse fatto} \end{cases} \textit{misericordia}$$

302. *Dans quel cas l'indicatif français doit-il être traduit par le subjonctif italien ?*

Toutes les fois que l'action du verbe est *subordonnée* dans l'avenir à certaines *conjonctures,* ce qui est renfermé dans les trois cas suivants :

PREMIER CAS. — Après la conjonction *se,* si :

S'il *avait* de l'argent (indic.) il le donnerait aux pauvres.

Se avesse danaro (subjonc.) *lo darebbe ai poveri.*

Mais lorsque l'action se rapporte au passé, comme le fait ne peut plus être subordonné aux circonstances à venir, l'italien reprend l'indicatif comme le français :

S'il *avait* de l'argent (indic.) il le donnait aux pauvres.
S'égli avera danaro (indic.), *egli lo dava ai povevi.*

DEUXIÈME CAS. — Après les verbes qui expriment un jugement ou un désir, mais sans certitude, comme : *credere,* croire ; *pensare,* penser ; *stimare,* juger ; *sembrare,* sembler ; *parere,* paraître ; *bramare,* désirer ; *sperare,* espérer, etc.

Je crois que mon frère *est* arrivé (indic.).
Credo che il mio fratello sia giunto (subjonc.).

Je dis *sia,* parce que cela doit être, mais reste subordonné aux circonstances. Peut-être mon frère a-t-il eu du retard.

Mais lorsque je suis certain de ce que j'annonce et que je

veux faire partager ma persuasion aux autres, j'emploie l'indicatif:

Je crois que Dieu est éternel, *credo che Dio è éterno.*

Et non pas *che sia*, ce qui impliquerait un espèce de doute.

TROISIÈME CAS. — Après un verbe négatif. Ex.:

Je ne sais pas comment il *a* pu découvrir ce mensonge.
Non so come egli abbia potuto scoprire questa bugía.

Toujours le subjonctif parce que la négation amène de l'incertitude. Je ne connais pas les circonstances auxquelles la découverte était subordonnée.

305. *Comment traduit-on en italien le mode conditionnel français ?*

Toujours par le mode subjonctif, mais pas toujours par le temps futur simple ou composé de ce mode, ce qui serait la traduction littérale.

Quand le conditionnel n'est pas précédé d'une conjonction, on le traduit par l'un des futurs subjonctifs correspondants :

Je *prendrais* mes armes si j'étais attaqué.
Piglierei le mie armi se io fossi assalito (n° 302).
J'aurais pris mes armes si j'avais connu le danger.
Avrei pigliato le mie armi, se avessi conosciuto il periglio.

Quand au contraire, le conditionnel est précédé d'une conjonction, on le traduit encore par le subjonctif, mais par le passé imparfait ou plus-que-parfait. C'est ce que nous avons vu au n° 297:

Quand même cela aurait été, *quando anchè ciò fosse stato* (plus-que-parfait subjonctif).

304. *Y a-t-il quelque remarque à faire sur l'emploi en italien du mode impératif ?*

Oui, quand le verbe *commande*, l'impératif italien traduit littéralement l'impératif du français. Ex.:

Fais ce qui t'est commandé, *fa quello che ti è comandato.*
Dites ce que vous savez, *dite quello che sapete.*

Quand le verbe *défend*, ce que le français indique par *ne...
pas*, on traduit ces mots par *non*; quant au verbe il faut
distinguer s'il est au singulier ou au pluriel. Au singulier
l'impératif négatif se traduit par l'infinitif :

Ne parle pas ainsi, *non parlare cosi.*

Au pluriel il se traduit par sa forme avec *non.*

Ne parlez pas ainsi, *non parlate cosi.*

305. *Quelles remarques avez-vous à faire sur l'emploi de l'infinitif italien ?*

L'infinitif italien traduit littéralement l'infinitif français,
mais il sert en outre à traduire l'indicatif français précédé de
que conjonction (note G.) :

Je crois que cela *est* vrai, *credo questo essere vero.*

Mot à mot, je crois cela *être* vrai.

Ils reconnurent que le navire *était* à l'ancre.
Riconobbero la nave essere ancorata.

Mot à mot, ils reconnurent le navire être ancré.

Je vis que le tonneau *avait été* vidé.
Vidi la botte essere stata vuotata.

Mot à mot, je vis le tonneau avoir été vidé.

Et ainsi des autres temps, c'est-à-dire le présent et l'imparfait
de l'indicatif par l'infinitif présent, le parfait et le plus-que-
parfait par l'infinitif parfait composé. Quant aux deux futurs on
les traduit moins souvent par l'infinitif, ce mode n'ayant pas de
futur à lui. On se sert alors de *dovere*, devoir, avant l'infinitif.

306. *De quelle manière emploie-t-on cette forme spéciale de
l'infinitif, qui est appelée* gérondif ?

PREMIER CAS. — Quand un gérondif a pour complément un
régime direct, le sujet doit précéder le gérondif. Ex. :

Les Carthaginois craignant les Romains, *i Cartaginesi temĕndo
i Romani.* Si l'on écrivait : *temendo i Cartaginesi i Romani*, on
ne saurait si ce sont les Romains ou les Carthaginois qui
craignent.

10

DEUXIÈME CAS. — Quand le sujet du gérondif est aussi celui du verbe principal de la phrase, ce sujet se met pareillement chez la plupart des auteurs, *avant* le gérondif. Ex. :

Le médecin voyant que la maladie empirait, ordonna, etc. *Il medico veggendo che il morbe peggiorava, prescrisse,* etc.

Qui est-ce qui voyait ? le médecin ; qui est-ce qui ordonna? encore le médecin. Mettez « *il medico,* » avant le gérondif.

· Du reste, si l'on agit ainsi, c'est parce que cette manière est plus claire: mais ce ne serait pas une faute de rejeter le sujet après le gérondif, dans les circonstances où l'on pourrait le faire sans équivoque.

TROISIÈME CAS. — Les pronoms personnels, quand ils sont sujets, c'est-à-dire *io, tu, egli,* etc., se placent *après* le gérondif lorsqu'ils ne se rapportent qu'à lui :

Comme je suis en mesure de raconter, *potendo io raccontare.* Mot à mot, pouvant moi raconter. Comme tu es celui qui, etc., *essendo tu quegli che,* etc., mot à mot, étant toi celui qui, etc.

Dans les autres cas, le sujet se met indifféremment avant ou après le gérondif :

Il me répondit en chantant, *mi rispose cantando,* ou bien *cantando mi rispose.*

307. *Le gérondif peut-il se remplacer par une autre forme du verbe ?*

Oui, on peut quelquefois exprimer le sens du gérondif par l'infinitif présent, précédé des prépositions simples : *in* ou *con,* ou des articles composés *nel* ou *col.* Ainsi au lieu de « *leggendo,* » en lisant, on peut dire dans certains cas ; *in leggere* ou *nel leggere* ; *con leggere* ou *col leggere.* Mais il y a des nuances dans la signification de ces trois formes.

a. *Leggendo* exprime seulement que l'action de lire se faisait au moment dont on parle. Ex. : ·

Il se promenait en lisant, *egli passeggiava leggendo.*

b. *Con leggere* signifie non-seulement en lisant, mais cela marque en outre, que l'action de lire, était le moyen d'en produire un autre. Ex. :

En étudiant j'ai appris, *Collo studiare ho imparato.*

c. *In leggere*, au contraire, n'indique pas que l'action de lire soit un moyen, mais il en prolonge la durée. Ex. :

> Il passait ses jours à lire ou en lisant.
> *Egli passava in leggere i giorni suoi.*

308. *Quand un gérondif, accompagnant un verbe, a pour but d'indiquer une prolongation d'action, comment se place-t-il ?*

L'usage général est de placer le gérondif après le verbe dont il complète le sens. Ex. :

Il le menait en le battant, *egli lo menava battendo.*

Les coups se prolongeaient autant que la marche.

Que cherchez-vous ainsi ? *che andate cercando ?*

Tant que vous marchez vous cherchez.

NOTA. — On voit dans ce cas quelques exemples contraires à la règle, mais ils sont justifiés par la clarté du sens. Il faut pour se soustraire à notre règle, du goût et de la pratique.

309. *Comment s'emploie le participe avec le verbe* essere, *être ?*

Il s'emploie comme un adjectif, s'accordant en genre et en nombre avec le nom auquel il se rapporte. Ex. :

> Les ennemis sont vaincus, *i nemici sono vinti.*
> La ville fut prise, *la città fù presa.*

Vinti est au masculin pluriel comme *nemici*, et *presa* au féminin singulier comme *città*.

Quand le verbe être est sous-entendu, l'accord est le même, parce que le participe est considéré comme un adjectif :

Il foulait aux pieds ses ennemis vaincus (c'est-à-dire qui étaient vaincus), *egli calpestava i suoi nemici vinti.*

310. *Comment s'emploie le régime indirect du verbe être, conjugué avec le participe, c'est-à-dire à l'état passif* (n°[s] 139 et 140) ?

En français, ce régime est précédé des prépositions *de* ou *par*. L'une et l'autre peut se traduire par *da*, ou s'il y a un article, par *dal, dallo, dalla, dai*, etc. Ex. :

> Il sera aimé *de* ses sujets, *egli sarà amato dai suoi sudditi.*
> Je suis vaincu par la douleur, *io sono vinto dal dolore.*

Observation. — C'est ici le lieu d'observer que le verbe être, employé passivement en français, c'est-à-dire avec un participe passé, peut être également remplacé par le verbe *venire*, venir. Ex. : Lucie sera battue, *Lucia verrà battuta* au lieu de « *sarà battuta* » du n° 139.

311. *Comment s'emploie le participe avec le verbe avoir ?*

Il faut distinguer si le verbe avoir est auxiliaire ou non, c'est-à-dire, s'il sert ou non à former un temps composé.

1° Si le verbe avoir n'est pas auxiliaire, le participe s'accorde en genre et en nombre avec le nom. Ex. :

Un autre qui avait la gorge percée, *un'altro che forata avea la gola.* (Dante.)

Forata s'accorde avec *gola*, parce que cet autre n'avait pas percé sa propre gorge, mais il la possédait percée par un autre. *Avea forata* n'est pas un temps composé, *avea* n'est pas un auxiliaire.

2° Si le verbe avoir est auxiliaire, le participe est invariable quand son régime direct le suit; il s'accorde en genre et en nombre avec son régime direct quand ce régime le précède. Ex. :

J'ai acheté des chevaux, *ho comprato cavalli* (n° 277.)

Le régime direct *cavalli* suit le verbe *ho comprato*; le participe est invariable :

Les chevaux que j'ai achetés, *i cavalli che ho comprati.*

Le régime direct *che* représentant *i cavalli*, précède le verbe *ho comprati*: le participe s'accorde.

De même lorsque l'objet du régime est des deux genres. Ex. :

Le domestique et la servante que j'ai loués, *il servo e la serva che ho caparrati.*

Le participe se met au pluriel, parce que le *che* représente deux objets : il se met de plus au masculin, parce que le masculin l'emporte sur le féminin.

Nota. — Il ne manque pas d'exemples contraires à la première partie de la présente règle, c'est-à-dire qu'on voit le participe s'accorder lorsque son régime direct le suit.

Mais on est sûr d'être correct en suivant la règle.

312. *Vous venez de dire l'emploi du participe avec les deux verbes auxiliaires ; mais ne peut-il pas s'employer sans verbe aucun ?*

Oui, le participe peut accompagner un substantif, sans qu'il y ait aucun verbe exprimé ou sous-entendu en italien, et alors ce participe s'accorde en genre et en nombre avec le substantif. Ex. :

> Ayant trouvé la route il arriva,
> *Trovata la strada egli giunse.*

> Ayant vaincu les ennemis l'armée s'arrêta,
> *Vinti i nemici, l'esercito si fermò.*

C'est comme s'il y avait : trouvée la route, vaincus les ennemis. Le français dit quelque chose d'approchant, dans cette locution : « les ennemis une fois vaincus, etc. » (note H).

313. *Comment emploie-t-on les adjectifs verbaux, avec les noms ou pronoms auxquels ils se rapportent ?* (n° 160.)

Ils suivent la règle des adjectifs qualificatifs et des participes. Ex. :

> Je les ai trouvés dormants, *li ho trovati dormienti.*

Trovati s'accorde avec le pronom *li*, parce que ce régime direct précède le verbe *ho trovati*, et *dormienti*, adjectif verbal, est pareillement au pluriel, comme y serait tout adjectif qualificatif et tout participe, dans un cas semblable.

On peut aussi remplacer l'adjectif verbal par le gérondif, et dire : je les ai trouvés « en dormant, » *li ho trovati dormendo.*

REMARQUE. —L'adjectif verbal de l'exemple ci-dessus devrait être *dormente* et non *dormiente*. Mais il y a quelques verbes où l'usage veut qu'on introduise un *i* avant la terminaison *ente*. On dit :

Dormiente de *dormire* ; *finiente* de *finire* ; *moriente* et aussi *morente* de *morire* ; *spediente* de *spedire* ; *ubbidiente* de *ubbidire* et quelques autres.

Cette variante est limitée aux verbes de la troisième conjugaison.

THÈME IX

EMPLOI DES TEMPS ET DES MODES.

314. Si je trouve les voleurs dans la forêt, je les conduirai à la prison. S'ils résistaient, je serais obligé d'employer mes armes. — Quand ils seraient fort nombreux, je suis persuadé que je les prendrai ou les tuerai tous. — S'il avait su mieux se gouverner, il ne serait pas tombé dans l'océan de malheurs que vous connaissez. — Vous pensez que ce malade est à la fin de ses souffrances et qu'il mourra bientôt. Je crois que la mort arrive nécessairement, mais que les forces peuvent encore prolonger la maladie. — Si sa mère le traitait avec douceur, il refusait d'obéir : si elle employait la force et la sévérité, il s'enfuyait de (da) la maison. — Tu aurais conservé ton bien, si tu avais suivi mes conseils. — N'écoutez pas la voix des flatteurs. — Le maître de la maison reconnut que sa porte avait été brisée, son coffre-fort percé, son argent enlevé, ses meubles et ses ustensiles dispersés. En voyant les rapines faites, il soupçonna les ouvriers qui avaient travaillé au mur du potager. — Les arbres croissent en allongeant leurs racines, comme en élevant leurs branches.

ARTICLE III. — DE L'EMPLOI DES VERBES DE MOUVEMENT.

315. *Qu'entendez-vous par verbes de mouvement ?*

J'entends un verbe qui marque une tendance vers un lieu, vers un but, comme : *andare,* aller ; *venire,* venir ; *mandare,* envoyer, etc., ou bien qui marque un éloignement, une séparation, comme : *uscire,* sortir ; *tornare,* retourner ; *levare,* ôter ; *allontanare,* éloigner ; *ricevere,* recevoir ; *ottenere,* obtenir, etc.

316. *Quand un verbe de mouvement par tendance est suivi* *d'un nom, quelle est la préposition qui doit précéder ce nom ?*

La préposition *à*, s'il s'agit d'une ville, d'un village, etc., d'un lieu restreint et déterminé. Ex. :

J'irai à Rome, *andrò a Roma.*

La préposition *in* s'il s'agit d'une contrée. Ex. :

J'allais en Italie, *io andava in Italia.*

317. *Quand un verbe de mouvement par éloignement est suivi de la préposition* de *avant un nom, comment la traduit-on ?*

Ordinairement par *da* si le nom n'a pas d'article, et par l'article composé *dal, dalla,* etc., s'il doit en avoir un. Ex. :

Il est venu de Rome, *egli è venuto da Roma.*
Il a ôté le tableau *de* sa chambre,
Egli ha levato il quadro dalla sua camera.

Nota. — On trouve cependant nombre d'exemples où *de* est traduit par *di* et non sans élégance. Ex. :

L'aérostat se leva de la terre au ciel,
L'aeróstata si levò di terra al cielo.
Ote-toi d'ici, *togliti di qua* pour *da qui.*

Mais il faut beaucoup de prudence pour employer convenablement *di* dans ce sens, et le plus sûr est de s'en tenir à la règle commune.

318. *Quand un verbe de mouvement par tendance, est suivi d'un autre verbe, peut-on mettre les deux verbes à la suite l'un de l'autre, comme en français ?*

Non. Dans ce cas il faut faire précéder le second verbe de la préposition *a.* Ex. :

Je vais visiter la ville, *vado a visitare la città.*
Envoyez chercher le médecin, *mandate a chiamare il medico.*

Ce serait une faute grossière que de dire *vado visitare, mandate chiamare* (proprement : envoyez à appeler le médecin. Quand les Italiens connaissent le lieu où se trouve une personne ou une chose, ils ne traduisent pas chercher par *cercare.*)

319. *Quand un verbe de mouvement par éloignement, est suivi d'un autre verbe, comment traduit-on la préposition* de *qui est placée en français avant ce dernier ?*

Par la préposition *da* avec l'article, parce que l'on considère le second verbe comme un nom. Ex. :

J'arrive de couper mes blés, *arrivo dal segare le mie biade.*

320. *En français, on se sert des verbes aller, venir, pour indiquer que l'action est dans un temps rapproché de celui qui parle, sans qu'il y ait de mouvement. L'italien traduit-il alors littéralement ?*

Non. Quand on dit en français : il va chanter, il vient de chanter, cela signifie il chantera *incessamment* ou il a chanté il y a peu de temps.

Alors l'italien traduit suivant le sens du français et non suivant la forme :

Il va chanter, *canterà frà poco.*

ou *sta per cantare.*

Il vient de chanter, *ora ha cantato.*

321. *La règle que vous donnez, paraît difficile, car parfois ces mêmes formes, je vais, je viens, marquent mouvement. Comment traduire dans ce cas ?*

Il faut se reporter au sens. Par exemple, si l'on dit :

Je viens de voir mon ami ; cela peut s'entendre de deux manières. Si je suis allé chez mon ami, si j'ai été le trouver dans l'endroit où il était ; il y a un mouvement et on traduit comme au n° 319 :

Vengo dal vedere il mio amico.

Mais si c'est mon ami qui est venu me voir, ou si je l'ai rencontré dans un lieu où je ne le cherchais pas, je n'ai pas fait de mouvement pour aller le trouver, on traduit alors comme au n° 320 :

Ho veduto ora il mio amico.

ou avec *ripieno* comme au n° 235, pour faire comprendre combien la chose est récente :

Ho veduto or ora il mio amico.

THÈME X

EMPLOI DES VERBES DE MOUVEMENT.

322. Le Duc de Nemours venait de fixer la victoire, lorsqu'il fût enlevé par la mort : les Français (1) furent alors contraints à sortir de l'Italie (2). — J'espère aller en Paradis : vous ne m'arracherez pas du cœur cette espérance. — Allez recevoir l'argent de vos terres. — Je viens de trouver l'explication de cette difficulté. — Le vent va souffler. — Ecartez-vous de la voie large des vices. — En venant de Paris (3), ils allèrent à Lyon (4). — J'envoie mon domestique porter cette lettre à Modène (5). — Vous allez m'obéir.

————

ARTICLE IV. — DES VERBES PRONOMINAUX.

323. *Qu'est-ce qu'un verbe pronominal ?*

C'est un verbe constamment accompagné d'un pronom personnel, qui lui sert de régime direct, réel ou apparent.

324. *Pourquoi dites-vous que ce régime est réel ou apparent ?*

Parce que le pronom n'est réellement régime du verbe, que quand celui-ci est actif. C'est alors seulement que le sujet est à soi-même son objet. Dans ce cas le verbe pronominal s'appelle aussi *réfléchi*, parce que l'action du sujet se replie sur lui-même. Mais quand le verbe est *neutre,* il ne peut avoir de régime direct, et le pronom n'est que le régime d'une préposition sous-entendue.

325. *Expliquez cette différence par des exemples ?*

Le verbe *recarsi,* se rendre quelque part, est un verbe actif, qui a pour régime direct, le pronom représentant le sujet : il signifie proprement « conduire soi » ou « porter soi. » Car

(1) Français, *Francése.* (2) Italie, *Itália.* (3) Paris, *Partgi.* (4) Lyon, *Lióne.* (5) Modène, *Módena.*

10*

on dit activement : *recarc una lettera,* porter une lettre à sa destination. Voilà un verbe *réfléchi.* Mais il y a en outre, des verbes pronominaux qui sont neutres, et conséquemment ne peuvent avoir de régime direct ; p. ex. : *pentirsi,* se repentir. Le verbe n'est réfléchi que par la forme, mais il ne l'est pas dans le fond, parce qu'on ne repent pas quelqu'un, pas plus en français qu'en italien. Le pronom *si* est alors gouverné par quelque préposition sous-entendue, comme par exemple : *fra,* dans l'intérieur. *Pentirsi,* veut dire alors littéralement : avoir de la peine dans l'intérieur de soi.

326. *Quels sont les pronoms personnels qui concourent à la conjugaison des verbes pronominaux ?*

Ce sont ceux-là seulement qui servent ordinairement comme régimes. (n° 164.)

327. *Comment place-t-on ces pronoms, par rapport aux formes verbales ?*

a. Pour les formes *impersonnelles,* toujours après le verbe, et alors les pronoms sont *conjoints.* (n° 167.)

b. Pour les formes *personnelles,* il faut distinguer :

A la première et à la troisième personne, indifféremment avant ou après, mais plus généralement avant : alors les pronoms sont *disjoints* à la deuxième personne aussi devant le verbe, l'impératif excepté, où il est forcément après et conjoint. Toutefois, si l'impératif est accompagné d'une négation, le pronom revient devant :

Rendez-vous, *recatevi ;*   ne vous rendez pas, *non vi recàte.*

328. *Donnez la conjugaison complète d'un verbe pronominal ?*

La voici, sur le même type que les conjugaisons régulières.

TABLEAU du verbe pronominal **RECARSI**,— Se rendre à

Temps simples suivant leurs modes.

	INDICATIF.	IMPÉRATIF.	SUBJONCTIF.	INFIN.	PART.
Présent	Je me rends à. *Mi réco* ou *récomi,* *ti réchi,* *si réca* ou *réoasi,* *ci rechiámo,* *vi recáte,* *si récano* ou *récansi.*	Rends-toi à. *recali,* *si réchi,* *rechiámoci,* *recátevi,* *si réchino* ou *réchinsi.*	Que je me rende. *Mi réchi,* *ti réchi,* *si réchi,* (moci, *ci rechiámo; rechiá-* *vi rechiáte,* *si réchino* ou *réchinsi.*	En se rendant. *Recàndosi.* Se rendre. *Recàrsi.*	S'étant rendu, s, ue, ues. *Recàdosi, isi, así, esi.*
Imparfait	Je me rendais. *Mi recáva, recávami* *ti recávi,* *si recáva, reoávasi,* *ci recavámo* ou *recavá-* *vi recaváte, moci,* *si recávano* ou *recá-* *vansi.*		Que je me rendisse. *Mi recássi,* *li recássi,* *si recásse,* *ci recássimo,* *vi recáste,* *si recássero.*		
Passé parfait simple	Je me rendis. *Mi recái,* *ti recásti,* *si recò* ou *recóssi,* *ci recámmo,* *vi recáste,* *si recárono* ou *recá-* *ronsi.*				
Futur simple	Je me rendrai. *Mi richerò* ou *recher-* *ti recherái, ómmi,* *si richerà* ou *reche-* *rássi,* *ci recherémo,* *vi recheréte,* *si recheránno* ou *recheránsi.*		Je me rendrais. *Mi recheréi,* *ti rechererésti,* *si recherébbe, reche-* *rébbesi,* *ci recherémmo,* *vi recheréste,* *si recherébbero* ou *recherébbesi.*		

Suite du verbe **RECARSI.**

Temps composés suivant leurs modes.

	INDICATIF	IMPÉRATIF.	SUBJONCTIF.	INFIN-
1er parfait composé	Je me suis rendu. Mi sóno, ti sei, si è { recáto ou recáta ci siámo, vi siéte, si sóno { recáti ou recáte	Sois rendu. ti síi, si sía { recáto ou recáta ci siámo, vi siáte, si síano { recáti ou recáte	Que je me sois rendu. Mi sía, ti síi, si sía { recáto ou recáta ci siámo, vi siáte, si síano { recáti ou recáte	S'étant rendu. S'être rendu. esséndosire-èssersirecáto cáto ou áta, ou recáta.
Plus-que-parfait	Je m'étais rendu. Mi era, ti eri, si era { recáto ou recáta ci eravámo, vi eraváte, si érano. { recáti ou recáte		Q. je me fusse rendu. Mi fóssi, ti fóssi, si fósse { recáto ou recáta ci fóssimo, vi fóste, si fóssero { recáti ou recáte	
2e parfait composé	Je me fus rendu. Mi fui, ti fósti, si fù { recáto ou recáta ci fúmmo, vi fóste, si fúrono { recáti ou recáte			
Futur composé	Je me serai rendu. Mi saró, ti sarai, si sarà { recáto ou recáta ci sarémo, vi saréte, si saránno { recáti ou recáte		Je me serais rendu. Mi saréi, ti sarésti, si sarébbe { recáto ou recáta ci sarémmo, vi saréste, si sarébbero { recáti ou recáte	

329. *Quelles remarques avez-vous à faire sur les temps simples de cette conjugaison pronominale ?*

1° Lorsque les pronoms *mi* et *si* se joignent à une première ou une troisième personne après un accent grave, ils enlèvent cet accent, mais le remplacent par le redoublement de leur consonne :

Recherommi pour *mi recherò ; recossi* pour *si recò ; recherassi* pour *si recherà.*

2° A la troisième personne du pluriel, le pronom supprime l'*o* final de la forme verbale :

Rechinsi pour *si rechino ;*   *recaronsi* pour *si recarono.*

3° L'adjonction du pronom au verbe, ne change point la place de la tonique. *Réchinsi* a la tonique sur *rech*, comme *si réchino.*

4° A l'infinitif on retranche l'*e* final en incorporant le pronom : *recarsi* et non pas *recaresi.*

5° Si le verbe est monosyllabique et que le pronom lui soit incorporé, on redouble la première consonne du pronom, l'infinitif excepté. Ex. :

Dámmi pour *dà mi,* donne-moi ; *váttene* pour *và te ne,* va-t-en.

6° L's ne se prononce jamais comme un *z* français après la voyelle finale du verbe. On dit : *recandosi, recatosi, recavàsi,* etc., avec l's dure.

330. *Quelles remarques faites-vous sur les temps composés ?*

1° L'auxiliaire des verbes pronominaux est toujours *essere.*

2° Le pronom reste attaché à l'auxiliaire et non au participe :

Mi sono recato ou *sonomi recato.* On ne pourrait pas dire *sono recatomi.*

3° Le participe s'accorde en genre et en nombre avec le sujet auquel il se rapporte. Ex. :

La mère et la fille s'étaient rendues à Paris, *la madre e la figliuola si erano recate* ou *eransi recate a Parigi.*

Recate au féminin pluriel comme le sujet *madre e figliuola.*

4° Le participe d'un verbe pronominal peut même s'accorder avec le sujet auquel correspond le pronom, quoiqué le participe ait pour régime un nom qui semblerait demander l'accord avec lui. Ex :

M'étant revêtue des draps tout brillants d'or,
I drappi di molto oro rilucenti vestitami (Boccace.)

Conjuguez pour exercice et sur le modèle de *recarsi,* mais selon leur conjugaison respective : *ricordarsi,* se souvenir ; *astenersi,* s'abstenir ; *pentirsi,* se repentir, *partirsi,* partir, etc.

THÈME XI

EMPLOI DES VERBES PRONOMINAUX.

331. Je me doutais de cette méchanceté. — Vous devez vous hâter de courir à la poste. — Imaginez-vous ma surprise. — En planant dans les nuages, l'aigle observe sa proie. — Il s'est plaint de ma dépense. — Je ne puis me reposer dans cet endroit. — Réjouissons-nous et glorifions-nous de ce succès. — Vous vous ennuyez! je m'aperçois de la raison : Vous vous divertissez incessamment. — Louis (1) XVI se maria à (con) une archiduchesse d'Autriche (2). — Vous vous êtes repenti de vous être trompé si grossièrement. — Mon chien s'est noyé. — Je suis parti pour (a) me promener. — Vous résoudrez-vous à vous taire ? — Ne vous asseyez-pas, si votre maître ne l'a pas permis. — Taisez-vous. — Ne te trompe pas, en traduisant ton livre. — Vous repentez-vous, ma fille, de vous être résolue à réparer votre faute ? — Fiez-vous à moi. — Qu'ils se réjouissent de (di) leur succès. — Ils se sont habillés en se hâtant. — Les méchants se plaignent des lois (di) et se moquent de la justice.

(1) Louis, *Luigi.* (2) Autriche, *Austria.*

ARTICLE V. — DE LA CONJUGAISON DES VERBES NEUTRES.

332. *Pourquoi faites-vous un article séparé de la conjugaison des verbes neutres ? ont-ils quelque irrégularité particulière ?*

Dans leurs temps simples, ils sont semblables aux verbes actifs, et peuvent être réguliers ou irréguliers, comme on le voit par les tables des articles 4, 5 et 6 du chapitre V, première partie.

Mais, dans leurs temps composés ils en diffèrent, en ce qu'un grand nombre de verbes neutres, ne se sert pas de l'auxiliaire *avere.*

333. *Vous avez dit en effet, n° 141, qu'une grande partie des verbes neutres, forme les temps composés à l'aide d'*essere*. Dans quels cas faut-il préférer un auxiliaire à l'autre (1) ?*

Il n'y a pas de règle absolue et générale à cet égard.

Aussi les règles particulières rencontrent-elles des exceptions, même dans les meilleurs auteurs. Cependant l'usage repose aux exceptions près, sur la distinction suivante :

Plus il y a d'*action* dans la signification du verbe, et plus il y a présomption de devoir le conjuguer avec *avere*. Moins il y a d'action, c'est-à-dire, plus le sujet du verbe est inerte et passif, et plus il y a présomption de devoir conjuguer avec *essere.*

334. *Expliquez cette distinction par des exemples ?*

Un même verbe neutre peut, dans certains cas, selon la pensée de celui qui parle, prendre l'un ou l'autre auxiliaire. Soit par exemple le verbe *dispiacere*, déplaire, on pourra dire :

Ciò vi sarebbe dispiacciuto, cela vous aurait déplu.

Questo peccato aveva dispiacciuto a Dio, ce péché avait déplu à Dieu.

Dans le premier cas, on a en vue le déplaisir que vous auriez

---

(1) Dans cet article, nous donnons l'exemple italien avant la traduction française, parce qu'il s'agit de montrer la manière des auteurs.

pu éprouver ; dans le second on pense plus particulièrement au péché, qui est une *action* contre Dieu.

De même de *vivere*, vivre :

Egli è vissuto nella mollezza, il a vécu dans la mollesse.

Egli ha vissuto col suo lavoro, il a vécu par son travail.

Dans le premier cas, il s'est laissé vivre d'une manière toute passive, *è vissuto* ; dans le second, il s'est fait vivre à force d'activité, *ha vissuto*.

Enfin il y a des verbes neutres qui peuvent être pris activement, selon le sens qu'on leur donne ; p. ex.: *durare*, qui signifie durer et endurer. Dans le premier sens, il veut *essere* ; dans le second, il veut *avere* :

L'inverno è durato molto tempo, l'hiver a duré longtemps.

Ho durato fatiche, j'ai enduré des fatigues.

535. *Dites quelques-uns des verbes neutres qui peuvent ainsi prendre l'un ou l'autre auxiliaire ?*

Bollire bouillir,	*dimorare* demeurer,	*sorridere* sourire,
Cessare cesser,	*fuggire* fuir,	*strisciare* ramper,
Colare couler,	*indugiare* différer,	*vivere* vivre,
Conversare converser	*mancare* manquer,	*volare* voler,
Correre courir,	*nuocere* nuire,	etc. etc.

Ex. : *Se (Cristo) fosse più indugiato in venire al mondo, crescevano i peccati in tanta abondanza, che*, etc. (Frà Giordano), si le Christ *eût* plus tardé à venir au monde, les péchés s'augmentaient avec tant d'abondance, que, etc.....

Giordano aurait pu dire aussi : *se avesse*. Mais comme ne pas venir eût été une absence d'action, *fosse* était préférable.

536. *Quels sont les verbes neutres qui demandent plus particulièrement l'auxiliaire avere ?*

Ce sont ceux qui marquent un effort du corps, de l'intelligence ou de la volonté, comme :

Abbajare aboyer,	*cavalcare* monter à	*digiunare* jeûner,
abusare abuser,	cheval, *	*dormire* dormir,
agire agir,	*cenare* souper,	*dovere* devoir,
ardire oser,	*chiacchierare* babiller	*dubitare* douter,
ballare danser, *	*consentire* consentir,	*esitare* hésiter,
camminare marcher*	*desinare* dîner,	*favellare* discourir,

Fiatare { respirer, haleter,	*odorare* flairer, *operare* opérer,	*resistere* résister, *ridere* rire,
galeggiare { se soutenir sur l'eau,*	*parlare* parler, *pascolare* paître,	*riflettere* réfléchir, *ruggire* rugir,
gemere gémir,	*passeggiare* se promener,	*ruminare* ruminer, *servire* servir,
giuocare jouer,		
giurare jurer,	*peccare* pécher,	*smaniare* s'emporter,
gridare crier,	*piangere* pleurer,	*spirare* souffler,
lavorare travailler,	*potere* pouvoir,	*torniare* tourner au tour
mentire mentir,	*pranzare* dîner,	*tossire* tousser,
miagolare miauler,	*ragionare* raisonner,	*trionfare* triompher,
mugghiare mugir,	{ gratter	*vegliare* veiller,
navigare naviguer,*	*razzolare* { comme les	*viaggiare* voyager,*
nuotare nager,*	{ poules,	*voltare* tourner,

et beaucoup d'autres verbes, notamment tous ceux qui expriment les cris des animaux.

Remarquez conformément à la distinction fondamentale, que si un de ces verbes vient à être pris dans une acception plus passive que celle qui est donnée ci-dessus, il peut prendre l'auxiliaire *essere*. Ainsi, quand le verbe *spirare* signifie souffler, ce qui est un acte, il prend *avere*.

> *Avendo Gesù Cristo spirato sopra de' suoi discepoli,*
> Jésus-Christ ayant soufflé sur ses disciples.

Mais s'il veut dire expirer, ce qui est une souffrance involontaire et toute passive, il prend *essere* :

> *Egli è spirato,* il a expiré.

337. *Quels sont les verbes neutres qui demandent plus particulièrement l'auxiliaire* essere ?

1° Le verbe *essere* lui-même, ainsi que *divenire*, devenir, *esistere*, exister, qui ont un sens analogue.

2° Les verbes marquant le développement naturel des êtres organisés.

Ammagrire maigrir,	*infermare* être malade	*perire* périr,
Crescere croître,	*morire* mourir,	*svanire* s'évanouir.
Guarire { guérir, se rétablir,	*nascere* naître,	etc.

3° Les verbes qui marquent mouvement ou repos, sauf quelques-uns portés à la liste précédente et marqués d'une * :

Andare aller,	*passare* passer,	*smontare* descendre,

Arrivare arriver,	*procedere* { procéder, se présenter	*stare* { se tenir dans une certaine position,
Cadere tomber,		
Cascare d°	*restare* rester,	
Capitare { arriver, venir à bout	*rimanere* d°	*tornare* revenir,
	ritornare retourner,	*uscire* sortir,
Discendere descendre,	*salire* monter,	*venire* venir, etc.
Entrare entrer,	*scendere* descendre,	
mancare manquer,	*sdrucciolare* glisser,	

Ex. : *considerando quanto fusse* (pour *fosse*) *opportuno... che Lorenzo suo padre fusse proceduto come*, etc. (Guicciardini), considérant combien il serait opportun... que Laurent, son père, se présentât comme, etc.

4° Certains verbes dont le sens, par rapport au sujet, est tout passif, comme :

Apparire apparaître,	*durare* durer,	*sembrare* sembler,
Bastare suffire,	*marcire* se pourrir,	*valere* valoir, etc.
Costare coûter,	*parere* paraître,	

5° Les verbes pronominaux (n° 330).

E volentieri se potuto avesse, si sarebbe fuggito. (Boccace).
Et s'il avait pu, il se serait enfui volontiers.

338. *Avez-vous quelques observations à faire sur l'usage des tables qui précèdent ?*

Oui, d'abord sur les verbes pronominaux.

1° La forme pronominale entraîne l'usage de l'auxiliaire *essere*, même pour les verbes qui sont actifs, séparés du pronom personnel, pourvu qu'il n'y ait pas de régime direct exprimé :

Egli si è placato (et non pas *si ha placato*), il s'est apaisé.

Mais si le régime direct est exprimé, le verbe actif sous forme pronominale reprend *avere* :

S'aveva messe alcune pietruzze in bocca, il s'était mis quelques cailloux dans la bouche.

2° De même si un verbe neutre prenant *avere* quand il est seul, était transformé en pronominal, il quitterait *avere* pour *essere* :

Senza sapere dove dormito si fosse (et non *si avesse*), sans savoir où il avait dormi (Boccace.)

Le français dirait semblablement : où il s'était endormi.

3°. Quelquefois on fait actif un verbe neutre, comme *morire*, qui est employé, bien que rarement, dans le sens de tuer : *Quando l'ebbe morto*, quand il l'eut tué.

OBSERVATION GÉNÉRALE. — Malgré les indications qui précèdent, le français qui apprend l'italien, ne doit pas se flatter de pouvoir, d'après ces règles, former sûrement les temps composés de tous les verbes neutres. C'est la lecture des auteurs et la pratique de la langue, qui donnent seules la correction en cette matière.

THÈME XII

SUR LES TEMPS COMPOSÉS DES VERBES NEUTRES.

339. Le temps m'a manqué. — Le cheval était tombé. — Le ciel m'avait semblé serein. — Où êtes-vous né? Le voleur avait fui, quand j'ai couru prendre mon fusil. — Tes rivaux auront vécu, avant qu'ils ne t'aient nui. — La chasse a cessé, mais les chiens sont restés dans la forêt. — Les peines de ma mère ont duré plusieurs années. — Cinq mois d'hiver n'ont pas suffi pour (a) fatiguer cette armée. — J'aurais péri, si je m'étais promené avec ce coquin. — Le pauvre homme avait glissé sur la glace. — Deux ouvriers étaient morts; tous avaient été malades. — Le voyage ne m'a pas valu ce qu'il m'a coûté.

ARTICLE VI. — DES VERBES UNIPERSONNELS.

340. *Qu'est-ce qu'un verbe unipersonnel ?*
C'est un verbe qui ne peut s'employer dans les modes personnels qu'à la troisième personne du singulier, et qui n'a pas de sujet réel exprimé. Ex.:

Piove, il pleut ; *bisognerà*, il faudra.

On ne peut dire, ni je pleus, ni tu faudras.

Piovere, bisognare en italien; pleuvoir, falloir en français, sont des verbes *unipersonnels*.

341. *Selon vous le verbe unipersonnel n'a pas de sujet réel exprimé; cependant le français dit : il faut, il est vrai, etc., et l'italien traduit souvent ces expressions par* egli *è d'uopo ,* egli *è vero, etc. ; que sont les pronoms* il, egli, *si non des sujets ?*

Dans ces cas et d'autres semblables, ces pronoms ne sont sujets qu'en apparence. En français *il* n'est que la marque de la troisième personne : on ne pourrait pas dire « faut » ou bien « est vrai. » C'est par ce pronom d'ailleurs qu'on distingue la troisième personne de la première. Sans ce pronom, on pourrait confondre par exemple, je semble avec il semble. En italien le pronom *egli* est explétif, c'est-à-dire un mot de ripieno (n° 236) qui n'est pas nécessaire, car on pourrait mettre seulement *è d'uopo, è vero*. Du reste, *egli* ne se trouve le plus souvent placé comme sujet apparent qu'avec *essere*. On ne dirait pas : *egli nevica*, il neige ; et l'on ne dirait guères : *egli basta*, il suffit.

On trouve cependant: *egli mi pare*, il me paraît (Boccace.)

342. *Quels sont les verbes italiens qui ne se conjuguent qu'à la troisième personne du singulier et sans sujet réel ?*

Ce sont les verbes :

Annottare se faire nuit	*grandinare* grêler,	*piovigginare* bruiner,
Balenare { éclairer, faire des éclairs.	*lampare* éclairer, *lampeggiare* d°	*tonare* tonner, *vernare* { entrer en hiver commencer à faire froid,
Folgorare d°	*nevicare* neiger, *piovere* pleuvoir,	

et autres qui se rapportent aux accidents de l'athmosphère, quand ils sont employés dans leur sens propre.

343. *Pourquoi dites-vous dans leur sens propre ?*

Parce que ces mêmes verbes, pris dans un sens figuré, peuvent recevoir un sujet et être mis au pluriel. Ex :

I cannoni tonavano, les canons tonnaient.
Gli occhj folgorano, les yeux lancent des éclairs.

344. *N'y a-t-il pas d'autres verbes unipersonnels?*

Si, il y en a de trois espèces :

1° Des unipersonnels proprement dits, comme : *bisognare*, falloir; *essere mestieri* ou *essere d'uopo*, etc., être nécessaire. Ceux-là sont en très-petit nombre.

2° Des verbes neutres employés unipersonnellement.

Accadere {	arriver échoir,	*convenire* convenir, *rincrescere* déplaire, *sembrare* sembler,	*appartenere* appartenir, *spettare* regarder, *succedere* arriver,etc.
Avvenire	d°		
bastare suffire,		.	

Ainsi on dit unipersonellement :

Basta, il suffit ; *spetta a me,* c'est mon affaire (proprement, regarde à moi) : *mi rincresce,* j'en suis fâché; *sembrava,* il semblait ; mais on peut dire aussi personnellement :

Ciò basta, cela suffit ; *questa faccenda mi rincresce,* cette affaire me déplaît ou je suis fâché de cette affaire; *tu sembravi,* tu semblais, etc.

Succedere, unipersonnel dans le sens d'arriver, est neutre dans celui de succéder ou réussir :

Ora successe (unipers.) *che l'infermo tornò in salute,* or, il arriva que le malade revint à la santé.

Tutto successe (neutre) *secondo le mie brame,* tout réussit selon mes désirs.

3° Des verbes actifs employés unipersonnellement :

Toccare signifie toucher quand il est actif : il signifie tomber au sort ou à tour de rôle quand il est unipersonnel. Ex.: *tocca a me,* c'est à moi, c'est-à-dire c'est mon tour. On dit encore unipersonnellement : *si dice che,* on dit que, etc., *si credeva che,* on croyait que, etc.

Ceci tient à un usage particulier du pronom *si* comme on le verra dans le chapitre suivant.

345. *Les unipersonnels italiens offrent-ils une difficulté spéciale dans leur emploi?*

Aucune, excepté celle d'apprendre à discerner ceux qui sont unipersonnels par nature, et ceux qui ne le sont que par circonstance, comme nous venons de le montrer.

346. *Quel est l'auxiliaire des unipersonnels pour les temps composés ?*

C'est généralement *essere* : *era piovuto alla mattina,* il avait plu le matin ; *ti sarà sembrato,* il t'aura semblé, etc. On trouve cependant quelques exemples autorisés d'*avere* pour certains verbes, p. ex. pour *bastare.*

347. *N'y a-t-il donc aucun verbe unipersonnel qui donne lieu à des observations particulières ?*

En italien il n'y en a pas, mais il faut noter la manière dont se traduisent en italien les deux auxiliaires français employés unipersonnellement.

348. *Comment le verbe être s'emploie-t-il unipersonnellement en français ?*

C'est lorsqu'on le fait précéder à la troisième personne du pronom démonstratif *ce* et suivre d'un pronom personnel ou d'un nom. Dans le premier cas il est toujours au singulier, à la première et à la deuxième personne, même lorsque le pronom est au pluriel. Ex. : c'est moi, c'est vous, c'est nous. Dans ces locutions on voit évidemment que le sujet n'est qu'apparent, puisqu'il ne s'acccorde pas en nombre avec le verbe. Mais on fait l'accord à la troisième personne : « ce *sont* les ennemis » et non pas *c'est* les ennemis.

En italien on supprime le pronom démonstratif *ce*, et le verbe n'étant point alors unipersonnel, prend pour sujet le nom ou le pronom qui le suit, et s'accorde en nombre avec lui :

C'est moi, *sono io* (je suis moi) ; c'est vous, *siete voi* ; ce sont les ennemis, *sono i nemici* ; étaient-ce là vos livres ? *erano questi i vostri libri ?* (étaient ceux-ci vos livres.)

349. *Si l'unipersonnel être est suivi d'un infinitif, comment exprime-t-on les mots que de qui précèdent cet infinitif en français ?*

Par l'article *il* ou *lo* que l'on joint à l'infinitif, afin que celui-ci devienne un sujet (n° 280) et que le verbe *essere* ne soit pas unipersonnel. Ex. :

> Ce n'est pas aimer Dieu *que de* haïr le prochain,
> *Non è amare Iddio, l'odiare il prossimo.*

Proprement *le* haïr le prochain n'est pas aimer Dieu.

Si l'infinitif est immédiatement suivi d'un adjectif, on peut traduire *que de* par *di*, mais il faut alors donner un déterminatif à l'infinitif pour que *è* ait un sujet :

C'est être fou que de perdre le temps, *è uno essere pazzo di perdere il tempo.*

On peut encore et mieux tourner la phrase d'une autre

manière, en évitant l'unipersonnel : *perdere il tempo è cosa da pazzo* (est chose venant d'un fou.)

350. *Si l'unipersonnel est se trouve suivi d'un adjectif et d'un infinitif, comment traduit-on la préposition de qui unit ces deux derniers mots ?*

Encore par l'article, pour que l'infinitif devienne sujet de è :

Il *est* honteux *de* mentir, è *vergognoso il mentire* ; proprement : le mentir est honteux.

351. *Comment se traduit l'interrogation est-ce que ? suivie d'un verbe actif ou neutre ?*

Par l'adverbe *forse*, peut-être :

Est-ce que je ne souffre pas avec vous, *non soffro io forse con voi ?*

Ici comme dans les exemples précédents, l'italien évite la forme unipersonnelle de l'auxiliaire français.

352. *Comment le verbe avoir s'emploie-t-il unipersonnellement en français ?*

C'est lorsqu'on le fait précéder à la troisième personne du singulier des mots *y* ou *y en*, dans ces locutions : « il y a, il y avait, il y aura, etc., » ou bien « il y en a, il y en eut, il y en aurait, etc. »

353. *Comment traduit-on y avoir ?*

L'italien remplace ordinairement *avere* par *essere* et traduit *y* par *vi*.

Il y avait une reine qui, etc., *vi era una regina che*, etc.

Il y avait des gens de toute sorte, *vi erano uomini d'ogni fatta*.

Le verbe *essere* alors n'est pas unipersonnel.

OBSERVATION. — On trouve cependant quelques exemples de *avere* employé unipersonnellement avec *vi*, c'est-à-dire sans accord de sujet : *vi aveva uomini d'ogni fatta*. Mais il faut de l'expérience, pour employer cette manière convenablement. On ne risque rien en s'en tenant à l'usage d'*essere* avec le nombre voulu par le sujet.

354. *Peut-on toujours traduire* il y a *par vi è,* etc.*?*

Oui, à moins que les expressions il y a. il y eut, etc., n'appartiennent à des temps composés d'un verbe, alors le verbe avoir ne serait plus unipersonnel, et il se traduirait par *avere* si le verbe est actif, ou neutre comportant cet auxiliaire.

Il y a dormi *egli vi ha dormito,* c'est-à-dire il a dormi là.

OBSERVATION. — Quand *il y a* est suivi d'un nom de nombre ou de temps, on peut l'exprimer à volonté par *essere,* suivant la règle du n° 353 ou par *fa* que l'on met après le nom.

L'évêque est mort *il y a* quinze jours, *il vescovo è morto sono quindici giorni* ou *quindici giorni fa.*

Comme si l'on disait: c'est fait depuis quinze jours.

355. *Comment traduit-on* y en avoir ?

Par le verbe *essere,* être, à la troisième personne du singulier ou du pluriel, selon le nombre de l'objet auquel il se rapporte, et les mots *vene* ou *ce ne.* On dispose le tout comme il y suit:

Il y en a, *ce n'è, ce ne sono* ou *ve n'è, ve ne sono.*

Il n'y en a pas, *non ce n'è, non ce ne sono* ou *non ve n'è, non ve ne sono.*

Y en a-t-il? *ce n'è ? ce ne sono ?* ou *ve n'è ? ve ne sono ?*

N'y en a-t-il point ? *non ce n'è ? non ce ne sono ?* ou *non ve n'è ? non ve ne sono ?*

On remarquera que les formes interrogatives ne diffèrent des autres, que par le point d'interrogation quand on écrit, ou par le ton de la voix quand on parle. Ex.:

Vous espériez recevoir vos lettres en ville : *y en avait-il* ce matin ? *speravate ricevere le vostre lettere in città: ve n'erano questa mattina ?* Quand vous aurez besoin d'argent, *il y en aura* toujours pour vous dans mon coffre. *Quando avrete bisogno di danaro, ce ne sarà sempre per voi nel mio forziere.*

THÈME XIII

SUR LES VERBES CONJUGUÉS UNIPERSONNELLEMENT.

356. Est-ce vous qui avez frappé à la porte, quand il se fit nuit? Ce n'est pas moi. — C'est toi qui m'as fait peur. — Est-ce que je dors? — Sont-ce là tes chevaux? ce sont eux. — C'est être juste, que de secourir les malheureux. — Il suffit d'obéir. Il me semble que je commande à haute voix. — Il est difficile de le faire mieux. Il était deux heures. (On ajoute *le* devant *due* à cause de *heures*.) — Il me manquait deux mille francs. — J'en suis fâché, mais c'est votre affaire. — Il y a une jeune fille qui voudrait vous parler. — Il y a eu *bien* des orages cet été : il n'y en aura pas tant à la fin de la saison. (Traduisez *bien* par beaucoup.) — Elle y a été enterrée. — Il n'y a pas de fruits. Il convient d'en acheter tout de suite. — Il n'y a jamais eu tant de pauvres à la porte des riches. — Il n'y a plus de doute, nous sommes perdus. — Il est arrivé qu'il neigea et qu'il plut, et que les chemins furent rompus. — Elle est morte, il y a deux mois. — Ce sont les passions qui nous entraînent. — Il y a des emplois qu'il faut refuser. — Il a grêlé hier.

CHAPITRE IV.

Syntaxe des Pronoms.

ARTICLE Ier. — DE L'EMPLOI DES PRONOMS PERSONNELS.

357. *Les pronoms personnels sujets* (n° 163) *s'appliquent-ils indifféremment à tous les verbes ?*

Oui, en général. Cependant le pronom *desso, dessa,* ne s'emploie régulièrement que comme attribut des verbes *essere,* être ; *parere,* paraître ; *sembrare,* sembler, etc., et autres de signification analogue. *Desso*, veut dire celui-là même, celui-là précisément :

I'grido, ella è ben dessa. Pétrarque. *(I' pour io)*, je m'écrie, c'est bien elle.

Tu non mi par desso. Boccace. *(Par pour pari)*, tu ne me parais pas celui-là même. (le même que lui.)

358. *Vous avez dit que* noi, voi, *étaient toujours sujets. On trouve cependant ces pronoms précédés d'une préposition et faisant fonction de régimes ?*

C'est une exception commandée par l'oreille, on dit : *per voi, con voi, in noi, fra voi*, etc., au lieu de : *per vi, con vi, in ci, fra vi*, etc., qui ne sont pas usités.

Voi, noi, étant accentués toniquement, sont préférés à *ci, vi*, qui, ne l'étant pas, manquent de corps et de durée (n° 256).

OBSERVATION. — Nous avons dit n° 111 que *noi* se remplaçait parfois par *ne* comme par *ci*, c'est lorsque *noi* est régime direct ou indirect :

Sol morte n'aspetta pour *ci aspetta* ou *aspetta noi* (Pétrarque), la mort seulement nous attend.

Questa briere vita che posta n'è pour *che è posta a noi* cette courte vie qui nous est assignée. (Boccace),

Il ne faut confondre ce *ne*, pronom personnel, ni avec *ne*, pronom relatif, ni avec *nè*, conjonction.

359. *Lorsque les pronoms personnels employés comme* sujets. *sont précédés en français du pronom démonstratif* ce, *traduit-on ce pronom en italien ?*

On ne le traduit pas par son correspondant *ciò* ou *questo*, car nous avons déjà vu (n° 348) que l'on traduit comme s'il y avait, je suis, vous êtes, il fut, etc., au lieu de c'est moi, c'est nous, c'est lui, etc. Seulement l'adjonction du *ce* français indique de ne pas supprimer le pronom personnel en italien. *Io sono* ou *sono io, voi siéte* ou *siete voi, égli fù* ou *fú egli*, etc. Si l'on disait simplement *sono, siete, fù*, etc., l'expression n'aurait pas la force et la clarté du français qui attire l'attention sur la personne, au moyen du pronom.

360. *Lorsque dans une phrase de deux ou plusieurs membres unis par une conjonction, le second et les suivants renferment un pronom personnel employé comme sujet, et représentant un nom du premier membre, traduit-on ce pronom en italien ?*

Non. Soit par exemple :

L'Évangile enseigne que tous les hommes sont fils du même même père, et *qu'ils* attendent le même héritage, *il Vangelo insegna che tutti gli uomini, sono figlj del medesimo padre ed aspettano il medesimo retaggio.*

La reproduction du pronom *eglino* ou *essi* devant le verbe *aspettano*, serait désagréable ainsi que celle de *che*.

361. *En parlant des pronoms régimes, vous avez dit (nº 164) que* lui *et* lei *peuvent quelquefois être sujets. A quelles conditions ?*

1º Quand *lui* et *lei* ou *loro* étant suivis du pronom relatif *che*, équivalent à *colui* et *colei* :

> *Ma perchè lei che dì e notte fila.* (Dante. Purg.)
> Mais pourquoi celle qui file nuit et jour.

2º Quand ces pronoms se trouvent après les mots : *ancora, come, dove, ecco, quanto, salvoche, siccome :*

> *Io non sono un tristo come* lui (Boccace).
> Je ne suis pas un misérable comme lui.
> *Quando era dove lei* (Boccace).
> Quand j'étais où elle (était).

362. *Ces mêmes pronoms personnels* lui, lei, loro, *ne s'emploient-ils pas d'une façon particulière comme régimes ?*

Oui. On s'en sert pour remplacer *suo, sua, suoi, sue, loro,* ce dernier dans le sens de *leur*. On peut donc dire :

Il valore di lui, la valeur de lui, au lieu de *il suo valore.*
Il garbo di lei, la grâce d'elle,   *il suo garbo.*
La bontà di loro, la bonté d'eux,   *la loro bontà.*

Cette tournure qui est latine, est souvent même la plus claire (note L).

Quand on dit : *la loro bontà* ou *la bontà loro*, c'est que *loro* n'est plus employé comme pronom personnel signifiant *eux*, mais comme adjectif possessif, avec le sens de *leur*.

Quelques-uns disent : *il di lui valore, il di lei garbo.* Mais bien que de bons auteurs aient employé ces tournures, elles ne sont pas admises de tous.

363. *Lorsque* lui, elle, eux, *en français, se rapportent comme régimes, à la même personne qui est sujet, les traduit-on par leurs correspondants italiens ?*

Non. Quand l'action du sujet se réfléchit sur lui-même, on traduit lui, elle, eux par le pronom *se* de la troisième personne :

Il se fie trop à lui-même, *egli si fida troppo a se stesso.*
Ils se fient trop à eux-mêmes, *eglino si fidano troppo a se stessi.*

364. *Lorsque les pronoms personnels employés comme régime indirect en français, p. ex. :* à moi, à toi, à lui, *etc., se rapportent à la possession d'une chose, les traduit-on littéralement ?*

Non. Dans ce cas on les remplace par l'adjectif possessif correspondant. Ex. :

« Ce livre est à moi, » signifie ce livre est mien et on traduit : *questo libro è mio.*

Cette maison était alors à lui, *questa casa era allora sua,* c'est-à-dire, cette maison était alors sienne.

Cependant on peut aussi remplacer la préposition *à* du français par *di* en italien, mais en se servant du pronom personnel, comme on l'a vu au n° 362 :

Questa casa era allora di lui.

Mais si *à moi, à vous, à lui,* etc., ne désigne pas possession, il faut changer de tournure. C'est *à vous* de jouer, *tocca a voi di giuocare* (verbes unipersonnels n° 344.)

365. *Lorsque deux pronoms personnels sont disjoints, et par conséquent placés avant le verbe, l'ordre à leur donner est-il indifférent ? En d'autres termes, peut-on se départir ou non, de l'ordre indiqué au tableau du n° 170 ?*

Non. Généralement le pronom de la première personne précède celui de la seconde, celui de la seconde précède celui de la troisième ou l'article employé pronominalement (n° 112) :

Il prit le livre et *me le* donna, *prese il libro e me lo diede.*
Je vous les porterai, *io ve li recherò.*

REMARQUES. — 1° On trouve quelques exemples contraires, mais seulement dans la prose écrite et d'un genre élevé. Ex. :

Il prit le livre et me le rendit immédiatement.
Prese il libro e lo mi recò incontanente.

En prose parlée, cette manière serait affectée et prétentieuse.

2° On trouve aussi pour les pronoms conjoints, un ordre différent de celui qui a été donné au tableau, mais chez les anciens seulement. Ex. : *conservarlasi* pour *conservarsela*, *immaginarlomi* pour *immaginarmelo*, etc.; mais ces manières ne sont plus en usage.

366. *Les pronoms personnels ne peuvent-ils être incorporés qu'à un verbe ?*

On les met aussi après la préposition *ecco*, voici, et avant la préposition *con* qui devient alors *co* :

Me voici, *eccomi;* avec toi, *teco;* avec moi, *meco.*

Notez qu'au lieu de *con noi* et *con voi*, on peut dire *nosco* et *vosco.* Ces formes ne s'emploient guères qu'en vers. A la troisième personne cette incorporation de *con* n'a pas lieu, on est obligé de dire : *con esso, con lei, con loro,* etc.

———

THÈME XIV

EXERCICES SUR LES PRONOMS PERSONNELS.

367. Elle parlera de moi. — Tu pourrais le faire toi-même. — Elle ne se mariera pas avec toi. — Il y pensera lui-même. — Je l'ai reçu de lui. — Vous ne pensez pas à eux. — Ne vous fiez pas à elles, car elles se moquent de vous. — Ils m'en ont donné trois fois, et je leur en ai promis la récompense. — Mon père a vu le Préfet et lui a parlé pour vous. — Lui en avez-vous prêté? — Elle t'en a promis, mais elle ne t'en donnera pas. — Nous en prendrons soin. — Il nous promet toujours de nous payer, mais il ne nous paye jamais. — Elle nous en vendrait. — Il nous le dira demain. — Je vous remercie. — Je vous la rendrai. — Nous vous en parlerons. — Ils lui donneront ce qu'elle demande. — Prêtez-le lui, je vous en prie. — Ils ne s'y appliquent point. — En voilà sur la cheminée. — Me voici enfin arrivé. — En vous donnant cela, je vous contenterai.

ARTICLE II. — DE L'EMPLOI DES PRONOMS DÉMONSTRATIFS.

368. *Les pronoms démonstratifs peuvent-ils représenter indifféremment tous les noms ?*

Non. *Colui, colei, coloro,* celui et celui-là, celle et celle-là, ceux et ceux-là; *costui, costei, costoro,* celui-ci, celle-ci, ceux-ci, *questi* au singulier, et *cotestui* dans le sens de celui-ci, ne se disent que des personnes: *ciò,* cela, se dit des choses (n°114). De plus, *costui* s'emploie pour les personnes rapprochées de temps et de lieu; *colui* pour les personnes éloignées.

Si l'on veut traduire du français les mots celui-ci, celle-ci, celui-là, celle-là, etc., etc., se rapportant à des choses, il faut employer les adjectifs démonstratifs *questo, questa,* etc., ou *quello, quella,* etc. Ex.:

Togliete questa penna, io mi servirò di quella.
Prenez cette plume, je me servirai de celle-là.

L'adjectif *quella* est employé pronominalement (n° 115).

On ne pourrait pas dire: *io mi servirò di colei.*

369. *Le pluriel de* quello *est-il toujours* quelli ?
Non, devant une voyelle, *quelli* se change en *quegli* :

Quegli erano i primi, ceux-là étaient les premiers.

370. Quegli *au singulier et* colui *ont le même sens. Quand emploie-t-on l'un de préférence à l'autre?*

On emploie *quegli,* lorsqu'en parlant de deux personnes, on a désigné la plus rapprochée par *costui,* c'est-à-dire celle dont on a parlé en dernier lieu. Ex.:

Nella guerra fra Césare e Pompéo, costui fù vinto; quegli fù ucciso da Bruto dopo la sua vittoria.

Dans la guerre entre César et Pompée, celui-ci fut vaincu; celui-là fut tué par Brutus après sa victoire.

Au féminin si l'on dit *costei* pour la dernière personne nommée, on dit *quella* et non pas *colei* pour l'autre.

THÈME XV

Exercice sur les pronoms démonstratifs.

371. Je voudrais louer une de ces chambres. — Voulez-vous voir celle-ci ou celle-là? Je veux examiner toutes celles qui sont ouvertes dans ce corridor. — Ces mets ne me plaisent guères : goûtez celui-ci. — Celui qui règne dans les cieux, est aussi celui qui élève et abaisse les empires. — Celui-ci riait toujours, celui-là pleurait sans cesse (dites incessamment). — Ceux qui sont infidèles dans les petites choses, sont facilement coupables dans les grandes. — Celui-là voudrait m'attrapper. — Celle que j'ai vue (parlant de personne) n'est pas celle que vous croyez. — Que pensez-vous de cela?

ARTICLE III. — De l'emploi des pronoms relatifs et interrogatifs.

372. *Pourquoi renfermez-vous dans un même article, les pronoms relatifs et les pronoms interrogatifs?*

C'est que les mêmes pronoms servent à la conjonction des membres de phrase, et à l'interrogation, ainsi qu'on l'a vu au n° 116. La différence ne consiste que dans la manière de les employer.

373. *Comment emploie-t-on le pronom* quale, quali *comme relatif?*

Comme en français, c'est-à-dire avant le verbe. Que ce pronom soit sujet ou régime, il signifie quel, quelle et suit les variations de l'article simple ou composé auquel il est joint. Ex.: *gli uomini più rei, i quali sono anchè i più disgraziati,* les hommes les plus coupables, lesquels sont aussi les plus malheureux (n° 289).

Gli uomini più rei, ai quali non manca mai il castigo, les hommes les plus coupables, *auxquels* ne manque jamais le châtiment.

374. *Comment emploie-t-on le pronom* che *en tant que relatif?*

Comme sujet d'un verbe et alors il signifie *qui*, ou comme régime et alors il veut dire *que* ou *quoi*. Ex. :

L'uomo che ha pochi bisogni è molto libero, l'homme *qui* a peu de besoins, est très-libre ;

I cannoni che ho veduti, les canons que j'ai vus ;

Che che diciate, quoi que vous disiez. — *Ecco di che egli si lagna,* voilà de quoi il se plaint.

375. *Lorsque le relatif* que *est précédé du démonstratif* ce *en français, comment les traduit-on ensemble?*

Ordinairement par *ciò che.* Ex. :

Ciò che mi offende è la vostra ostinazione, ce qui me blesse, c'est votre obstination (n° 348).

Parfois on traduit ces mots « ce qui, ce que » par « *il che* » au lieu de « *ciò che.* » C'est quand ces mots se rapportent à une partie antérieure de la phrase. Ex. :

Un temporale sorse, il che trattenne la partenza della nave, un ouragan s'éleva : *c'est ce qui* retarda le départ du navire.

376. *Comment emploie-t-on les pronoms* cui *et* ne, *comme relatifs?*

Quand le pronom *qui* est régime indirect en français, c'est-à-dire quand il se présente sous les formes « de qui ou dont » ou « à qui » on le traduit en italien par *cui* précédé de *di* ou *a.* Ex. :

Le cheval *dont* j'ai vu l'écurie, et *à qui* j'ai mis la bride.
Il cavallo di cui ho veduto la stalla e a cui ho posto la briglia.

Remarque — Si le régime direct se rapportant au régime indirect *cui,* suit immédiatement le relatif en italien, on peut supprimer la préposition :

Il cavallo la cui stalla ho veduta, le cheval dont j'ai vu l'écurie. Au lieu de « *il cavallo la di cui stalla ho veduta.* Il faut alors que *cui* soit intercalé entre l'article et le nom.

Autre. — On peut même en dehors de cette dernière condition, employer *cui* pour régime, soit direct, soit indirect, sans préposition. Mais cela ne peut se faire que dans le style soutenu.

Voi cui fortuna ha dato lo scettro, vous à *qui* la fortune a donné le sceptre (*fortuna* sans article, nº 276).

L'uomo cui l'avarizia ha fatto schiavo, l'homme *que* l'avarice a fait esclave.

Quant au pronom *ne*, il faut remarquer : 1º qu'il peut être disjoint ou conjoint selon qu'il est ou non régime d'un mode personnel ; 2º que les Italiens l'emploient pour les personnes et pour les choses, tandis que les grammairiens français voudraient en restreindre la relation aux choses seulement.

Se piccolo è il libro, non è però che non ne sia grandissimo il contenuto. (Segneri.)
Si le livre est petit, cela ne fait pas que le contenu n'*en* soit très-grand.

L'altro... veggio vender sua figlia e patteggiarne. (Dante.)
Je vois l'autre vendre sa fille et en débattre le prix.

377. *Comment s'emploient quale, quali, etc., dans le sens interrogatif?*

Comme en français, excepté que quand le français met l'article devant quel, quelle, etc., l'italien ne le met pas devant quale (nº 173).

Quali faccende avete? quelles affaires avez-vous.
Ecco due penne; quale scegliete? Voici deux plumes ; *laquelle* choisissez-vous?

Remarque. — Quand le français *quel* pris en exclamation est suivi immédiatement d'un substantif, on le traduit par *che* plutôt que par *quale*, surtout au singulier ;

Che uomo! quel homme.

Au pluriel, on abrège alors *quali* en *quai;*

Quai lumi! quelles lumières.

378. *Comment emploie-t-on chi et che interrogativement?*

Chi toujours dans le sens du français *qui,* soit qu'il soit sujet ou régime et jamais dans le sens de que : il ne se dit que des personnes. *Che* interrogatif, signifie *que* et ne se dit que des choses (nºs 116 et 173 à comparer).

Chi tradisce il Re? qui trahit le roi (qui sujet). *Chi tradisce*

11*

egli? qui trahit-il? (qui régime indirect). *Da chi fù egli tradito?* Par qui fut-il trahi? (qui rég. ind.) *Che volete?* que voulez-vous?

Chi s'emploie parfois sans être relatif ni interrogatif, mais comme pronom indéfini, dans le sens de une personne quelconque qui. Ex. :

Chi volesse tradire il Re, di leggieri lo potrebbe fare, qui voudrait trahir le roi, le pourrait faire facilement.

———

THÈME XVI

Exercices sur les pronoms relatifs et interrogatifs.

379. Il faut bien choisir les maîtres à qui nous confions nos enfants. — Voici le rubis que mon frère vous a vendu, qui lui avait été volé, et qu'il a enfin retrouvé? — Qui vous a dit cela? — Celui qui ne respecte pas ses parents, est un homme dont il faut se défier. — La personne que vous attendez et pour (*per*) qui vous êtes si généreux, ne viendra pas.— La femme dont nous parlions et que nous croyions éloignée était dans la chambre voisine. — Qui appelez-vous? — L'étranger que vous avez amené ici, est un homme dont l'orgueil est égal à son talent. — J'ai découvert ce tableau dont le dessin est admirable. — De qui avez vous eu cettre lettre? — Laquelle vous plaît le plus (ne traduisez pas l'article) de ces deux voitures? — Avec qui croyez-vous parler? — Le poëte a chanté le héros dont la valeur a délivré le sépulcre du Christ. — A qui rendrez-vous le manteau qui a été égaré dans votre jardin? — Le médecin à (*di*) qui vous avez serré la main, ne mérite pas la confiance dont il se glorifie. — Qu'avez-vous répondu? — Quelles choses étranges vous me racontez! — Quoi que vous fassiez, je ne suivrai point le conseil que vous me donnez. — A quoi vous décidez-vous? Quels yeux terribles. — Ceux dont vous parliez. — Qui trouvèrent-ils? — L'arbre dont les fruits sont mûrs. — Celle de qui je les (masc.) ai reçus. — Laquelle licrai-je? — Celui à qui je l'envoyai (l' masculin). — Qui m'appelle? — Que défendez-vous? — Celui que je cherche.

ARTICLE IV. — DE L'EMPLOI DES PRONOMS INDÉFINIS.

380. *Comment emploie-t-on le pronom indéfini* ciascuno?

De la même façon que chacun et chacune en français. *Ciascuna narrava,* chacune racontait.

Egli porgeva la mano a ciascuno, il présentait la main à chacun.

On emploie dans le même sens et de la même façon *ciascheduno, ciascheduna.*

381. *Comment emploie-t-on* niuno *et* nessuno?

Niuno et *nessuno* correspondent ordinairement à *personne* avec *ne*. Ce *ne* se traduit par *non*, si *niuno* ou *nessuno* suit le verbe :

    Non c'è nessuno,   il n'y a personne.

Ce *ne* au contraire, ne se traduit pas du tout, si *niuno* ou *nessuno* précède le verbe :

    Niuno ou *nessuno ha veduto,* personne n'a vu.

On peut aussi traduire personne par *veruno* ou *alcuno* avec *non* :

    Non ho veduto alcuno ou *veruno*, je n'ai vu personne.

382. Le pronom *veruno* a donc le même sens que *niuno* ou *nessuno?*

Oui. Il signifie également personne, mais il ne s'emploie qu'avec la négative, ou avec les particules *mai*, jamais, et *senza*, sans. Ex. :

    Farete danno a noi, senza fare a voi pro veruno (Alberti). Vous nous ferez tort, sans vous procurer aucun avantage. *Pro* signifie utilité, avantage.

383. *Quelle remarque avez-vous à faire sur* niente?

La même que sur *niuno* et *nessuno*, c'est-à-dire que la particule ne, qui accompagne rien, suivie d'un verbe en français, ne se traduit pas. Ex. : *Niente può spiegare*, rien ne peut expliquer.

Mais si le verbe accompagné de *ne* était formellement négatif, on remplacerait *niente* par un substantif positif, tel que *cosa,* chose, *gente*, gens, *roba*, objets, etc., afin de pouvoir placer la négation *non*, et ce substantif se fait suivre de *alcuno* ou *alcuna*, selon le genre. Ex. :

Non ho veduto cosa alcuna, je n'ai rien vu ;
Non avete trovata roba alcuna? n'avez-vous rien trouvé ? On rejette plus élégamment ainsi l'adjectif après le nom.

384. *Que signifie le pronom* Altri?

Altri en général signifie quelqu'un. Ex. :

D'altri è venuta la spiegazióne.

De quelqu'un est venue l'explication. Dans cet exemple *altri* est régime. Quand il est sujet, il peut se traduire par *on* :

Altri vi ha provveduto, on y a pourvu.

Cet *altri* est quelqu'un qu'on ne désigne pas.

REMARQUE. — Il ne faut pas confondre *altri*, pronom indéfini, qui est toujours singulier, avec *altri*, pluriel masculin de l'adjectif *altro*, *altra*, autre.

385. Altrui *est-il synonyme d'*altri?

Non. *Altrui* ne s'emploie que comme régime. Il signifie d'autrui et à autrui et ne se dit que des personnes. Ex. :

Le nostre tenebre fanno lume altrui;
Nos ténèbres font de la lumière à autrui.

Quand parfois *altrui* paraît se dire des choses, c'est qu'il se prend substantivement et se rapporte indirectement aux personnes; il signifie alors le bien d'autrui.

Non rubare l'altrui, ne pas voler le bien d'autrui.

386. *Y a-t-il en italien un pronom qui corresponde exactement au pronom français indéfini* on?

Non. Le mot *altri*, ainsi qu'il a été dit au nº 384, peut jusqu'à un certain point le remplacer, mais il est moins vague que *on*, qui signifie selon les circonstances « quelqu'un » « quelques-uns » ou même « celui qui parle. » Par exemple s'il fallait traduire cette phrase :

On se trompe quand *on* s'imagine que, etc.,

phrase dans laquelle *on* joue le rôle d'un substantif, puisqu'il y a un pronom *se* qui le représente, il est nécessaire de changer la phrase en italien, comme s'il y avait :

L'homme se trompe quand il s'imagine, etc.
L'uomo s'inganna quando s'immagina, etc.

Celui-là se trompe qui s'imagine, etc.
Colui s'inganna che s'immagina, etc.

Un (sous-entendu homme) se trompe quand il s'imagine, etc.
Uno s'inganna quando s'immagina, etc.

387. *S'il en est ainsi, pourquoi avez-vous porté* si *au n° 117 comme correspondant au français* on?

Parce que *si* correspond en effet à *on* dans un grand nombre de cas. Mais nous avons dit que la correspondance n'est pas parfaite. Le pronom *si*, par lui-même, signifie *se*, pronom de la 3e personne ; en français *se* peut aussi parfois remplacer *on*. Ainsi « on dit » peut être remplacé par « il se dit ; » « on voit les ennemis » par « les ennemis se voient. »

388. *Indiquez dans quels cas l'Italien peut traduire* on *par* si.

Il faut pour cela trois conditions :

La première, que le verbe français gouverné par *on*, s'il est traduit en italien, par un verbe actif, soit à un temps simple et non à un temps composé.

La seconde, que ce verbe n'ait pas pour régime direct un pronom personnel.

La troisième, que le régime direct de ce verbe se prête à l'inversion française par *se*, comme dans les exemples du numéro précédent. Ex. :

On voit l'ennemi. On vit les ennemis.

Dans ces deux exemples, voir est à un temps simple. *Vedere* par lequel il se traduit est actif ; il n'y a pas de pronom pour régime direct ; enfin l'inversion par *se* peut se faire, car il serait loisible de dire :

\ L'ennemi se voit. Les ennemis se virent.

Toutes les conditions étant remplies, on peut mettre *si* :

Si vede il nemico. Si videro i nemici.

Mais s'il y avait : on bat l'ennemi, on battit les ennemis,

la première et la seconde condition seraient remplies; mais la troisième manquerait, car il serait absurde de supposer que l'ennemi se bat lui-même ou que les ennemis se battirent eux-mêmes, alors que l'on veut dire « l'ennemi est battu » ou « les ennemis ont été battus. » Dans ce cas, on ne peut employer *si*. Nous verrons plus loin, comment il faut dire.

REMARQUE. — Nous avons mis pour première condition « si le verbe français est traduit en italien, par un verbe actif. » Car si ce verbe est neutre, il n'y a plus de difficulté, parce qu'il n'a pas de régime direct.

On se traduira donc par *si* aux temps simples et aux temps composés, ces derniers étant conjugués avec l'auxiliaire *essere* et non *avere* :

On ira à la ville, *si andrà in città*;
On a pleuré pendant le sermon,
Si è pianto durante la predica.

389. *Quand les trois conditions sus-indiquées ne sont pas remplies, comment faut-il traduire* on?

PREMIER CAS. — Si le verbe est actif et à un temps composé, il doit être remplacé par son participe passé, avec le verbe *essere*, ou bien on emploie à l'actif, la troisième personne du pluriel sans pronom, ou enfin on donne pour sujet au verbe l'un des pronoms *tutti, alcuni, altri, uno*, etc., selon le sens de la phrase. Ex. :

On a vu l'ennemi ici. *Si è veduto il nemico qui*;

c'est-à-dire l'ennemi s'est vu ici. « *Si ha veduto il nemico qui* » ne signifierait rien. On peut dire encore :

Uno ha veduto il nemico qui, ou bien
Alcuni hanno veduto il nemico qui.

Mais la première traduction est la meilleure, parce qu'étant la moins définie, elle répond mieux au sens de *on*.

DEUXIÈME CAS. — Quand le verbe actif a pour régime direct un pronom personnel, on emploie le participe passé avec *essere* ou *venire*, ou bien le verbe actif à la 3e personne du pluriel, sans pronom, ou enfin l'un des pronoms *uno, altri, tutti*, etc., comme dans le premier cas. Ex. :

On se flatte, c'est-à-dire on flatte soi. Quel est cet *on* qui se flatte? Est-ce tout le monde? Dites alors : « *Tutti si lusin-gano.* » Sont-ce quelques-uns! dites : « *Alcuni si lusingano.* » Est-ce une personne seule que vous ne voulez pas désigner? dites : « *Altri si lusinga.* »

Remarquez que dans ces exemples *si* traduit *se* et non pas *on.* Autre exemple :

On me poursuit, c'est-à-dire on poursuit moi. Dites :

Io sono perséguitato, je suis poursuivi, ou :
Mi perséguitano, ils me poursuivent, où :
Taluno mi perséguita, quelqu'un me poursuit.

TROISIÈME CAS. Quand le verbe est actif, mais qu'on ne peut tourner *on* par *se* en français, il faut mettre le participe du verbe au passif ou garder le verbe à l'actif, avec l'un des pronoms *tutti, alcuni, altri,* etc., comme au deuxième cas. Par exemple : *On* battait Paul.

Il n'est pas possible de dire « Paul se battait » de la même manière qu'on dirait « l'ennemi se voit. » Il faut alors traduire comme s'il y avait : Paul était battu ou « ils battaient Paul » ou « quelqu'un battait Paul. »

Paolo era battuto ou *Paolo veniva battuto*
Ou *battevano Paolo* ou *altri batteva Paolo.*

Veniva dans l'exemple ci-dessus (nº 139 au lieu de *era*) correspond à peu près au français devenir. Paul devenait battu.

On voit d'après l'analyse des différents cas qui peuvent se produire, que *on* n'a pas d'équivalent absolu en italien. C'est le sens que l'on attache au pronom indéfini, qui détermine la manière de le traduire.

390. *Quand les pronoms personnels sont régimes indirects du verbe gouverné par* on, *et que cet* on *se traduit par* si, *comment place-t-on* si?

Le régime indirect se place avant *si* quand le pronom est seul. Ex. :

Mi si dicono villanie, on me dit des injures.
Ti si è teso un agguato, on t'a tendu un piége.
Gli si mostrò come la cosa fosse accaduta.
On lui montra comment la chose était arrivée.

Mais si le pronom est précédé d'une préposition il peut se mettre avant et après le verbe :

Si mostrò a loro come, etc., on leur montra comment, etc.

391. *Quand* on *est suivi d'une négation, les règles données ci-dessus en sont-elles changées?*

Non. Seulement quand *on* est traduit par *si*, la négation doit toujours précéder *si*. Ex. :

> *Non si sa,* on ne sait pas.
> *Si non sa* serait inintelligible.

392. *Quand* on *est suivi de* en *ou de* y *dans les locutions* on en, on y, *comment traduit-on les particules* en *et* y?

En se traduit par *ne*; mais alors *si* devient *se* et se place devant *ne*. Ex. : *Se ne riderà,* on en rira.

Y se traduit par *ci* ou par *vi* et *si* se met après l'une ou l'autre de ces particules. Ex. :

> *Non ci si vede* ou *non vi si vede,* on n'y voit pas.

393. *A fin de mieux faire comprendre les règles relatives au pronom indéfini* on, *conjuguez un verbe actif (il n'y a pas de difficulté pour les neutres) avec* on *pour sujet, un nom pour régime direct, et un pronom personnel pour régime indirect.*

Indicatif	Subjonctif
On me remet une lettre.	Qu'on me remette une lettre.
Mi si consegna *mi è* ou *mi viene consegnata* *mi consegnano* } *una lettera.*	*Che mi si consegni* *che mi sia* ou *venga consegnata* *che mi consegnino* } *una lettera*
On te remettait une lettre.	Qu'on te remît une lettre.
Ti si consegnava *ti era* ou *veniva consegnata* *ti consegnavano* } *una lettera.*	*Che ti si consegnasse* *che ti fosse* ou *venisse consegnata* *che ti consegnassero* } *una lettera*
On lui remit une lettre.	
Gli si consegnò *gli fù* ou *venne consegnata* *gli consegnarono* } *una lettera.*	

Indicatif.	Subjonctif.
On leur remettra une lettre.	On leur remettrait une lettre.
Si consegnerà a loro *sarà* ou *verrà consegnata* } *una* *a loro* } *lettera.* *consegneranno a loro*	*Si consegnerebbe a loro* *sarebbe* ou *verrebbe con-* } *una* *segnata a loro* } *lettera·* *consegnerebbero a loro*
On m'a remis une lettre.	Qu'on nous ait remis une lettre.
Mi è stata consegnata } *una* *mi hanno consegnato* } *lettera.*	*Che ci sia stata conse-* *gnata* } *una* *che ci abbiano conse-* } *lettera·* *gnato*
On t'avait remis une lettre.	Qu'on vous eût remis une lettre.
Ti era stata consegnata } *una* *ti avevano consegnato* } *lettera.*	*Che vi fosse stata con-* *segnata* } *una* *Che vi avessero conse-* } *lettera·* *gnato*
On t'eût remis une lettre.	
Ti fù stata consegnata } *una* *ti ebbero consegnato* } *lettera.*	»
On lui aura remis une lettre.	On leur aurait remis une lettre.
Gli sarà stata consegnata } *una* *gli avranno consegnato* } *lettera.*	*Sarebbe stata consegnata* *a loro* } *una* *avrebbero consegnato a* } *lettera·* *loro*

A l'impératif et aux modes impersonnels, les pronoms régimes indirects se mettent après le verbe :

Remets-moi une lettre,	*consegnami una lettera.*
Remettez-lui une lettre,	*consegnategli una lettera.*
Leur remettre une lettre,	*consegnare a loro una lettera..*
En te remettant une lettre,	*consegnandoti una lettera.*
Une lettre m'ayant été remise,	*consegnatami una lettera.*

THÈME XVII

EXERCICES SUR LES PRONOMS INDÉFINIS.

394. On aime plus le vice que la vertu. — On vend les maisons presque pour (*per*) rien. — Je donnerai à chacune de vous une quenouille. — Rien ne peut remplacer l'œil de la maîtresse dans la maison. — On en parle plus que vous ne croyez. — On l'aime à la folie (*à l'impazzata*). — Je ne connais personne de plus grand mérite. — On ne parle pas mal de lui et l'on n'en parlera jamais. — On les voit passer tous les jours. — Si quelqu'un a compris la leçon, qu'il le dise. — On me l'a dit plusieurs fois. — On se bat dans la plaine. — Tu ne désireras pas le bien d'autrui. — Il ne se rappelle rien. — On vous appellera. — On se repent souvent dans la vieillesse, de ce qu'on a fait dans la jeunesse. — Pour aucune raison je n'y consentirai. On n'y peut pas consentir. — Ne faites pas à autrui ce que vous ne voudriez pas qu'on vous fît. — Quand on a beaucoup de richesses, on veut souvent en avoir davantage. — Si chacun modérait ses désirs, presque personne ne serait malheureux. — Avez vous rien vu de plus agréable (ne traduisez pas *de*). — Si vous trouvez rien d'aussi commode vous me l'acheterez. (Ici rien étant positif, et signifiant une chose quelconque, se traduit par *cosa* et non par *niente*). — On n'en fait plus de cette espèce. — Quiconque est capable de trahir, est un infâme. — Aucun de mes amis n'ose me parler : ils fuient tous un malheureux. — Que voulez-vous que je vous lise? Un livre quelconque. Il n'importe lequel. — Un animal dont la viande me plaît extrêmement, c'est le mouton. — On ne vit pas heureux, si l'on ne vit pas suivant les conseils de la vertu. — Quand on est heureux, on ne se souvient plus du mal passé. — Quiconque imite les saints, ne doit rien négliger dans cette étude : personne ne peut périr en les imitant. — On vit autrement (*altrimenti*) avec les saints qu'avec (*che*) le monde.

CHAPITRE V.

Syntaxe des parties invariables du Discours.

————

ARTICLE Iᵉʳ. — SYNTAXE DE L'ADVERBE.

395. *Quelles remarques avez-vous à faire sur l'emploi des adverbes de temps* (nᵒ 199) ?

Deux seulement sur *mai* qu'on dit aussi *giammai*. Les deux mots signifient jamais. En outre, *mai* a parfois le sens de toujours :

> *Il cielo è oggi cosi bello come lo fù mai.*
> Le ciel est aujourd'hui aussi beau qu'il le fut jamais.

Ici jamais a le sens de toujours : on ne pourrait pas mettre *come lo fù giammai.*

Jamais en français, ne saurait être accompagné de *ne pas.* Ainsi on dit : « Je ne l'ai jamais vu, » et non je ne l'ai pas jamais vu. » En italien, néanmoins, bien que *non* corresponde à *ne pas*, on traduit *ne* tout seul par *non* dans ce cas :

> *Non l'ho mai visto.*

396. *Quelles remarques sur les adverbes de lieu?*

Aucune, quant à la place qu'ils occupent dans la phrase. Mais quant au choix à en faire selon le sens, il faut faire sur quelques-uns, une remarque analogue à celle que l'on a faite sur les adjectifs démonstratifs (nᵒ 98).

> *Qui, qua* signifient ici, par ici, où je suis.
> *Li, là*   dᵒ   là,   où il est.
> *Colí, colà*   dᵒ   là,   où il est.
> *Costí, costà* dᵒ par ici,   près de moi.

Observons encore que les adverbes *dentro*, dedans, *fuori*, dehors, *sù*, en haut, deviennent prépositions quand on leur donne un régime.

397. *N'y a-t-il pas un adverbe de lieu qui mérite une mention particulière, à cause de ses usages multiples?*

Oui, c'est l'adverbe *onde*, qui par lui-même, veut dire *d'où*. Mais on l'emploie souvent pour remplacer *di cui* : il équivaut alors au *dont* français :

Una compagnia onde fù capitano il detto Doge. (Villani.)
Une compagnie *dont* fut capitaine ledit Doge.

Onde signifie encore : au moyen duquel, au moyen de quoi. Ex. :

Voi ch'ascoltate in rime sparse il suono
Di quei sospiri ond'io nudriva il core. (Pétrarque.)

Vous qui écoutez en mes vers le son de ces soupirs *dont* je nourrissais mon âme.

Quelquefois *onde* signifie « de manière à » « afin de » en sorte que. »

I demonj non guatano altro, che di fare onde perderlo. (Fra Giordano.)
Les démons ne visent à autre chose, que de faire en sorte de le perdre.

Enfin *onde* est quelquefois conjonction, et alors il veut dire : c'est pourquoi aussi, etc. Ex. :

Ecco il sole... dissolve le nevi negli alti monti :
Onde i fiumi furiosi.... corrono. (Boccace.)

Voilà que le soleil fait fondre les neiges dans les hautes montagnes : c'est pourquoi les rivières courent en furie.

398. *Quelles remarques faites-vous sur les adverbes de quantité?*

Deux remarques. La première, c'est que l'italien omet de traduire la préposition *de* qui suit l'adverbe en français, lorsque celui-ci se rapporte à un nom. Ex. :

Assez d'argent, *abbastanza danaro.*
Plus de vices que de vertus, *più vizj che virtù.*

La seconde, que dans ce même cas, les adverbes *molto*, beaucoup, *poco*, peu, *troppo*, trop, s'accordent avec le nom auquel ils se rapportent, comme de véritables adjectifs. **Ex.** :

> Beaucoup de dames,   *molte signore;*
> Peu d'amis,   *pochi amici.*
> Trop de liberté,   *troppa libertà.*

Un adverbe de quantité peut s'appliquer à un autre. Ainsi, beaucoup plus, *molto più*. En ce cas, on peut dire aussi *vie più*, beaucoup moins, *vie meno* :

> Il est beaucoup plus robuste qu'adroit.
> *Egli è vie più robusto che destro.*

399. *Quand les adverbes de quantité*, plus, moins, autant, *sont répétés en français, comment les traduit-on ?*

Le premier *plus* ou *moins* par *quanto più* ou *quanto meno* : le second, par *tanto più* ou *tanto meno* :

> Plus il devient savant, plus il est modeste.
> *Quanto più dotto egli diventa, tanto più è modesto.*

C'est comme s'il y avait : il est d'autant plus modeste qu'il est plus savant.

Autant répété se traduit la première fois par *quanto* et la seconde par *tanto*. Ex. :

Autant la politesse plaît, autant la grossièreté déplaît.

Quanto piace la cortesia, tanto offende la rusticità; on peut dire aussi :

Tanto piace la cortesia, altrettanto offende la rusticità.

Si *autant* se rapportait à un nom pluriel, il faudrait préférer cette seconde manière. Ex. :

> Autant d'hommes, autant d'opinions.
> *Tanti uomini, altrettante opinioni.*

400. *Comment traduit-on les expressions autant que et d'autant plus que?*

Autant que se traduit par l'adverbe *quanto* seul.

Si *quanto* se rapporte à un adjectif, il est invariable :

> Elle est belle, vous l'êtes autant qu'elle.
> *Ella è bella : lo siete quanto dessa*

Mais si *quanto* se rapporte à un nom, il en prend le genre et le nombre. Ex. :

Avez-vous beaucoup de fleurs ? j'en ai trouvé autant que vous.

Avete molti fiori ? ne ho trovati quanti voi.

De même pour un pronom :

Vengono tutti quanti, ils viennent *tous*, *tant qu*'ils sont.

D'autant plus que, se traduit par *tanto... quanto* ou par *quanto* et *altrettanto*, comme dans l'exemple du n° 399, *quanto più dotto*, etc.

401. *Y a-t-il quelque adverbe d'affirmation, ou de négation qui puisse se confondre avec un autre ?*

Oui ; on pourrait confondre *nò* avec *non*. Le sens n'est pas le même. *Nò* correspond au français *non* : le *non* italien au contraire, correspond au français *ne pas*. Le premier est la réponse à une question : le second s'emploie avec un verbe dans le cours de la phrase. Ex. :

Êtes-vous prêt? non, *siete pronto ? nò.*

On ne pourrait pas répondre *non*.

Je ne suis pas prêt, *non sono pronto.*

On ne pourrait pas dire, *nò sono pronto.*

402. *Dans ces locutions « que oui » « que non, » comment traduit-on la conjonction* que?

Par *di*. Ex. : Vous affirmez que oui, moi je dis que non, *voi accertate di sì; io dico di nò.*

403. *Quoi de particulier se voit encore dans l'usage de non ?*

C'est que *non*, quand il précède le pronom personnel *lo* (article employé pronominalement), peut se contracter avec lui, et devenir *nol*. Ex. :

Nol posso negare, je ne le puis nier.

Mais cette contraction n'est pas obligatoire, et il est loisible de dire : *Non lo posso negare.*

404. *Quelles remarques faites-vous sur les adverbes de doute?*

Aucune, si ce n'est que l'adverbe *quasi* suivi de *che* devient conjonction, et signifie *comme si.*

405. *Et enfin sur les adverbes de qualité ?*

Une générale et trois particulières.

Observation générale. — Le *que* s'exprime après les adverbes pris au comparatif (n⁰ˢ 229, 230), d'après les règles données pour les adjectifs (n⁰ˢ 285, 286, 287, 288). De même pour le superlatif (n⁰ 289).

N. 1° *Meglio* et *ottimamente* sont le comparatif et le superlatif de *bene*; *peggio* et *pessimamente* le comparatif et le superlatif de *male*.

N. 2° L'italien traduit « de mieux en mieux » par de bien en mieux : *di bene in meglio* et « de pis en pis » par de mal en pis, *di male in peggio*.

N. 3° Pour traduire au mieux, au pire, on fait précéder *meglio* et *peggio* de l'article féminin *la :*

Alla meglio, au mieux; *alla peggio,* au pire.

THÈME XVIII

Exercices sur les adverbes.

406. Plus la bouteille versait, moins elle se vidait. — Il se montre maintenant pour son fils, aussi sévère que jamais. — Venez ici, vous aurez assez d'espace, pour (*da*) vous asseoir. — Nos affaires vont de mal en pis. Non je ne puis le croire. — N'allez jamais là, si vous voulez que je vous accueille ici. — Beaucoup d'enfants n'atteignent pas leur troisième année. — Vous laissez trop de liberté à vos domestiques. — Plus vous lâchez la bride, et plus ils tentent d'en abuser. — Autant de passions effrénées, autant de routes pour aller en enfer. (Traduisez pour par *da*).

ARTICLE II. — Syntaxe des prépositions.

407. *Quelles sont les prépositions italiennes, qui ne peuvent avoir après elles aucune autre préposition, c'est-à-dire dont le régime est toujours direct ?*

Il y en a douze qui sont :

A ou *ad* devant une voyelle à,   *eccettuato* excepté,
Circa concernant,   *ecco* voici, voilà,
Con avec,   *in* en et dans,
Da de et par,   *lungo* le long de,
Di de,   *per* par et pour,
Eccetto hormis,   *secondo* selon.

I Barbari vennero a Roma, entrarono in Roma.
Les Barbares vinrent à Rome, entrèrent *dans* Rome.

Roma fù presa da Brenno, Rome fut prise par Brennus.
Una statua di marmo,   une statue de marbre.
Lungo il fiume,   le long de la rivière.

408. *Quelles sont les prépositions italiennes qui peuvent avoir après elles une autre préposition ou n'en pas avoir, suivant la volonté de celui qui parle, et dont le régime est ainsi direct ou indirect ?*

Il y en a dix-sept qui peuvent ainsi se passer d'une préposition subséquente, ou qui prennent *di* ou *a*, quelques-unes des deux : elles sont renfermées dans le tableau suivant :

Avanti	*avanti a*	»	avant.
Contro	*contro a*	*contro di*	contre.
Davanti	*davanti a*	»	devant.
Dentro	*dentro a*	*dentro di*	dans (l'intérieur de).
Dietro	*dietro a*	»	derrière.
Dinanzi	*dinanzi a*	»	devant.
Dopo	»	*dopo di*	après.
Entro	*entro a*	*entro di*	dans (l'intérieur de).
Frà	»	*frà di*	entre et parmi.
Oltre	*oltre a*	»	outre.
Presso	*presso a*	*presso di*	près.
Senza	»	*senza di*	sans.
Sopra	*sopra a*	*sopra di*	sur.
Sotto	*sotto a*	*sotto di*	sous.
Sù	»	*sù di*	sur.
Trà	»	*trà di*	entre et parmi.
Verso	»	*verso di*	vers.

Gesù-Cristo scelse dodici apostoli frà i suoi discepoli.
Jésus-Christ choisit douze apôtres, *parmi* ses disciples.

Frà di Cesare e Pompeo vi fu una lunga guerra.
Entre César et Pompée, il y eut une longue guerre.

Egli sta nascosto dietro il muro ou *dietro al muro.*
Il se tient caché derrière le mur.

Egli venne verso me ou *verso di me,* il vint vers moi.

409. *Quelle remarque générale doit-on faire sur les préposi-tions monosyllabiques, quand elles sont suivies de l'article?*

C'est qu'elles se fondent généralement avec l'article simple, pour former l'article composé (n° 85). Ce n'est cependant pas obligatoire pour les prépositions *con*, *frà*, *per* et *sù* qu'on trouve souvent séparées de l'article dans les meilleurs auteurs : *Con il tuo* au lieu de *col tuo, per la ragione, sù le montagne,* au lieu de *pella ragione, sulle montagne* etc., mais l'usage général est de fondre les deux mots.

410. *Y a-t-il des prépositions qui puissent se joindre en un seul composé à d'autres mots que les articles?*

Oui, ce sont les prépositions *con* et *ecco,* ainsi que nous l'avons vu au n° 366.

411. *Quelles sont les prépositions qui ne peuvent s'employer sans une autre, c'est-à-dire dont le régime est toujours indirect?*

Il n'y en a qu'une vingtaine, en outre de celles que nous avons vues au tableau précédent.

Accanto a	à côté de.	*fino a*	jusqu'à.
Allato a	d°	*incontro a*	{au devant de. {à l'encontre de.
Appresso a	auprès de.		
Dirimpetto a	{en face de ou {vis-à-vis de.	*innanzi a*	au devant de.
		insino a ou	{jusqu'à.
Di sopra a	au-dessus de.	*sino a*	
Di sotto a	au-dessous de.		

Egli dimora dirimpetto al palazzo, il demeure en face du palais.
Dirimpetto signifie proprement « droit dans la poitrine. »

Di la dì	au delà de.	*ad onta di*	en dépit de, malgré
Fuori di	hors de.	*prima di*	avant de,
Giù di ou *giù da*	en bas de.		etc.

Giù del colle ou *giù dal colle,* en bas du côteau.

12

Di quà da	en deça de.	*lungi da*	loin de.
lonlano da	loin de.	etc.	etc.

Lungi da me i bugiardi! loin de moi les menteurs !

NOTA. — La préposition *da* pour marquer le mouvement par éloignement comme après les verbes (n° 319).

Il y a encore quelques prépositions qui prennent indifféremment *a* ou *di* :

Appresso a ou *appresso di*	auprès de.
Attorno a ou *attorno di*	autour de.
In mezzo a ou *in mezzo di*	au milieu de.
Vicino a ou *vicino di*	près de.

In mezzo ai nemici ou *in mezzo de'nemici.*
Au milieu des ennemis.

412. *Les prépositions correspondantes s'emploient-elles toujours l'une pour l'autre, du français en italien?*

Non. Quand on veut traduire en italien une préposition française, au lieu de chercher quel en est le sens, il faut se demander quel en est l'office, et employer alors les prépositions italiennes, consacrées à cet office.

413. *Qu'entendez-vous par l'office des prépositions?*

Nous entendons le rapport qu'elles ont à exprimer. Ces rapports énumérés au n° 202 sont ceux de temps, de lieu, de moyen, de cause, d'effet, de manière, etc.

414. *Quelles prépositions expriment les rapports de temps?*

a. *Le temps où arrive une chose*, est indiqué par *in, a, per di* et souvent sans préposition :

In tutta notte, non potei posare per resistere. (Vite de'santi Padri.)
De toute la nuit, je ne pus prendre une position pour y rester.

E tremo a mezza state, ardendo il verno. (Pétrarque.)
Je tremble au milieu de l'été, tout en brûlant l'hiver.

Il verno n'a pas de préposition :

Ciò accade di primavera, cela arrive *au* printemps.
Giungerò per san Giovanni, j'arriverai à la Saint-Jean.

b. Le temps écoulé d'un terme à un autre, s'exprime par *a* et par *da* :

> *Da sera a mane, du* soir *au* matin.

Mais si l'on n'a en vue que la durée, sans rapport à un commencement et à une fin, on se sert de *per* :

> *Per più anni,* pendant plusieurs années.

c. Le temps qui s'écoulera entre le moment où l'on parle, et celui où la chose sera faite, s'exprime par *dopo* ou par *fra* selon le sens, c'est-à-dire par *après* ou *entre*, tandis que le français exprime ces deux rapports par *dans* :

> *Farò via per Roma dopo tre giorni,* je partirai pour Rome *dans* trois jours.

> *Sarò giunto a Roma fra tre giorni,* je serai rendu à Rome *dans* trois jours.

Pourquoi *dopo?* Parce que je ne partirai qu'*après* les trois jours écoulés. Pourquoi *fra?* Parce que je serai rendu avant que les trois jours ne soient écoulés, entre le moment où je parle et la limite que je me donne. (Note M.)

415. *Quelles prépositions expriment les rapports de lieu ?*

a. La situation en un lieu s'exprime par *in* et *a* ; quelquefois par *per* ; très-rarement par *appo.* Ex. :

> *Soggiornò alquanto in* Forli. (G. Villani.)
> Il séjourna quelque temps *à* Forli.

> *Il buon uomo, il quale a capo del ponte si sedea.* (Boccace.)
> Le bon homme qui était assis *au* bout du pont.

NOTA. — A, ne s'emploie pas devant les noms de contrées, mais seulement devant ceux de villes, villages, châteaux, etc. Ainsi on ne dirait pas *dimorare a Francia,* mais *dimorare in Francia,* demeurer en France.

En outre des prépositions *in* et *a* on se sert comme en français de *su* et *sopra* pour sur et de *sotto* pour sous. Ce qui est particulier à l'Italien, c'est de pouvoir mettre ensemble les prépositions *in* et *sù* :

> *Lo percosse in sul capo,* il le frappa *à* la tête.
> Mais dans la partie du dessus.

b. *Le mouvement vers un lieu*, s'exprime encore par *in* et par *a* avec la même distinction de ville ou de contrée :

Come se in Francia, in Ispagna, o in alcun altro luogo lontano andar volesse. (Boccace.)

Comme s'il voulait aller *en* France, *en* Espagne ou en quelque autre lieu éloigné.

Andiamo noi con essolui a Roma. (Boccace.)
Nous allons avec lui même à *Rome*.

Dans ces exemples, l'italien et le français usent de prépositions correspondantes. Il n'en est pas de même dans l'exemple suivant :

S'avvicinarono alla città, ils s'approchèrent de la ville.

L'Italien met *a* au lieu du *de* français, à cause du mouvement *vers* un lieu (n° 316).

c. *Le mouvement à travers un lieu* s'exprime en général par *per* ; et par *da* si le passage au lieu de se faire dans le lieu même se fait dans le voisinage :

Essere andato tapino per lo mondo. (Boccace.)
Avoir été à travers le monde, humble et misérable.

Notez *per lo mondo*, forme un peu ancienne, au lieu de « *per il* » :

Veggendo da casa sua molto spesso passare (Boccace.)
Voyant souvent passer près de sa maison.

d. *Le mouvement d'un lieu à un autre* s'exprime ordinairement par *da*, quelquefois par *di* : mais il est plus sûr d'employer *da* :

La bocca si levò dal fiero pasto. (Dante.)
Il retira ses lèvres (sa bouche) de son horrible mets.

On trouve assez souvent *di pour da* chez de bons auteurs, surtout parmi les anciens. C'est une élégance qu'il n'est pas toujours prudent d'imiter, quand on commence à traduire du français en italien :

La reina... levatasi la laurea di capo, quella assai piacevolmente pose sopra la testa a Filóstrato.
La reine (reina pour regina), s'étant ôté le laurier *de* la tête, le posa très-gracieusement sur la tête de Philostrate.

Comme le mouvement d'éloignement s'exprime par *da*, l'éloignement sans mouvement le fait aussi :

Egli parlava dal balcone alla folla, il parlait *du* balcon à la foule.

416. *La préposition française* chez, *exprime un rapport de lieu : a-t-elle un correspondant exact en italien ?*

Non. a. *Devant un nom propre*, on la traduit par *presso* ou *appo* ou *in casa di*, s'il y a repos ; par *da* ou encore par *in casa di*, s'il y a mouvement :

Sta presso Federigo ou *in casa di Federigo*.
Il demeure chez Frédéric.

Vado dal cardinale ou *in casa del cardinale*.
Je vais chez le cardinal.

b. *Devant un pronom personnel*, si ce pronom est à la même personne que le verbe, on traduit *chez* par *a casa* avec un verbe de mouvement, par *in casa* avec un verbe de repos, et dans les deux cas on ajoute l'adjectif possessif, à moins que le sens ne soit assez clair pour s'en passer :

Restate in casa vostra, restez chez vous.
Egli va a casa sua, il va chez lui.

Vado a casa, je vais chez moi. (*Mia* est sous-entendu.)

Mais si le pronom personnel est d'une autre personne que le verbe, on peut traduire *chez* par *da* avec un verbe de mouvement :

Egli è venuto da me, il est venu *chez moi*.

417. *Quelles prépositions expriment le rapport de moyen ?*

C'est principalement la préposition *con* qui a cet office :

Opporsi colla forza, s'opposer par la force.

Ornare con ricami, orner de broderies. (Par le moyen de).

Con un coltello, il meglio che potè, gli spiccò dall'imbusto la testa. (Boccace.)
Il lui détacha du mieux qu'il put *avec* un couteau, le buste de la tête.

Dimoriamovi col pensiero. (Segneri.)
Demeurons-y (au ciel) par la pensée.

Mais on trouve aussi employées au même office, *per di et a* :

Come i corpi si purificano per certi medicamenti, cosi l'anime per le infermità.) Vite de'santi Padri.)

Comme les corps sont purifiés par le moyen de certains médicaments, ainsi les âmes le sont par les infirmités.

Del suo lavoro e guadagno vivea. (Idem.)
Il vivait *de* son travail et *de* son gain.

Un orto che lavorava a sue mani. (Boccace.)
Un jardin qu'il cultivait de ses mains.

REMARQUE. — La préposition *a* est employée pour désigner le moyen, l'instrument, dans une foule de locutions. Nous en citerons quelques-unes :

Serrare a chiave, fermer à clef. — *Battersi a palme,* se battre à coups de poings. — *Mostrare a dito,* montrer *au* doigt. — *Fare alle bastonate, alle pugna,* jouer du bâton, des poings. — *Imparare a memoria,* apprendre *par* cœur, etc.

418. *Quelles prépositions expriment le rapport de cause?*

C'est ordinairement *per* :

Per la sete l'uno morì e l'altro era presso a morire. (Vite de'santi Padri.)

L'un mourut *de* soif et l'autre était près de mourir.

On emploie aussi, mais plus rarement, *di, da, secondo* et *a* :

Se provassero di cadere di sonno, d'assiderarsi di freddo, di morirsi di fame. (Annibal Caro.)

S'il leur arrivait de tomber *de* sommeil, d'être raidis *par* le froid, de subir les angoisses de la faim.

Io voglio che in luogo delle busse, le quali egli vi diede a mia cagione (che) *voi abbiate questa consolazione.* (Boccace.)

Je veux pour les coups qu'il vous a donnés *à* cause de moi, que vous ayez cette consolation.

419. *Quelles prépositions expriment le rapport de la fin qu'on se propose, du but vers lequel on tend ?*

Ce sont les prépositions, *per, da* et *a*. Ex. :

Molti, di diverse parti del mondo, a lui per loro strettissimi ed altrui besogni, concorrevano per consiglio (Boccace).—Beaucoup de gens de diverses parties du monde accouraient à lui *pour* (lui demander) conseil *sur* leurs besoins les plus pressants ou ceux d'autrui :

> *Per mostrare d'avere a grado la sua venuta.* (Boccace.)
> Pour montrer d'agréer sa venue.

> *Donde debbono prendere argomento da non peccare, ed eglino per lo contrario più peccano.* (Passavanti.)
> D'où ils doivent prendre motif *afin de* ne pas pécher, c'est au contraire par là qu'ils pèchent davantage.

C'est la préposition *a* qui se prête au plus grand nombre d'usages, pour indiquer la fin ou le but :

> *Che a dir il vero, omai troppo m'attempo.* (Pétrarque.)
> Car *à* dire la vérité, désormais je me fais trop vieux.

> *Questi aveu poco andare ad esser morto.* (Pétrarque.)
> Celui-ci avait peu de chemin *à* faire pour être mort.

REMARQUE. — Il faut signaler les usages spéciaux de la préposition *a* après le verbe *suonare* : ils sont très-nombreux :

Suonare a predica, a messa, sonner le sermon, la messe. — *Suonare a raccolta, a ritratta,* sonner le ralliement, la retraite. — *Suonare a mortello,* sonner le tocsin. — *Suonare a morte,* sonner la mort. — *Suonare a festa,* sonner la fête ou *pour* la fête.

Dans ces locutions le français met l'article sans préposition.

420. *Quelles prépositions expriment le rapport de manière ?*

Il y en a plusieurs, parce que les manières peuvent être très-diverses. Ce sont encore *con, di, in, per,* quelquefois *da* et très souvent *a.* Ex. :

> *Con fatica così rispose* (Boccace).
> Il répondit *avec* peine en ces termes.

Io vo'che sappi (pour sappia) *in qual maniera trattato sono.* (Pétrarque.)
Je veux que tu saches de quelle manière je suis traité.

La sua santità manifestossi per questo modo. (Vite s[t] Padri.)
Sa sainteté se manifesta *de* cette manière.

La grazia... del sommo ben d'un modo non vi piove. (Dante, Paradiso.)
La grâce du souverain bien ne coule pas sur vous *d'une* seule manière.

Dicano da buon senno. (Varchi.) Qu'ils le disent avec leur bon sens.

Un abito da schiavo, un habit d'esclave, à la façon des esclaves.

Non voler permettere che i fanciulli vestano mai da donna.
(Pandolfini.)

Ne vouloir jamais permettre que les enfants s'habillent *en* femme (à la manière des femmes).

Fate da bravo, agissez en brave.

Le *da* s'explique par la pensée qui est passive : en femme, c'est-à-dire comme il est fait *par* les femmes ; en brave, c'est-à-dire comme il serait fait *par* un brave, etc.

REMARQUE.— Nous signalerons en finissant ce paragraphe, des usages variés de *a* qui se rapportent tous à la manière dont une chose est faite.

Andare a vela, a cupo chino, aller à la voile, tête baissée. — *Andare a corrente, a bandiere spiegate*, aller au courant, bannières ou enseignes déployées. — *Correre a salti*, courir par bonds. — *Pregare a mani giunte*, prier à mains jointes. — *Pingere a olio*, peindre à l'huile. — *Pingere a fresca*, peindre à fresque, *passare a rassegna*, passer en revue. — *Denti fatti a bischeri*, dents faites comme des chevilles.— *Muro a piombo*, mur d'aplomb. — *Cadere a piombo*, tomber d'aplomb. — *Scala a lumaca*, escalier en limaçon. — *Governarsi a lune*, se conduire par caprices. — *Trattare alla peggio*, traiter au plus mal. — *Procedere alla libera*, agir d'une manière libre, etc.

Stare a tu per tu, être à tu et à toi. — *Ad uno ad uno*, un à un. — *A due a due*, deux à deux. — *A poco a poco*, peu à peu. — *A caso*, par hasard. — *In capo a*, au bout de, etc. — *A un di presso*, à peu près.

Au contraire *a* se traduit par *da* dans l'expression acheter à quelqu'un qui se tourne par acheter de quelqu'un, *comprare da*.

421. *Dans vos exemples* per *signifie tantôt* par *et tantôt* pour; *ces deux prépositions françaises sont bien différentes: quand faut-il traduire* per *par l'une ou par l'autre?*

Une règle générale est difficile à donner. Cependant on peut s'aider de la distinction suivante :

Per a ordinairement le sens de *pour*, quand il accompagne un verbe qui indique une intention, une tendance morale.

Felice chi per voi sospira,   heureux qui soupire *pour* vous.
Corro per ritrovarlo,   je cours *pour* le retrouver.
Date un pane per ciascuno, donnez un pain pour chacun.

Dans ces phrases, il y a évidemment une tendance, une intention, autre qu'un acte physique. Voilà pourquoi, c'est *pour* qui traduit *per*.

Dans les phrases suivantes au contraire :

Per me si va tra la perduta gente. (Dante.)
Par moi l'on pénètre chez la race réprouvée.

Discende per madre dai re d'Ungheria.
Il descend *par* sa mère des rois de Hongrie.

Lo prese per i capelli,   il le prit *par* les cheveux.

Gli uomini sono differenti dalle bestie, per l'uso della ragione. (Segneri.)
Les hommes diffèrent des bêtes *par* l'usage de la raison.

L'action de passer *par* un endroit, de provenir d'une mère, de prendre quelqu'un, de différer par un fait, n'indique ni une tendance morale, ni une intention : *par* doit donc traduire *per*.

422. *N'y a-t-il point quelques manières de parler propres aux Italiens, dans lesquelles entre le mot per ?*

Oui « *Stare per* » ou « *essere per* » avec un verbe à la suite, correspond au français, être sur le point de, ou aller :

Egli stava per veleggiare, il était sur le point de faire voile.
Sono per dirvelo,   je vais vous le dire.

Per a souvent aussi le sens de « quelque » et se place devant *un adjectif*, de la même façon que ce mot en français :

Per prudente che sia, quelque prudent qu'il soit. Littéralement « pour prudent qu'il soit. »

Il faut remarquer enfin l'expression « *per tempo* » qui signifie « de bonne heure. » *Si levò per tempo col suo compagno* ; il se leva de bonne heure avec son compagnon. (Fioretti.)

12*

423. *N'y a-t-il point des locutions prépositives, comme il y a des locutions adverbiales* (n° 200)?

Oui, d'abord ce sont toutes les prépositions dont le régime est toujours indirect (n°ˢ 408 et 411). Il y en a encore quelques-unes qui méritent une observation particulière :

C'est d'abord « *in vece di* » qui signifie *au lieu de*.

Il ne faut pas se servir de *in vece di* pour traduire la conjonction *au lieu que* qui se dit *mentre* :

In vece di studiare, scherzate, au lieu d'étudier, vous badinez.

C'est ensuite *malgrado,* malgré, locution composée des mots *male et grado.* Quand malgré est suivi en français d'un pronom personnel, celui-ci se change en italien en adjectif possessif. Ex. :

Malgré toi, *malgrado tuo*, malgré lui, *malgrado suo.*

Si malgré est suivi d'un nom, le mot *malgrado* en italien doit être précédé de *a* et suivi de *di.* Ex. :

Malgré le maire, *a malgrado del podestà.*

424. *Ne vous reste-t-il aucune remarque à faire sur la traduction de quelque préposition française?*

Si; les prépositions *de* et *à* donnent lieu aux observations suivantes :

1° Quand la préposition *de* précède un nom de matière, c'est-à-dire de la matière dont une chose est faite, elle se traduit par sa correspondante *di.* Ex. :

Une broche *de* fer, *uno spiedo di ferro.*

2° Quand elle est mise devant un nom accompagné d'un adjectif, pour indiquer que ce nom est pris dans un sens général, et non dans un sens partitif (n° 278), elle ne se traduit pas du tout :

De bonne eau et *de* bon pain suffisent à la nourriture de l'homme.

Buona acqua e buon pane, bastano alla nutrizione dell'uomo.

3° Quand le *de* français devant un nom de terre appartient

au nom patronymique d'une famille, c'est-à-dire quand il est une particule nobiliaire, on le traduit par *di* :

Scipione di Castro, le Seigneur de Castro, lequel s'appelait Scipion.

Mais si le *de* au lieu d'être une particule nobiliaire, marque seulement l'origine de la personne, on se sert de *da*. *Scipione da Castro*, signifiera un individu nommé Scipion qui était originaire de Castro. Ainsi trouve-t-on dans les « Fioretti » *Frate Jacopo da Massa*, et mille autres exemples, ainsi que dans Boccace.

4° Quand, en français, *a* suivi d'un infinitif peut se tourner par « devant être » avec le participe du verbe, on traduit à par *da*. Ex. :

Avez-vous quelque chose *à dire? avete qualcosa da dire?*
C'est-à-dire avez-vous quelque chose *devant être dit?*

THÈME XIX

EXERCICE SUR LES PRÉPOSITIONS.

425. Il a triomphé par sa valeur. — Je vais avec toi. — Il est resté en deçà du pont. — Vous dormirez hors de la maison. — Il se trouva sans argent. — Avant de partir, vous regarderez au bas du mur, pour voir si les voleurs n'y sont pas cachés sous le foin. — Il faut étudier pour apprendre. — Vous apprendrez cela par l'étude. — Quand vous viendrez chez moi, vous passerez d'abord chez ma tante. — Il conquit en vingt jours le royaume entier. — Arrêtez-vous en face de la tour. — Pendant tout le voyage, ils n'auront qu'une chambre pour deux. — Dans un an, mon fils entrera à l'école militaire. — Cachez-vous dans la cave, au lieu de vous exposer à la vue de ces coquins.—Ne courez pas chez tous les marchands, pour dépenser votre argent. — Mon voisin est sur le point de bâtir, je vais lui vendre le bois et la pierre qui sont à côté de son terrain : il aura deux colonnes de marbre, mais il ne m'achètera pas cette pierre précieuse, qui ne se trouve pas dans le pays.

ARTICLE III. — SYNTAXE DES CONJONCTIONS.

426. *En quoi consiste la syntaxe de la conjonction ?*

La conjonction étant un mot invariable qui sert à lier un verbe à d'autres (ces verbes étant exprimés ou sous-entendus), la syntaxe des conjonctions consiste dans la manière d'employer les verbes, par rapport aux conjonctions qui les lient, ou comme on dit, qui en gouvernent les modes.

427. *Qu'entendez-vous par ces mots, manière d'employer les verbes ?*

J'entends le mode auquel il faut mettre le verbe, selon la conjonction employée ou selon le sens qu'on attache à une même conjonction.

428. *Quelles sont les principales conjonctions qui gouvernent l'indicatif ?*

Ce sont les suivantes :

Adunque et *dunque*	donc.	*mentre*	pendant que.
Anchè et *ancora*	encore.	*nè* et *ned*	ni.
Altresì	aussi.	*nondimeno*	néanmoins.
Anzi bien plus, même, plutôt.		*o* ou *od*	ou.
Come	comme et comment.	*ora*	or, à présent.
Contuttociò (avec tout cela),		*ovvero*	ou bien.
	nonobstant.	*pertanto*	pourtant
Dacchè, dappoichè	depuis que.	*poichè*	puisque, car.
E ou *ed*	et.	*pure* cependant et seulement.	
Eziandìo	au contraire	*quindi*	pour cela, de là.
Inoltre	en outre.	*tuttavia*	toutefois.

Come farò io ? comment ferai-je ?

Or pure avvenne un dì, or, cependant il arriva un jour.

Ma tuttavia vogliamo ricordarti, mais toutefois nous voulons te rappeler.

Aspettate mentre io parlo a mio fratello, attendez pendant que je parle à mon frère.

OBSERVATION. — Dans ces exemples l'indicatif est demandé par les conjonctions italiennes comme par les françaises.

429. *Pourquoi dans le tableau ci-dessus donnez-vous à la fois e et ed pour et; o et od pour où; nè et ned pour ni?*

Le *d* s'ajoute devant un mot commençant par une voyelle, lorsqu'on veut éviter que les deux voyelles, la finale et celle-ci se heurtant, ne produisent un son désagréable :

> *Senza far motto ad amico od a parente.*
> Sans dire un mot à un ami ou à un parent.

Il ne faut pas croire que cette adjonction du *d* (n° 271) soit obligatoire :

> *E gli augelletti, e i fiori, e i pesci e l'erba.* (Pétrarque.)
> Et les petits oiseaux et les fleurs, et les poissons et l'herbe.

430. *En français, quand la conjonction ni est répétée, elle est suivie avant le verbe de la particule ne. Comment se traduit cette particule?*

Elle ne se traduit pas du tout si la phrase est affirmative :

> *Ni* l'or, *ni* la grandeur *ne* nous rendent heureux.
> *Nè l'oro, nè la grandezza ci fanno beati.*

Cela tient à ce que *nè* correspond à *ne-e*, et *ned* à *ne-ed*, composé où il y a déjà une négation qui rend la seconde superflue. Par la même raison, si le régime du verbe gouverné par *nè* est un pronom indéfini comme, personne ou rien, on évite d'employer les correspondants *nessuno et niente* qui ont déjà une négation (n°s 381, 382, 338) :

> Cet homme n'aime ni ne hait personne.
> *Quell'uomo ned ama, ned odia alcuno.*

Mais si la phrase est négative, on exprime le *ne* par *non* :

> Ni l'un ni l'autre ne parlait.
> *Non parlava nè l'uno nè l'altro.*

431. *Quelles sont les principales conjonctions qui gouvernent le subjonctif?*

Ce sont les suivantes, savoir: *che*, avec la plupart de ses composés et *quantunque* :

Che	que	*benchè*	bien que.
Quantunque	quoique	*purchè*	pourvu que.
Acciocchè et affinchè	afin que.	*quasichè*	comme si.
Avvegnachè	quoique.	*sicchè*	de sorte que.

Voglio ch'egli mi mandi un suo famiglio.

Je veux qu'il m'envoie un de ses domestiques.

Fate sicchè io ottenga il premio.

Faites en sorte que j'obtienne le prix.

Quantunque non ne sappiate la causa.

Quoique vous n'en sachiez pas la cause.

OBSERVATION. — Dans ces exemples le français veut le subjonctif comme l'italien.

432. *Vous dites que che gouverne le subjonctif; cependant dans vos tableaux de verbes, vous avez omis d'écrire che devant les temps de ce mode.*

Cela tient à ce que l'italien peut à la rigueur se passer de *che* dans ces cas-là, tandis que la conjonction *que* est indispensable au subjonctif pour l'intelligence du français :

On trouve une foule d'exemples de cette omission de *che*.

(Boccace).

Questa ultima novella, voglio ve ne renda ammaestrate.

Je veux que cette dernière nouvelle vous en instruise; mot à mot : « cette dernière nouvelle, je veux vous en rende instruite. »

433. *Est-ce tout ce que vous avez à dire sur che?*

Non, il faut observer encore que *che* s'emploie souvent dans le sens de *car*, et alors il veut l'indicatif :

Dillo sicuramente, che io ti prometto di pregare Iddio per te.

(Boccace.)

Dis-le en toute assurance, car je te promets de prier Dieu pour toi.

Enfin, il faut éviter de confondre *che* conjonction, avec *che* pronom relatif. Ainsi dans l'exemple déjà cité (n° 374), *che che diciate*, quoi que vous disiez, bien qu'il y ait deux *che* et que le second soit suivi du subjonctif, cependant ni l'un ni l'autre n'est conjonction.

434. *Quelles sont les principales conjonctions qui gouvernent tantôt l'indicatif et tantôt le subjonctif?*

Ce sont les suivantes, dont trois sont formées de *che* :

Contuttochè	quoique.	*perchè*	parce que et pourquoi.
Finchè	jusqu'à ce que.	*perciò*	pour cela.
Imperocchè	car, puisque.	*quando*	quand.
Onde { c'est pourquoi, d'où il suit que, par où, de sorte que.		*se*	si.
		sebbene	bien que, etc.

*Savj pochi si trovano; onde nei partiti, che si fanno nè`
consiglj, sempre pérdono.* (Albertani.)

On trouve peu de sages ; *c'est pourquoi* dans les divisions
qui se font au sein des conseils, toujours ils ont le dessous. (Ils
perdent.)

*Provando che non è mai utile quello che non è onesto, onde
nessuno si dia follemente a credere, che per esser felice, giovi
esser empio.* (Segneri.)

En prouvant que ce qui n'est pas honnête n'est jamais utile,
de sorte que personne ne se laisse aller follement à croire, que
pour être heureux, il soit avantageux d'être impie.

On met le subjonctif *dia*, parce que le prédicateur ne sait
point s'il y aura en effet quelqu'un d'assez fou pour croire
cette absurdité.

Ainsi, c'est l'affirmation absolue ou le doute de celui qui
parle, qui détermine l'emploi de tel ou tel mode, avec l'une des
conjonctions ci-dessus. Nous avons déjà vu (n°s 302 et 297) le
choix à faire des modes, après *se* et *quando*. Disons en finissant
que le subjonctif est plus fréquemment employé que l'indicatif
après les composés de *che*, comme *contuttochè, imperocchè,* etc.

435. *Comment faut-il traduire les conjonctions* comme *et*
ainsi *énonçant une comparaison?*

Par « *nel modo che* » et « *cosi.* »

Comme le feu éprouve l'or, *ainsi* l'adversité éprouve les
hommes courageux.

*Nel modo che il fuoco prova l'oro, così l'avversità prova gli
uomini valenti.*

436. *Y a-t-il des locutions conjonctives,* comme il y a des
locutions adverbiales et prépositives?

Oui, à le bien prendre *avvegnachè, contuttochè, quasichè,
imperocche,* etc., sont de cette espèce. Il faut y joindre *nel modo
che,* locution que nous venons de voir dans l'exemple précédent, et qui signifie « de même que. »

On peut remplacer « *nel modo che* » par *in quel modo* sans
che, et *cosi* par *medesimamente,* mêmement.

*In quel modo il fuoco prova l'oro, medesimamente l'avversità
prova gli uomini valenti.*

Come prima, tostoche, si tosto come signifient aussitôt que, et veulent l'indicatif.

Il faut remarquer encore les locutions conjonctives formées d'un participe passé suivi de *che*.

Detto che l'ebbi me ne pentii. — Dès que je l'eus *dit* je m'en repentis.

THÈME XX

EXERCICE SUR LES CONJONCTIONS.

437. Depuis que la Révolution a commencé, le repos et la sécurité manquent aux peuples. Pendant que le désir de félicité temporelle croît chez (*appo*) tous et toujours, celui des biens éternels va, au contraire, en diminuant. Quoique les hommes aient été trompés cent fois, ils se laissent cependant aveugler, comme si les leçons de l'histoire étaient écrites pour leurs ancêtres et non pour eux-mêmes. C'est pourquoi il arrive que nos temps sont si agités, ou bien si le monde goûte quelques années de tranquillité, les méchants travaillent (1) à les abréger, de sorte que les agitations deviennent à chaque secousse, plus étendues et plus profondes! Que Dieu nous protège!

ARTICLE IV. — SYNTAXE DES INTERJECTIONS.

438. *Comment se placent les interjections dans le discours?*

Selon le besoin et le sentiment de celui qui parle, et sans que l'interjection influe sur les noms, les adjectifs ou les verbes :

Deh! alfin nosco, invocate il suo gran nome. (Manzoni.)
Ah de grâce! invoquez enfin avec nous son nom si grand!

439. *S'il en est ainsi, il n'y a donc pas de syntaxe de l'interjection?*

Si, mais la relation de dépendance d'une partie du discours

(1) Travailler à, dans ce sens, se dit *procurare di*.

avec une interjection, n'existe que pour les pronoms personnels.

440. *Comment place-t-on les pronoms personnels après une interjection?*

Toujours en régime, direct ou indirect, jamais comme sujet :

O te felice, oh! que tu es heureux.
Et non pas *o tu felice*, mot à mot : ô toi heureux.

441. *N'y a-t-il pas quelque exception?*

Une seule, pour le mot *o* servant à appeler : il peut se mettre devant un pronom personnel sujet :

O tu che provasti l'infortunio! ô toi qui éprouvas l'infortune.

442. *Y a-t-il quelque interjection qui veuille le pronom personnel comme régime indirect?*

Oui, c'est l'interjection *guai*, malheur, qui veut être suivie de la préposition *a*. Ex. : *Guai a te*, malheur à toi.

443. *Toutes les interjections sont-elles invariables?*

Oui, quant aux interjections proprement dites. Mais il y a des adjectifs qui sont employés comme interjections, et alors ils prennent genre et nombre.

Ainsi en est-il de *bravo* qui signifie proprement brave, et par extension habile dans son art, et que l'on emploie aussi en français pour applaudir. *Zitto* qui signifie chut! paix! silence!

Bravo, brava, bravi, brave! zitto, zitta, zitti, zitte!

Bravo peut recevoir le superlatif et l'on dit en applaudissant : *bravissimo, bravissima*, etc.

444. *Quand un adjectif est employé en exclamation, comment se met après lui le pronom personnel?*

Comme s'il s'agissait d'une interjection proprement dite, c'est-à-dire en régime :

Disgraziato me! malheureux que je suis.
Povera te! pauvre (femme) que tu es!

EXCEPTION. — Au pluriel cependant on met le pronom comme sujet. Ex. :

Felici noi! heureux que nous sommes!

C'est l'oreille qui l'exige, le pronom régime *ci* n'ayant pas d'accent tonique.

CHAPITRE VI.

De la construction de la phrase italienne.

445. *Qu'est-ce qu'une phrase ?*

C'est une suite de mots disposés de manière à énoncer un sens ou jugement.

446. *Que faut-il pour énoncer un sens ou jugement ?*

Trois choses : un sujet, un verbe à un mode personnel et un attribut.

Ces termes ont dans la grammaire italienne, la même signification que dans la française. Le *sujet* est l'objet du jugement, l'*attribut*, la manière d'être, la qualité, l'effet que l'on attribue au sujet : le verbe est le lien qui unit l'attribut au sujet.

Le jugement énoncé par le sujet, le verbe et l'attribut s'appelle *proposition*.

447. *Pourquoi dans toute proposition, faut-il un verbe à un mode personnel ?*

Parce que s'il était à un mode impersonnel, l'esprit resterait dans l'attente. Que l'on dise par exemple « Dieu étant juste » l'auditeur demandera tout de suite : que fait Dieu en vertu de sa justice ?

448. *Les trois éléments, sujet, verbe, attribut, se trouvent-ils dans toute proposition ?*

Oui, ils y sont sous-entendus, toutes les fois qu'ils ne sont pas exprimés :

1° *Dio è giusto*, Dieu est juste.

Dio est sujet, *è* est le verbe à un mode personnel ; *giusto* est l'attribut ;

2° *Anselmo giuoca*, Anselme joue.

Anselmo est sujet ; *giuoca* peut se décomposer en « *è in giuoco*, est en jeu.* » Alors le verbe au mode personnel c'est *è*, et l'attribut du sujet est *in giuoco*. En jeu est la manière d'être d'Anselme.

3° *Piove*, il pleut.

Le verbe seul est énoncé, mais ce mot correspond à la phrase « *Dio fa cadere pioggia*, Dieu fait tomber de la pluie. » *Dio* est sujet; *fa* est le verbe à un mode personnel; *cadere pioggia* est l'effet qu'on attribue à Dieu.

Il y a plus : le verbe lui-même peut être quelquefois sous-éntendu. Si je demande :

4° *E piovuto?* a-t-il plu?

Et que l'on me réponde *nò*, non, ce *nò* renfermera à lui seul le sens de cette proposition :

« *Non è piovuto*, il n'a pas plu. »

449. *Ne peut-il pas y avoir dans une proposition, plus que le sujet, le verbe et l'attribut ?*

Non, le sujet peut être composé et l'attribut aussi; mais chaque fois qu'il n'y a qu'un verbe à un mode personnel, il n'y a qu'une proposition. Si au contraire il y a deux verbes personnels, c'est qu'il y a deux propositions :

Gli scolari studiano e giuocano a vicenda.
Les écoliers étudient et jouent alternativement.

C'est comme s'il y avait : « Les écoliers étudient et les écoliers jouent alternativement. » Les deux propositions étant unies par la conjonction *e*, et, ne font qu'une seule phrase.

450. *Donnez en exemple une proposition française, dont le sujet et l'attribut soient composés.*

En voici une où le sujet et l'attribut renferment plusieurs mots principaux et accessoires :

« *Le mérite et la grandeur de l'homme s'apprécient devant*
« *Dieu, par la vertu et non par les richesses.* »

Le mérite et la grandeur de l'homme..... voilà le sujet; apprécient..... est le verbe à un mode personnel. Se..... devant Dieu, par la vertu et non par les richesses, voilà l'attribut. De quelle manière en effet le mérite et la grandeur de l'homme, représentés par *se* sont-ils appréciés? Par la vertu, etc.

Cet attribut se décompose en deux parties, *se* qui est le

régime direct du verbe, et tout le reste qui en est le régime indirect (n° 120).

451. *Les éléments constitutifs de la proposition, n'étant pas autres en italien qu'en français, en quoi consiste la différence de syntaxe ?*

En ce que le sujet, le verbe et l'attribut ne se mettent ni toujours, ni nécessairement dans le même ordre en italien qu'en français. Cet ordre possible dans l'arrangement des mots, est ce qu'on appelle dans chaque langue la *construction* de la phrase.

452. *Quel est le caractère principal qui distingue la construction italienne de la française ?*

C'est que l'italienne a beaucoup plus de liberté.

En effet, la phrase française donnée plus haut en exemple, n'est pas susceptible, si l'on emploie les mêmes mots, de beaucoup de variantes : du moins en prose, car en poésie, si cette phrase pouvait se plier aux vers, il règnerait un peu plus de liberté. On ne pourrait guère changer de place, que les mots « devant Dieu » et dire :

Devant Dieu le mérite et la grandeur, etc., ou bien le mérite et la grandeur de l'homme devant Dieu, s'apprécient, etc.

Pour opérer quelque autre changement, il faudrait introduire de nouveaux mots :

C'est par la vertu et non par les richesses *que* s'apprécient devant Dieu le mérite et la grandeur de l'homme.

Il y a dans cette nouvelle expression de la pensée deux verbes à un mode personnel et conséquemment deux phrases : la première consiste en « c'est... que » la seconde en tout le reste.

453. *De combien de manières, sans varier les mots, pourrait-on traduire en Italien l'exemple donné ?*

De quatre façons au moins :

1° En suivant mot à mot la phrase française :

Il merito e la grandezza dell'uomo, si apprezzano dinanzi a Dio, dalla virtù e non dalle ricchezze ;

2° Si l'on veut faire remarquer le prix du jugement de Dieu, en comparaison de l'appréciation humaine, on dira :

Si apprezzano dinanzi a Dio, il merito e la grandezza dell'uomo, dalla virtù e non dalle ricchezze;

3° Si l'on veut au contraire, appeler l'attention sur la vertu, et sur la distinction d'avec les richesses, on dira :

Dalla virtù e non dalle ricchezze si apprezzano dinanzi a Dio, il merito a la grandezza dell'uomo;

4° Si l'on veut enfin mettre en relief à la fois, la vertu et le jugement de Dieu, on pourra dire :

Dalla virtù e non dalle ricchezze, il merito e la grandezza dell'uomo, dinanzi a Dio, s'apprezzano.

454. *Ces quatre manières sont-elles également bonnes?*

La construction est également régulière dans les quatre formes de phrase : la seule différence, c'est que la première est celle qui s'emploierait le plus ordinairement dans la conversation familière. Cependant il n'y aurait rien d'affecté à se servir de la seconde et de la troisième manière en conversation : la quatrième seule, voudrait être absolument réservée pour le style soutenu.

455. *A quels signes reconnaît-on qu'une manière est préférable à une autre?*

A ce qu'elle exprime mieux le sentiment de celui qui parle. En dehors de l'effet produit par les mots mis en évidence, qui révèlent mieux l'intention, il n'y a d'autres règles que celles du goût, c'est-à-dire qu'il n'y en a guères de précises. La lecture des bons auteurs et la pratique de la langue peuvent seules former et développer ce goût.

456. *L'exemple que vous avez donné est une phrase narrative et affirmative : si une phrase narrative, devenait négative, aurait-elle la même liberté?*

La position respective du sujet et de l'attribut serait aussi libre. La place seule de la négation le serait moins : elle doit être rapprochée du verbe :

Il merito e la grandezza dell'uomo, non s'apprezano, etc.

Ou bien *non s'apprezzano dinanzi a Dio*, etc., ou encore *non*

s'apprezzano dalle ricchezze, etc., enfin *Dinanzi a Dio non
s'apprezzano*, etc.

457. *Et quand la phrase est impérative, que se passe-t-il ?*

En français le sujet doit précéder le verbe :

Que tous m'obéissent ou qu'*ils* m'obéissent *tous*.

On ne pourrait pas dire : que m'obéissent *tous*. En italien
au contraire, où le pronom personnel n'est pas toujours
nécessaire, on peut employer également :

M'obbediscano tutti et *tutti m'obbediscano*.

458. *Dites la construction d'une phrase interrogative ?*

En français, la règle est que le sujet de la phrase interrogative se met après le verbe. Ex. :

Paul ne m'a-t-*il* pas offensé? et Paul m'a-t-*il* offensé.

Paul paraît le sujet, mais il n'en est qu'une partie : il n'est
complet que par le pronom *il* qui suit le verbe. Il y a une
exception à cette règle en français, c'est que si l'on emploie
comme sujet *qui* ou *quel, quelle*, etc., suivis d'un nom pour
interroger, on doit mettre le sujet devant le verbe. Ex. :

Qui m'a offensé? n'est-ce pas Paul?
Quel ami m'a offensé? c'est Paul.

L'italien ne connaît pas les entraves du français dans la
règle ci-dessus. Il peut dire, quoique ce ne soit pas la forme
la plus ordinaire, en suivant le français mot à mot :

Paolo non mi ha egli offeso ?

Mais plus ordinairement :

Non mi ha offeso Paolo ? et même :
Paolo non mi ha offeso ?

C'est le point d'interrogation quand on écrit et le ton de la
voix quand on parle, qui distinguent le sens interrogatif de
l'indicatif positif ou négatif.

Quant à l'exception de *qui, quel, quelle*, etc., du français, elle
existe nécessairement en italien :

Chi mi ha offeso? non è Paolo?
Quale amico m'ha offeso ? È Paolo.

OBSERVATION. — Si *quel* suivi d'un nom était régime, la phrase reprendrait sa liberté en italien, et le français rentrerait dans sa règle :

Quel motif avait *Paul* de m'offenser ? ou

Quel motif Paul avait-*il* de m'offenser ?

Qual motivo aveva Paolo d'offendermi ? ou

Qual motivo Paolo aveva d'offendermi ?

459. *Quelle est la construction enfin dans les phrases subjonctives exprimant un désir, une espérance, un regret, etc. ?*

La même que pour l'interrogation. Le français veut le sujet après le verbe :

Que ne puis-*je* oublier cet ingrat !

L'italien pouvant se passer du pronom personnel, le sujet sera sous-entendu dans la traduction :

Che non possa dimenticare quell' ingrato !

Mais si on l'exprime, il peut précéder ou suivre le verbe à volonté :

Ch'io non possa, etc., ou bien *che non possa io,* etc.

460. *Quelle conclusion tirez-vous de l'examen des différentes espèces de phrases ?*

Que la phrase italienne en général est beaucoup plus libre dans son allure que la phrase française, et qu'à un petit nombre de restrictions près, la faculté d'user d'inversions, ne connaît d'autres limites que celles qui sont impérieusement exigées par la clarté. Ces inversions, si naturelles qu'elles soient à l'italien, ajoutent nécessairement pour l'étranger à la difficulté de l'intelligence : mais elles se prêtent merveilleusement à faire saillir l'expression de la pensée et du sentiment.

THÈME XXI

EXRCICE SUR TOUTES LES PARTIES DE LA SYNTAXE.

461. Au ciel, au ciel, mes pieux Chrétiens, au ciel, au ciel!
En est-il quelqu'un parmi vous, qui soit désireux de monter
à un si haut degré de gloire? Pourquoi nous soucier davantage de cette vallée de larmes? Ici de quelque côté que nous
nous tournions, nous n'entendons autre chose que des sanglots, des clameurs; nous ne voyons autre chose que des mé-
chancetés, des misères. Le riche se plaint du pauvre, le pauvre
du riche, le serviteur de son maître, le maître de son serviteur,
et personne ne vit pleinement satisfait de son sort. Rachel est
belle, il est vrai, mais elle s'afflige de n'être pas féconde comme
l'est Lia : Lia est féconde, mais elle se désole de n'être pas
belle comme Rachel. Naaman possède d'abondantes richesses,
mais que lui valent-elles, si une lèpre repoussante le couvre?
Auguste est puissant, mais il n'a pas d'héritier; Tibère est
redouté, mais il n'a pas d'amis.

Et pourtant, ce peu de bien, dont on jouit sur la terre, ne se
peut même pas posséder en paix. A la puissance des princes,
les rebelles tendent des piéges par les armes; au repos des
favoris, les courtisans par leurs intrigues; au succès des
lettrés, les émules par leur opposition; à la sécurité des riches,
les voleurs par les rapines; aux plaisirs des amants, les rivaux
par les discordes. Tout est jalousie, tout est lutte, tout est péril,
tout est anxiété, tout est chagrin. Et nous nous soucions de
demeurer plus longuement dans un lieu si misérable!

Déjà Sénèque disait que la nature, par un artifice des plus
subtils, faisait naître l'homme privé de sens, parce qu'autrement nul ne serait content d'entrer dans le monde, s'il le con-

naissait avant d'y entrer. Et nous, déjà nous avons connu ce monde, déjà nous l'avons expérimenté, et nous souffrons encore d'y rester! Allons donc! Au ciel, au ciel, pieux Chrétiens, au ciel, au ciel! Si nous ne pouvons pour le moment, y aller avec notre corps, allons y en esprit; si nous ne pouvons y demeurer par la présence, demeurons y par la pensée.

Traduit de SEGNERI. (10e sermon).

On traduira : pieux chrétiens par mes chrétiens très-fidèles. — **Rachel** par *Rachéle*. — Lia par *Lia*. — Naaman par *Náman*. — **Auguste** par *Augusto*. — Tibère par *Tibério*. — Senèque par *Séneca*.

13

Supplément relatif aux accents

AVERTISSEMENT

462. Pour ne pas embarrasser les commençants par des détails trop compliqués, nous n'avons pas voulu insérer dans l'introduction, certaines règles secondaires, relatives à l'accent vocal, à l'accent tonique, et à la singulière action qu'ils exercent l'un sur l'autre. Nous les plaçons ici, en supplément. Le maître les fera passer à l'élève, à une première lecture de la grammaire, sauf à y revenir, quand les organes seront déjà familiarisés avec l'accent tonique, qui est le plus essentiel.

Du reste, l'élève, en apprenant par cœur les tables accentuées, y aura puisé dès l'abord, une certaine connaissance pratique à ce sujet.

Les règles contenues dans l'article premier de ce supplément sont, en majeure partie, extraites de la savante grammaire italienne du P. Paria de la Compagnie de Jésus, ouvrage qui jouit dans toute la péninsule de l'autorité la mieux méritée. Celles du second article ne se trouvent, du moins réunies ensemble, chez aucun grammairien, parce qu'elles sont généralement inutiles aux Italiens, dont l'oreille est formée par l'habitude. Mais, elles sont d'un grand intérêt pour l'étranger, qui trouvera dans la pratique de ces règles, le meilleur moyen de déguiser sa nationalité.

Disons cependant, que sur quelques points de détail, il y a divergence dans l'usage, parmi les personnes mêmes les plus instruites. Les Français n'en seront pas surpris, car ils savent eux aussi, dans certains mots, discerner de légères nuances entre la prononciation de Paris, et celle de la meilleure compagnie dans les provinces (1).

---

(1) Il n'est aucun Français ayant un peu voyagé dans son pays, qui n'ait remarqué par exemple, selon les provinces, le plus ou moins d'ouverture de l'*a* dans administration, s*a*ble, p*a*ille et de l'*o* dans drôle, rôti, Pentecôte, etc., potion, émotion, etc.

ARTICLE Iᵉʳ. — DE L'ACCENTUATION VOCALE DES TONIQUES.

463. *Qu'entendez-vous par accentuation vocale des toniques ?*

C'est le degré d'ouverture qu'il faut donner aux voyelles *a, e, o* quand elles portent la tonique. Le présent article renfermera les règles spéciales, dont il a été question au n° 54.

464. *Avez-vous quelque chose à ajouter sur la distinction du son ouvert au son fermé, pour les trois voyelles* a, e, o *?*

Non, en ce qui regarde le son pur de ces voyelles. C'est celui qui leur a été attribué au n° 68. Mais il y a des sons que nous n'avons pu rendre par des signes convenus en rédigeant nos tables. Ce sont ceux de l'*a* et de l'*o* devant les liquides *m* et *n*, suivies d'une autre consonne. Ainsi dans :

Cámpo, champ;	*fiánco,* flanc;
Tómba, tombeau;	*frónte,* front;

l'*a* n'est ni celui de prépare (a), ni celui de rare (A). L'*o* n'est ni celui de molle (*o*), ni celui de côté (o), mais un son couvert, qui sans être précisément la voyelle nasale française *an* ou *on* s'en rapproche un peu. Cette manière ne se peut pas exprimer par l'écriture.

465. *Quand l'a tonique est-il fermé ?*

1° Quand il est final, dans un mot de deux ou plusieurs syllabes :

> *Finirà,* il finira.

2° Quand dans un monosyllabe, il est suivi d'une apostrophe :

> *A' miei* pour *ai miei,* aux miens.

3° Quand la tonique pénultième est suivie d'une consonne redoublée et d'une voyelle seule ou d'une des diphtongues *io, ia, uo, ua* :

Cáccia chasse.	*Pássi* tu passes,	*trágge* il tire,
Capánna cabane,	*gázza* pie,	*záppa* il pioche, etc.
Capárre arrhes,	*látte* lait,	*tásso* if (arbre),
Gátto chat,	*pánno* drap,	*vácca* vache,
Básso bas,	*sácco* sac,	*válle* vallée,
Giállo jaune,	*mátto* fou,	etc.
Bátto je bats,	*pázzo* fou, etc.	

4° Dans une foule d'autres mots qu'il est impossible de soumettre à des règles, mais principalement dans ceux où occupant le poste de pénultième, l'*a* est suivi de deux ou trois consonnes :

árduo difficile,	*fiásco* flacon,	*rástro* rateau,
árte art,	*málta* mortier,	etc.

466. *Quand l'a tonique est-il ouvert ?*

1° Quand dans un monosyllabe il est aspiré.

Ah ! ribaldo,   ah ! coquin.

2° Quand il est pénultième, dans les mots où il est suivi d'une seule consonne et d'une seule voyelle, *lorsque ces mots sont d'origine latine, et ont en latin l'a pénultième long, par nature :*

Noms.		Adjectifs.	
Altare autel,	de *altāre.*	*Audace* audacieux,	de *audācis*
chiave clef,	de *clāvis*	*caro* cher,	de *cārus*
grano grain,	de *grānum*	*frugale* frugal,	de *frugālis*
naso nez,	de *nāsus*	*grato* agréable,	de *grātus*
pace paix,	de *pācis*	*infame* infâme,	de *infāmis*
pane pain,	de *pānis*	*sano* sain,	de *sanus*
prato pré,	de *prātum*	*soave* suave,	de *suāvis*
ramo branche,	de *rāmus*	*umano* humain,	de *humānus*
rana grenouille,	de *rāna*	*volgare* vulgaire,	de *vulgāris*
scala échelle,	de *scāla*	*vano* vain	de *vānus*

3° Dans les désinences verbales *are, amo, ato, ata, ati, ate,* des verbes de la première conjugaison. Et cela soit que ces verbes viennent ou non du latin :

Amare aimer, de amāre; *amiamo* nous aimons, de amāmus ; *amato* aimé, de amātus, etc., et de même :

Cercare, chercher; *cercate,* vous cherchez ; *cercata,* cherchée, etc., quoique *cercare* ne soit pas latin, mais en vertu de l'analogie.

4º Dans un grand nombre d'autres mots qu'il est impossible de classer, mais particulièrement dans ceux d'origine latine où l'*a* pénultième est suivi de deux consonnes, dont la seconde est une liquide, si le correspondant latin a sa voyelle pénultième longue ou douteuse. Ex. :

*P*A*dre* père, de patre;   *m*A*dre* mère, de matre ;
*L*A*dro* voleur, de latro, etc.*

OBSERVATION. — Pour s'exercer à reconnaître la différence de l'A ouvert à l'*a* fermé, on peut comparer certains mots qui ne diffèrent entre eux, que par le redoublement de la consonne à la pénultième syllabe. Ex. :

*C*A*ro* cher,   et   *carro* char.
*F*A*to* destin,   et   *fatto* fait.
*P*A*ni* pains,   et   *panni*, draps.
*S*A*no* sain,   et   *sanno* ils savent.
*V*A*no* vain,   et   *vanno* ils vont. (Note M.)

467. *Quand l'e tonique est-il fermé?*

1º Dans les monosyllabes.

Me, moi, *te,* toi, *se,* soi et si, *fe* pour fede, foi, *e,* et.

EXCEPTIONS. — *D*E' pour *dei,* des; *stè* pour *stette,* il se tint. *D*Iè pour *di*E*de,* il donna; *pi*è pour *pi*E*de,* pied ; *m*E' pour *meglio,* mieux ; È, est (verbe) ; *r*è pour *r*E*ge,* inusité, roi ; *n*è, ni (conjonction) ; *d*E*h,* E*h,* eh (interjection).

2º Dans les mots de deux ou plusieurs syllabes qui ont la tonique sur la dernière. Ex. :

Mercè récompense,   *acciocchè* afin que,   *godè* il jouit.

OBSERVATION. — Bien que cet *e* final soit fermé, il l'est un peu moins que le français dans *bonté.*

EXCEPTIONS. — Certains mots d'origine étrangère ont l'*e* ouvert. *A*loE, aloès ; *lacch*è, laquais; *Giosu*E, Josué; *Mos*E, Moïse.

3º Dans les mots où l'*e* remplace l'*i* latin. Ex. :

Egli il de ille ;   *stesso* même, de iste ipse.
Empio impie, de impius ; *verga* verge, de virga.
Esso lui, de ipso;   *vergine* vierge, de virgine.
Questo celui, de iste ;   *rescovo* évêque, de episcopus.

EXCEPTIONS. — Toutefois, quand l'*e* est précédé d'un *i* dans les mots de cette sorte, il redevient ouvert. Ex. :

Biɛco louche, *piɛgo* je plie, quoique venant de obliquus et de plico.

4° A l'infinitif des verbes piani de la deuxième conjugaison.

Temére craindre;   *volére* vouloir.

5° Dans les terminaisons verbales, émo, éte, étti, emmo, éste, érono, etc., de toutes les conjugaisons. Ex. :

Amerémo nous aimerons; *temémmo* nous craignîmes; *c'edésti* tu crus; *teméste* vous craignîtes; *loderéte* vous louerez, etc.

6° Dans les terminaisons en égno, égna, émbro, embra, embri, énno, énna, ésco, esca. Ex. :

Régno royaume; *sémbra* il semble; *senno* le bon sens; *cresco* je crois (de croître).

7° Dans les terminaisons.

Mente, d'adverbe.
Mento, de noms dérivés de verbe.
Ezza, de noms dérivés d'adjectifs.
Essa, désignant des féminins dérivés de masculins.
Etto, etta, etti, ette quand ces désinences sont des diminutifs.
Santamente saintement.
Andamento démarche venant d'*andare*.
Gentilezza générosité, venant de *gentile*.
Principessa princesse, féminin de *principe*.
Carretta charrette, diminutif de *carro*.

EXCEPTION. — Lorsque la terminaison *egno, egna*, provient dans un verbe, d'une transposition de lettres, l'*e* tonique est ouvert.

Vɛgno, je viens, pour *Vɛngo*.
Tɛgna, que je tienne, pour *tɛnga*.

8° Dans les mots où l'*e* n'est suivi que d'une des consonnes f, g, l, n, r, s, t, v et d'une seule voyelle, ou de la diphtongue *uo*.

Adéguo j'égale,	*refe* fil,	*pera* poire,
Fréno frein,	*réte* filet,	*vélo* voile,
Quercéto chemin,	*séga* scie,	etc.

EXCEPTIONS. — Nɛgo je nie, prɛgo je prie, trɛgua trève, fɛle fiel, mɛle miel, vangɛlo évangile, et tous les noms propres qui en latin finissent en *el*, comme Gabriɛle Gabriel, Michɛle Michel, etc., en outre bɛne bien, fɛro fier, cruel; sfɛra sphère, zɛro zéro; impɛro empire, ministɛro ministère, et tous les mots en ɛro qui ont plus de deux syllabes:

Illɛso sain et entier;

Segrɛto secret, mansuɛto doux, et tous les adjectifs en ɛto, excepté *cheto* paisible.

468. *Quand l'e tonique est-il ouvert ?*

1° Dans presque tous les mots où l'*e* est précédé d'un *i* avec lequel il fait diphtongue. Ex.:

Ciɛlo ciel, liɛve léger, altiɛro altier, briɛve bref.

Dans *leve* et *breve* au contraire, qui ont le même sens, mais qui rentrent dans la règle 8 du numéro précédent, l'*e* est fermé.

2° Dans les mots sdruccioli. Ex.:

Dɛcimo dixième, ventɛsimo vingtième, mɛdico médecin, pɛlago mer, crɛdere croire, tɛrgono ils essuient, etc.

EXCEPTIONS. — a. Les adjectifs en *évole* et tous les mots sdruccioli provenant du latin, quand il s'y trouve un *i* à la place de l'*e*. Ex.:

Agévole aisé, piacévole plaisant, cénere cendre, de cineris; vérgine vierge, de virginis; doménica dimanche, de dominicus, etc.

b. Les mots suivants:

Noms. Débito dette, fémina femme, lésina alène, péntola marmite, quarésima carême, tégola tuile.

Adjectifs. Farnético frénétique, medesimo même.

Verbes. Désino je dîne, diméntichi tu oublies, méntova il mentionne, sémino je sème, témpera il tempère.

3° Dans les désinences verbales ci-après:

ɛtti, ɛtte, ɛttero, du parfait indicatif.

ɛbbe, ɛbbero, du futur subjonctif.

ɛi appartenant à ces deux temps.

Temɛi et temɛtti je craignis, amerɛbbero ils aimeraient, udirɛbbe il entendrait, etc.

4° Dans les mots dérivés du latin, où l'*e* est précédé ou suivi d'un *x*. Ex. :

Esco je sors (exeo), *eséquie* obsèques (exequiæ), *esempio* exemple (exemplum), *esercito* armée (exercitus).

5° Dans les mots où l'*e* est suivi d'une voyelle unique.

Déa déesse, *idée* idées, *ebrei* hébreux, *européo* européen, etc.

6° Dans les mots où l'*e* est suivi de plusieurs consonnes ou d'une consonne redoublée, lorsque après ces consonnes il ne vient qu'une seule voyelle. Ex. :

El. *Battéllo* bateau, *béllo* beau, *cervéllo* cerveau, *eccélso* élevé, *elmo* casque, *svélto* svelte, etc.

Em. *Gémma* pierre précieuse, *grémbo* giron, *témpo* temps.

En. *Assénso* consentement, *cocénte* cuisant, *leggéndo* en lisant, *présenza* présence, *ridénte* riant, *sciénza* science, *teméndo* en craignant, *véntre* ventre, etc.

Er. *Acerbo* acerbe, *aperto* ouvert, *avverso* opposé, *cervo* cerf, *gergo* jargon, *guerra* guerre, *merlo* merle, *perdo* je perds, *terzo* troisième, *verme* ver de terre, etc.

E suivi de diverses consonnes.
$\left\{\begin{array}{l}\text{*Ceffo* museau, *ebbi* j'eus, *festa* fête, *gregge*}\\ \text{troupeau, *letto* lit, *metro* mètre, *pecco* je pèche,}\\ \text{*presso* près, *presto* vite, *seppe* il sut, *vespa*}\\ \text{guêpe, etc.}\end{array}\right.$

NOTA. — Cette règle est l'inverse de celle qui a été donnée pour l'*a* (n° 465-4.)

EXCEPTIONS. — Celles de la règle 7 du n° 467.

469. *Quand l'o tonique est-il fermé?*

1° Dans les mots où l'*o* tonique vient d'un *u* latin, qu'il soit pénultième ou antépénultième. Ex. :

Cóltrice lit de plume (*cūlcitra*),	*córrere* courir (*cūrrere*),
móglie épouse (*mulier*),	*mólto* beaucoup (*mūltum*),
mósca mouche (*mūsca*),	*ólmo* orme (*ūlmus*),
pólvere poussière (*pūlveris*),	*vólpe* renard (*vūlpes*).

Cette règle renferme des milliers de mots.

EXCEPTIONS. — Elles sont en fort petit nombre.

Cónio coin, malgré cŭneus,   cóppu tasse, malgré cūpa,
grólla grotte, malgré crȳpta,   lótta lutte, malgré lŭcta,
ómero épaule, malgré humerus,   nózze noces, malgré nŭptiæ,
scósso secoué, malgré percŭssus et de même scóssi, percósso, etc.,
et tous les composés et dérivés de scuótere où l's est redoublée.

2° Dans les mots où os remplace ons latin. Ex. :

Ascóso caché (absconsus),   cósta il coûte (constat),
móstro monstre (monstrum),   tóso tondu (tonsus).

EXCEPTION. — Sposo, sposa époux, épouse, malgré sponsus, sponsa.

3° Dans une foule de noms en ogno, ogna, ogni, ogne, olo, ola, oma, ome, orma, orso, oso, osa, orte. Ex. :

Rampógna reproche,   ógni tout,   vólo vol (dans l'air),
cóme comme,   nóme nom,   Róma Rome,
fórma forme,   órma trace,   sógno songe,
sórso gorgée,   córte cour,   etc.

EXCEPTIONS. — Móla meule de moulin, mólo môle, pólo pôle, tróno trône, dórso dos, fóro barreau (de justice), nórma règle, rósa rose et quelques autres.

470. Quand l'o tonique est-il ouvert ?

Dans les monosyllabes et dans les autres mots où il est final. Ex. :

Vo je vais, do je donne, so je sais, sto je me tiens, nò non, amò il aima, porterò je porterai.

2° Dans les mots où l'o tonique est précédé d'un u. Ex. :

Nuóce il nuit, vuóle il veut, nuóvo nouveau.

EXCEPTION. — Les adjectifs en uóso : sontuoso somptueux.

3° Quand o tonique remplace les lettres au du latin. Ex. :

Fóla fable (fabula),   óra petit vent (aura),
Móro Maure (Maurus),   óro or (aurum),
góco je jouis (gaudeo),   pósa pose (pausa),

et dans le mot paróla parole, contracté de parabola.

13*

4º Quand l'*o* tonique est suivi uniquement de voyelles. Ex. :

Eóe Orient,	*annói* tu ennuies,	*nóia* ennui,
gióia joie,	*pói* puis,	*rasói* rasoirs,
Savóia Savoie,		

Gioia, noia, Savoia, rasoi, s'écrivent quelquefois *gioja, noja, Savoja, rasoj* : mais ils conservent l'*o* ouvert.

Exceptions. — *Noi* nous, *voi* vous.

5º Quand l'*o* tonique est suivi d'une consonne redoublée. Ex. :

Bótta coup,	*cócco* écarlatte,	*cóllo* col ou cou,
cózzo choc,	*dósso* dos,	*góbbo* bossu,
góffo niais,	*intóppo* rencontre,	etc.

Nota. — Cette règle est l'inverse de celle qui a été donnée au nº 465, 3.

Exceptions. — a. L'infinitif *pórre* pour *pónere* poser, et tous les composés et dérivés de *pórre*, comme *pórmi, pórsi, dispórre, oppórre*, etc.

b. Les mots *tócco* je touche, *sóllo* mou, souple, *bótte* tonneau, *rócca* quenouille, *rózzo* rude, brut.

c. Les mots où l'*o* tonique devant la consonne redoublée remplace un *u* latin. Ex. : *córro* je cours (de curro).

6º Quand l'*o* tonique est dans un mot sdrucciolo, ou dans un mot piano, dont la dernière syllabe est une diphtongue.

Cófano coffre,	*lógica* logique,	*lógoro* usé,
gióvani jeunes gens,	*malincónico* mélan-	etc.
móccolo lumignon,	colique,	
avório ivoire,	*bóccia* bouton de fleur,	*glória* gloire,
ódio haine,	*próprio* propre,	etc.

Exceptions. — Lorsque l'*o* tonique ainsi placé, remplace un *u* latin, il devient ordinairement fermé (nº 469, 1). On dit cependant *ómero* épaule et non pas *ómero* malgré humerus. Mais cet *o* est fermé en outre, dans certains mots d'origine latine où l'*o* est long. Ex. :

Fórmola formule (*fōrmula*),	*órdine* ordre (*ōrdine*),
ródere ronger (*rōdere*),	et quelques autres.

7º Quand après l'o tonique pénultième, vient l'une des consonnes... labiales b, p, v;... gutturales c, g;... dentales d, t, mais seule et suivie d'une seule voyelle. Ex. :

Mi arrógo je m'arroge, *atróce* atroce, *dóte* dot,
módo manière, *nóve* neuf, *róba* bien, avoir,
scópo but, *tópo* rat, etc.

EXCEPTIONS. — *Dóga* douve, *fóga* fougue, *ródo* je ronge, *scópa* balai, *scópo*, *scópi* je balaie, tu balaies, *vóce* voix.

Et en outre tous les mots de cette espèce, où l'o remplace l'u latin, comme *lóto* boue (de lŭtum).

— — —

ARTICLE II. — DES VARIATIONS DE L'ACCENT VOCAL.

471. *Quelle est l'ouverture des voyelles* a, e, o, *quand elles ne sont pas toniques ?*

Il y a deux positions à considérer.

a. Si les voyelles non toniques sont finales, elles sont toutes les trois fermées avec un son sourd. Ex. :

Lún-a lune, fín-e fin, múr-o mur.

b. Si les voyelles non toniques sont dans le corps du mot, l'*a* et l'*e* y sont fermés, l'*o* y est ouvert.

En d'autres termes l'A et l'E ouverts et l'o fermé sont toujours toniques, quoique tous les *a*, *e*, *o* toniques ne soient pas des A ou des E ouverts ou des o fermés.

472. *Il suivrait de là que si l'A et l'E ouverts ou l'o fermé, viennent à perdre la tonique, ils changeraient d'accent vocal.*

Précisément, c'est ce qui arrive à chaque instant, et ce sont ces variations qui font l'objet du présent article.

473. *Expliquez ces variations par des exemples.*

Soit le mot *fáma* réputation. L'*a* étant pénultième, y portant la tonique, et correspondant à une longue latine, est ouvert. Dans *famóso* fameux, au contraire, l'*o* de *os* ayant entraîné la tonique et étant fermé, l'*a* de *fam* devient fermé (n° 466). De même :

Chiáve clef,	chiavistéllo verrou.
Gráno grain,	grandjo grenier.
Grato reconnaissant,	gratitúdine gratitude.
Sano sain,	sanità, santé, etc.

Dans le mot *fésta* fête, où l'*e* est suivi de deux consonnes et d'une seule voyelle (n° 468-6), il est ouvert, mais il devient fermé dans *festivo* de fête, parce que la tonique se porte sur iv. De même :

Élmo casque,	elmétto petit casque.
Béllo beau,	bellíssimo très-beau.
Pérdo je perds,	perdúto perdu.
Témpo temps,	temporále orage, etc.

Soit enfin le mot *cróce* croix. L'*ó* de *croce* est fermé, parce qu'il remplace l'*u* du latin *cruce* (n° 469-1), et qu'il porte la tonique. Mais dans *crociáto* croisé, la tonique se portant sur Al, l'*o* de *croc* devient ouvert. De même :

Córrere courir,	corréndo en courant.
Nóme nom,	nomináto nommé.
Róma Rome,	Románo Romain.
Vólpe renard,	volpíno rusé, etc.

474. *Y a-t-il en français quelque analogie avec ces variations d'accent vocal ?*

Oui, la voyelle *e* fournit des exemples constants d'un fait analogue. On le remarque moins pour les autres voyelles. Ainsi un *e* tonique pénultième, suivi d'une consonne seule et d'un *e* muet est ouvert; si la même voyelle, en cessant d'être suivie d'une muette après la consonne, perd la tonique, elle se ferme. Ex. :

Sévère et sévérité. — Il cède et céder.
Ébène et ébénier. — Nègre et négresse.

Dans les premiers mots de chaque couple, l'*e* est ouvert, ce que l'on marque en français par l'accent grave; dans les seconds, il est fermé et porte le signe de l'accent aigu, et dans tous ces cas et cent autres, l'*e* en se fermant perd la tonique.

On peut citer pour l'ouverture de l'*o*, la diphtongue *au* dans *Paul* et *Pauline*. Dans Paul la voyelle composée *au* est ouverte, en même temps qu'elle porte la tonique; dans Pauline, elle perd la tonique et devient fermée.

475. *Quand l'a et l'e tonique ne sont pas ouverts, et que l'o tonique n'est pas fermé, qu'arrive-t-il de l'accent vocal?*

Cet accent se maintient, même quand la tonique se déplace, comme cela arrive dans les dérivés. Ex. :

Máre mer et *maríno* marin. — *Créta* craie et *cretóso* crayeux. — *Scóla* école et *scoláre* écolier.

476. *Si la voyelle finale d'un mot dont la pénultième a la tonique, vient à être supprimée, qu'arrive-t-il de l'accent vocal?*

Il y a deux cas à considérer.

a. L'*a* et l'*e* ouverts se ferment : l'*o* fermé s'ouvre :

Amáre aimer devient *amár*.
Ciélo ciel   d° *ciél*.
Amóre amour   d°   *amór*. Ex. :

Amór che a núllo amáto, amár perdóna (Dante).

> *Per te sollévi il póvero,*
> *al ciel ch'è súo, le cíglia* (Manzoni).

b. L'*a* et l'*e* fermés et l'*o* ouvert, restent ce qu'ils sont :

Máre mer reste *már*.
Séno sein   d° *sén*.
Suóno son   d°   *son* (de sonner).

Ma quando poi scemando il mar s'abbassa. (Tasso)
Quánd' i vapóri in sén grávida serra.   (d°).
Il ráuco suón della tartárea trómba.   (d°).

477. *Si au contraire un mot qui a sa tonique sur un a ou* *sur un e ouvert ou sur un o fermé, vient à s'allonger, en conservant la place de la tonique, qu'arrive-t-il ?*

L'accent vocal reste le même. Ainsi :

L'accent vocal ouvert de *pérdo* je perds, se maintient dans *pérdono* ils perdent, tandis qu'il se change dans *perdóno* pardon.

Et encore l'accent vocal fermé de *cóltre* couverture de lit, se maintient dans *cóltrice* lit de plume, parce que la tonique reste à la même place. Dans *coltrétta* coussin, au contraire, où la tonique passe forcément sur *ett*, l'o devient ouvert comme dans « collerette. » (Voyez note F.)

478. *Si l'accent vocal est ainsi modifié, quand il se sépare de la tonique, pour l'a et l'e ouverts et l'o fermé, les mots qui varient beaucoup dans leurs formes, comme les verbes, doivent changer d'accent vocal dans beaucoup de cas ?*

C'est ce qui arrive en effet. Ex. :

órno	j'orne		órno.
órni	tu ornes		órni.
órna	il orne	prononcez	órna.
orniámo	nous ornons		orniámo,
ornáte	vous ornez		ornáte.
órnano	ils ornent		órnano.

C'est l'oreille qui a exigé ces contrastes. De même qu'on ne met pas, dans un même mot, deux toniques, on n'y met pas un *a* ou un *e* ouverts avec un *o* fermé, ni deux *a* ouverts ou deux *e* ouverts, ou deux *o* fermés.

479. *Suit-il de là qu'on ne puisse mettre dans un même mot, ni deux a ou deux e fermés, ni deux o ouverts ?*

Non, certainement. Cette coïncidence se voit sans cesse au contraire dans un même mot. Ainsi :

Malaticcio maladif. — *Benedíre* bénir. — *Cocómero*, pastèque.

Les voyelles des deux premières syllabes de ces trois mots, sonnent absolument comme les *a*, *e* fermés, *o* ouverts des mots français : maladif, bénédiction, chocolat.

480. *Faites comprendre par des exemples choisis, la modification que subit l'accent vocal, lorsque la tonique se déplace.*

Nous avons déjà donné quelques exemples au n° **473**. En voici d'autres, tous de mots sdruccioli, portant la tonique sur l'**E** ou sur l'**o**. Nous ne donnons pas d'exemples pour l'**A** dans des mots sdruccioli, parce que la nuance est peu sensible et n'est pas généralement observée.

1° *Mots* sdruccioli, *dont l'*E *tonique, ouvert comme dans* fière, *se ferme pour les dérivés comme dans* bénir.

Cédere céder,	*cedévole* souple,
Célebre célèbre,	*celebráre* célébrer,
Chérico clerc (ecclésiastique),	*chericáto* clergé,
Crédere croire,	*crediámo* nous croyons,
Débole débile, faible,	*debolézza* faiblesse,
Fégato foie,	*fegatélla* hépatique (plante),
Género gendre,	*generáre* engendrer,
Médico médecin,	*medicáre* traiter (un malade),
Mérito mérite,	*meritáre* mériter,
Pérdita perte,	*perdizíone* perdition,
Pérgola treille,	*pergoláto* berceau de treille,
Péttine peigne,	*pettináre* peigner,
Prédica sermon,	*predicáre* prêcher,
Régola règle,	*regolaménto* règlement,
Sécolo siècle,	*secoláre* séculier,
Séguito suite,	*seguíto* suivi,
Ténero tendre,	*tenerézza* tendresse.

2° *Mots* sdruccioli, *dont l'*o *tonique, fermé comme dans* côté, *s'ouvre pour les dérivés comme dans* molle.

Cóltrice lit de plume,	*coltrétta* coussin,
Córrere courir,	*corridóre* coureur,
Fólgore éclair,	*folgoráre* foudroyer,
Fórmola formule,	*formolário* formulaire,
órdine ordre,	*ordináto* ordonné,
Pólvere poudre,	*polveríno* poudrier,
Pómice pierre ponce,	*pomiciáre* poncer,
Pórpora pourpre,	*porporáto* couvert de pourpre,
Ródere ronger,	*rodiménto* l'action de ronger,
Sórgere se lever,	*risorgiménto* renaissance,
Tórtora tourterelle,	*tortorélla* petite tourterelle.

NOTA. — Il reste bien entendu que les *e* fermés et les *o* ouverts ne changent pas plus d'accent vocal, pour les sdruccioli que pour les autres mots. Ex. :

Fiévole	faible,	*fievolézza*	faiblesse.
Mórbido	délicat,	*Morbidezza*	délicatesse.

481. *Donnez dans des rimes françaises des exemples qui fassent sentir les degrés d'ouverture que vous avez montrés dans les voyelles italiennes.*

> Est-ce un trésor pour vous, si précieux, si *rAre* ?
> Est-ce un libérateur que le ciel vous pré*pare* (Racine).

> Voilà comme infectant cette simple *jeunesse*,
> Vous employez tous deux le calme où je vous *laisse* (Racine*)*.

Si l'on prononçait l'*a* de prépare, aussi ouvert que celui de rare, ou l'*e* de jeunesse, aussi ouvert que celui de laisse, les auditeurs se récrieraient :

> Quoiqu'en ses beaux discours, saint Evremond nous prône,
> Aujourd'hui j'en croirai Sénèque avant Pétrone (Boileau).

L'*o* de prône est très-fermé. Celui de Pétrone, très-ouvert.

482. *Y a-t-il des mots qui puissent perdre la tonique ? c'est-à-dire tels que l'accent tonique au lieu de changer de syllabe dans le mot, sorte absolument du mot ?*

Oui, ce sont d'abord les monosyllabes, quand ils sont accolés à un mot dans lequel ils se fondent (nᵒˢ 167-171 et 256) :

> *Sémbrami* il me semble, *ne sóno dolénte* j'en suis affligé.

Ce qui a lieu pour un monosyllabe, se produit pour deux, si ce sont des pronoms conjoints (nᵒ 170).

Les mots qui perdent leur tonique sont, en second lieu, les mots piani que l'apostrophe réduit d'une syllabe et dont la tonique s'efface, la voix glissant jusqu'à la tonique du mot suivant. Ex. :

> *Non sái com'égli al túo dolér si dóglia*
> *Cóme compiánga, al pianto, alle queréle* (Tasso).

Le second *cóme* a sa tonique sur *cóm*. Le premier étant tronqué n'a pas de tonique du tout. Il semble qu'il fasse un seul mot avec *égli*, et la tonique de *égli* suffit aux deux.

De même si l'on dit : « *La maggior parte,* » la plus grande partie, au lieu de « *la maggióre parte,* » l'accent tonique de *or* s'efface, et les trois mots *la maggior parte* n'ont qu'un seul accent tonique, celui de *parte*.

Remarquez à cette occasion, qu'en perdant la tonique, les mots *cóme* et *maggióre* qui ont l'*o* fermé, l'ouvrent dès qu'ils se fondent avec le mot suivant (n° 476).

—

CONCLUSION

483. Si le lecteur a bien compris tout ce qu'il a lu sur le jeu des accents, il doit se rendre compte du motif qui a fait intituler ce second article. « Des variations de l'accent vocal. »

L'accent vocal seul en effet est variable, parce qu'il change de nature; l'accent tonique au contraire est mobile, parce qu'il change de place.

FIN DE LA DEUXIÈME PARTIE.

TROISIÈME PARTIE

VERSIONS ANNOTÉES

I. De SCIPIONE DI CASTRO. XVI⁰ SIÈCLE.

484. Sono questi signori, e per antichità di sangue (derivando dalla nobilissima Casa di Baviera) e per segnalate prodezze di guerra, illustrissimi. Tra i quali, io desidero che vostra signoria benchè lontana, conosca e ami, l'onoratissimo signor conte Oliviero.

(Lettre à Roderic de Castro).

La construction française serait : *questi signori sono illustrissimi e per antichità*, etc., n° 454. — *Baviera* étant précédé de la préposition *di* peut se passer de l'art. n° 276.— *Oliviero* étant accompagné de *signor conte* réclame l'art. 276. — *Signor* pour *signore*, 267.— *Segnalate prodezze*, sans article, 278. — *Conosca, ami*, subjonctif après *che*, 302.

II. De PAOLO MANUTIO. XVI⁰ SIÈCLE.

485. Pregovi a salutare con molto affetto in nome mio, il nostro signor cavaliere de'Garzadori : al quale, per la sua gentile natura, mi pare di essere molto tenuto.

Di Venezia, alli xx di Maggio, 1558.

(Lettre à Bernardini Partenio).

Pregovi ou *vi prego*, 167. — Le nom propre *de'Garzadori* est précédé de *il* parce qu'il est accompagné de *signor cavaliere*, **276.**— *Signor* pour *signore*, 267.—Remarquez que *de'* pour *dei*

ne correspond pas exactement au *de* nobiliaire français, parce
que c'est un article composé, 424.— *Venezia* Venise, est sans
article ainsi que *Maggio* suivant la règle générale, 276. —
Alli, manière ordinaire de traduire la forme française du
quantième, *le* 20 de mai.

III. De LODOVICO CANOSA. xvie siècle.

486. Quanto all'Imperatore, non so molto che dire, non
avendo cognizione dell'animo suo, ne anchè delle forze Ben
mi par comprendere, per le azioni sue passate, che volendo
essere, vostra Santità, Padre universale, il detto Imperatore,
sarà sforzato, ad accettare Francia per fratello.

(Lettera a Papa Clemente).

So de *sapere,* verbe irrég., 183. — *Ben* pour *bene, par* pour
pare, 267. — *Pare,* unipersonnel, 344. — *Francia* étant considéré comme une personne, capable de devenir frère, se
passe de l'art. 276. — *Papa* s'en passe aussi, parce qu'il n'y
a qu'un Pape, et que ce titre peut se considérer à la rigueur
comme un nom propre. On pourrait cependant écrire « *al*
« *Papa.* »

IV. D'ALFIERI. xviiie siècle.

487. Presso Catabatmon confin dell'Egitto coll'Affrica, la
prima colonia marittina è Ciréne, indi Teréone, poi Septi, fra
le due sirti ; in ultimo le are Filéne, luogo che verso l'Egitto,
fù sempre l'estremo confine, del punico imperio. Il rimanente,
dall'are Filéne, sino alla Mauritania, signoreggiato è dai
Numidi. I Màuri stanno a rimpetto della Spagna. Dietro ai
Numidi, vivono i Getuli, rozzi, poveri e vagabondi. Più ad-
dentro stanno gli Etìopi : quindi è la zona infuocata.

(Guerra di Giugurta, xix*).*

Dans cette description, les noms de contrées sont tous pris
pour les territoires qu'ils indiquent; aussi portent-ils tous
l'article, 276. — *Confin* pour *confine,* 267. — *Signoregiato è* au
lieu de *è signoreggiato,* 453.— *Rozzi, poveri, vagabondi,* accord
de l'adjectif, 105. — *Stanno* de *stare,* v. irrég., 176.

V. De LODOVICO CANOSA. XVIᵉ SIÈCLE.

488. E chi non conosce, che sarebbe minor male per l'Italia, che Francia promettesse gente numerosa quanto si voglia per acquistarla all'Imperatore, e che la desse, che non sarebbe darli tre milioni d'Oro.

(*Lettre à Matteo Giberto*).

Minor pour *minore*, 267. — *Francia* être moral capable d'engager sa parole a un nom propre, 276, sans article. — *Quanto si voglia* autant qu'on voudra, littéralement, autant qu'on veuille ; *quanto...* 400, *si...* 388. — *Voglia* de *volere*, 183 et 502. — *Darli* pour *dargli*.

VI. D'ALFIERI. XVIIIᵉ SIÈCLE.

489. Conscio delle proprie colpe, il Senato temendo del popolo, a tenore della legge Sempronia, ripartiva le provincie, fra i consoli Publio Scipione Nasica, e Lucio Bestia Calpurnio. Al primo l'Italia, al secondo toccò la Numidia.

(*Guerra di Giugurta*, XXVII).

Il senato temendo, 306. — *A tenore*, suivant la teneur, manière, 420. — *Provincie* et non pas *province*, 74. — Les noms de *Publius* et de *Calpurnius*, ne sont pas précédés de l'article ; *i* se rapporte au nom commun *consoli*, 276. — *Italia*, *Numidia* sont au propre, avec article, 276.

VII. De PAOLO MANUTIO. XVIᵉ SIÈCLE.

490. Nella causa di Ctesifonte, Eschine che insegnava, fù vinto da Demostene che muoveva ; siccome adunque, al dilettare l'insegnare, così all'insegnare, il muovere è superiore.

(*Discorso intorno agli uffizj dell'oratore*).

Dilettare, insegnare, muovere étant mis pour l'action de charmer, d'instruire, etc., les infinitifs sont précédés de l'article 280. — *Vinto da*, 310.

VIII. D'AGNOLO PANDOLFINI. XVe SIECLE.

491. Adopero il tempo in esercizj lodati, non lo adopero in cose vili, ne frivole, ma negli studj delle lettere. Piacemi intendere le cose passate e degne di memoria, udire i buoni ricordi, nutrire l'ingegno di leggiadre sentenze, ornarmi di lodati costumi. Ingegnomi, nell'uso civile, usare gentilezza e acquistare benevolenza, conoscere le cose umane e divine, essere copioso d'esempj abbondanti di sentenze, ricco di persuasioni, forte d'argomenti e di ragioni.

(*Trattato del Governo della famiglia*).

Lodati, vili, frivole... passate, degne, etc., accord des adjectifs et des participes avec les noms, 105 et 312. — *Piacemi*, unipersonnel, 344.— *Ingegnomi*, pronominal, 328.

IX. De MANZONI. XIXe SIÈCLE.

492. Nei tumulti popolari v'ha sempre un certo numero d'uomini, che per un riscaldamento di passione, o per una persuasione fanatica, o per un disegno scellerato, o per un maladetto gusto del soqquadro, fanno il potere per ispingere le cose al peggio, propongono e promuovono i più dispietati consiglj.

(*I Promessi sposi*, cap. 1).

Nei pour *in i*, 85. — *Popolari, fanatica, scellerato*, etc., accord de l'adjectif, 105.— *V'ha* pour *vi ha* ou *vi è*, 353.— *Fanno il potere* font leur possible ; *fanno* verbe irrég., 176.— *Il potere*, article devant l'infinitif, 280. — *Ispingere* pour *spingere*, 271.

X. De LODOVICO CANOSA. XVIe SIÈCLE.

493. E da considerare che essendo le cose della guerra tanto incerte quanto sono, se l'impresa di Milano non ci riuscisse (benchè non vedo causa perchè non debba riuscire ragionevolmente), non possiamo temere di perdere altro che Milano, e la spesa fattavi.

(*Lettre à Mgr de Lautrec*).

E unipersonnel, 348.—*Da considerare*, à considérer, 424.—
Tanto, quanto aussi, que, 400.—*Se riuscisse*, 302.—*Perchè non
debba*, 302. — *Debba de dovere*, 183. — *Altro* pris substantivement, 293.— *Fattavi* y faite, pour *fatta ivi* faite là, ou que
l'on y aura faite.

XI. De DANIELLO BARTOLI. XVIIᵉ SIÈCLE.

494. Non è stato disegno della natura, porci in mezzo al
mondo, tanto come in un teatro, perchè s'ammiri, quanto
come in una scuola perchè s'impari. Perciò ella ci ha acceso
nel cuore una inestinguibile brama di sapere : e aprendoci
innanzi agli occhj, tanti volumi, quante nature comprendono
il cielo e gli elementi, col mos rarci in essi, palesi effetti,
c'invita a rintracciare occulte cagioni.

(Opere morali).

Non è stato ce n'a pas été, 348. — *Porci* pour *porre ci* ou
noi, 268. — *Perchè s'ammiri... s'impari*, 302 et 388. — *Tanti
volumi, quante...* autant de, que de, 400.—*Col mostrarci*, 307
et 280.— *Palesi effetti* sans préposition ni article, 278.

XII. De SANGA. XVIᵉ SIÈCLE.

495. Io sono bene inetto ad estendermi tanto, e con vossi-
gnoria massime, la quale molto meglio di me, sa esempj
d'istorie antiche, e ragioni quante potrei io mai raccorre in
mille anni.

(Lettre au cardinal Campeggio).

Massime forme ancienne pour *massimamente. Meglio di me,*
comparatif, 405. — *Quanto* autant que, 400. — *In* en, 414.

XIII. De DANIELLO BARTOLI. XVIIᵉ SIÈCLE.

496. L'erbe per odorose che sieno, se sono rimescolate con
cicute e napelli, i fiori per belli che compajano, se vi covano
dentro vipere ed aspidi, si voglion corre con mano più timida
che curiosa.

(L'uomo di lettere).

Per o loroze che sieno, usage de *per,* **422**. — *Voglion* pour *voglono,* 267. — *Più, che* comparatif se rapportant au même nom, 286. — *Corre* pour *cogliere,* 188.

XIV. Du CARDINAL BEMBO. xvᵉ ET xviᵉ SIÈCLE.

497. Asolo adunque, vago e piacevole castello posto negli estremi gioghi delle nostre Alpi, sopra il Trivigiano, è siccome ognuno dee sapere, di Madonna la Reina di Cipro: dove essendo ella questo settembre passato, a'suoi diporti andata, avvenne che ella quivi maritò una delle sue damigelle: la quale pericocchè bella, e costumata, e gentile era molto, e perciocchè da bambina cresciuta se l'aveva, assai teneramente, era da lei amata e avuta cara.

(*Gli Asolani*, lib. I).

Dee pour *deve* de *dovere,* 183.—*è... di* est à, 364.—*Madonna,* forme vi illie équivalant au français Madame ; contraction de *mea donna* pour *domina* (latin), ma maîtresse ; ne se dit plus aujourd'hui que de la sainte Vierge, comme en français Notre-Dame.— *Reina* pour *regina.* — *Avenne* de *avvenire,* 344, *La quale perciocchè era molto bella,* etc., construction, 453. — *Da bambina,* proprement, depuis petite enfant, c'est-à-dire depuis sa première enfance, 414. — *Cresciuta se l'avea,* verbe neutre avec *avere,* à cause de l'idée de possession, 334. *Avea* pour *areva,* 269. — *Avuta cara da lei, da* après un participe, 310.

XV. De GUICCIARDINI. xviᵉ SIÈCLE.

498. Accrescevangli il timore, molte predizioni infelici alla casa sua, venutegli a notizia, in diversi tempi, parte per scritture antiche, ritrovate di nuovo, parte per parole d'uomini, incerte spesso del presente, ma che si arrogano certezza del futuro, cose nella prosperità credute poco, come incominciano ad apparire l'avversità, credute troppo.

(*Storia d'Italia*, lib. I).

Gli à lui. Il s'agit du roi de Naples, Ferdinand, qui régnait

vers la fin du xve siècle. — La construction française serait :
molte predizioni, etc., accrescevano a lui, etc., 454.—*Venutegli,*
509.—*Per,* 417.— *L'avversità, e* supprimé dans l'article, 263.

XVI. De SADOLETTO GIACOPO. xvie siècle.

499. L'animo mio è fermato, in vita e in morte, servire a
Dio nella chiesa mia, ancorch'io sia indegno servo e poco
meriti la grazia sua : pure tanto più sono obligato, quanto
conosco la mano sua onnipotente, essere stata sopra di me,
che chi sapesse i modi del mio venire, vederia chiaramente,
non essere stato caso.

(*Lettre à Francesco Bini,* 18 juin 1527).

Ancor che sia, 302.—*Tanto... quanto* d'autant plus que, 400.
— *Essere stata,* infinitif pour l'indicatif, 305. — *Che chi
sapesse... che* pour *poichè,* 433.— *Chi sapesse* à cause du doute;
le français doit traduire par le conditionnel, 297. — *Vederia*
pour *vedrebbe,* 159.

XVII. De DAVILA. xviie siècle.

500. Mentre queste cose, con tanta contenzione degli animi,
si trattano alla corte, la casa di Borbone, più prossima nell'
affinità di sangue, e più vicina alla successione reale, contro
l'ordinario costume della nazione, se ne restava quasi ritirata
del tutto dagli onori e dalle dignità, o non compariva, se non
tanto, quanto ricercava o la necessità delle guerre, o l'esercizio
di quei governi, che pochi e deboli gli erano ancora restati.

(*Histoire des guerres civiles de France*).

Mentre avec l'indicatif, 428.— *La casa di Borbone* la maison
de Bourbon. *Prossima a, vicina a...* le français traduit *a* par
de, 411.—*Ritirata da...* 415. — *Se non tanto quanto* si ce n'est
autant que, 400. — *Ricercava* exigeait. — *Che gli erano restati
pochi e deboli,* 454.

XVIII. Du CARDINAL BEMBO. xve et xvie siècle.

501. Quanta contentezza credete voi che sia la nostra,
quanta soddisfazione, quanta pace, d'ogni nostro fatto, d'ogni
nostro accidente, d'ogni ventura, d'ogni sciagura d'ogni

14

oltraggio, d'ogni piacere, ragionarsi tra due, con quella medesima sicurezza, con che appena suole altri seco medesimo ragionare.

(*Gli Asolani*, lib. II).

La construction française serait : *Quanta contentezza, quanta soddisfazione, quanta pace, credete voi che sia la nostra, di ragionare tra due persone*, etc., l'italien met *ragionarsi* à cause de la réciprocité des demandes et des réponses, 453. — *Snole* de *solere*, 183. — *Ogni*, adjectif indéfini, 290. — *Altri*, pronom indéf., 384. — *Quanta* au lieu de *quale*, parce qu'il ne s'agit pas seulement de la qualité du contentement, mais de la quantité qu'on en éprouve.

XIX. De GUICCIARDINI. XVIᵉ SIÈCLE.

Exhortation du Cardinal de Saint-Pierre à Charles VIII.

502. Considerasse (Carlo ottavo) non essere più in podestà propria i consiglj suoi ; troppo oltre essere andate le cose, per l'alienazione delle terre, per gli ambasciatori uditi, mandati, e scacciati ; per le tante spese fatte ; per tanti apparati ; per la pubblicazione fatta per tutto ; per essere già condotta la sua persona quasi in sulle Alpi ; strignerlo la necessità, quando bene l'impresa fosse pericolosissima a seguitarla, poichè tra la gloria e l'infamia, tra il vituperio e i trionfi, tra l'essere o il più stimato Re o il più dispregiato di tutto il mondo, non gli restava più mezzo alcuno ; che adunque tardare ad una vittoria, a un trionfo, già preparato e manifesto ?

(*Storia d'Italia*, lib. I).

Carlo ottavo, nombres ordinaux, 292. — *Non essere più... troppo oltre essere... strignerla...* 305. — *Troppo oltre* trop avant. — *Alienazione delle terre* aliénation des territoires. (Charles VIII avait cédé des provinces pour être libre de faire la guerre.) — *Uditi, mandati... fatte...* accord du participe, 309. — *Per tutto*, partout. — *In sulle Alpi*, 415. — *Quando fosse*, 303. — *Gli restava* pour *restava a lui*, 110 et 164. — *Mezzo* moyen terme. — *Che tardare ?* En français il faut pourquoi devant l'infinitif interrogatif, mais à l'indicatif on dit bien : Que tardez-vous ? — *Pericolosissima a seguitarla* très-dangereuse à poursuivre; le français ne traduit pas le pronom conjoint. — *Ad una vittoria* il y a tendance ; voilà pourquoi l'italien met *a* quoique le verbe ne soit pas exprimé; le français ajouterait « courir », 415.

XX. De DINO COMPAGNI. XIIIe ET XIVe SIÈCLE.

Invectives contre les citoyens de Florence.

505. Levatevi o malvaggj cittadini, pieni di scandoli e pigliate il ferro e il fuoco colle vostre mani, e distendete le vostre malizie. Palesate le vostre inique volontà, e i pessimi proponimenti, non penate più, andate e mettete in ruina le bellezze della vostra città. Spandete il sangue de'vostri fratelli, spogliatevi della fede e dell'amore, nieghi l'uno all'altro ajuto e servigio. Seminate le vostre menzogne, le quali empieranno i granaj de'vostri figliuoli. Fate come fè Silla, nella città di Roma, che tutti i mali ch'esso fece in dieci anni, Mario in pochi dì li vendicò. Credete voi che la giustizia di Dio, sia venuta meno ? Pur quella del mondo, rende una per una. Guardate a'vostri antichi, se ricevettono merito nelle loro discordie ? barattate gli onori ch'essi acquistarono. Non v'indugiate miseri ; che più si consuma un dì nella guerra, che molti anni non si guadagna in pace, e picciola è quella favilla, che a distruzione mena un gran regno.

(*Crónaca di Firenze*).

Scandoli vieux mot pour *scandali*. — *Pigliate... con*, 417. — *Colle vostre*, 100. — *Non penate più* ne tardez plus. — *Nieghi* pour *neghi* de *negare*. — *Fè* pour *fece*, 176 et 268. — *Silla* Sylla, 247. — *In dieci anni*, 414. — *Sia venuta meno* se soit amoindrie, littéralement, soit venue moins. — *Una per una* une à une (les choses dues sont sous-entendues), 420. — *Ricevettono* pour *ricevettero*.—*Non vi indugiate* n'y tardez pas. — *Che* pour car, 433. — *Si consuma, si guadugna*, 388, remarque. — *Gran* pour *grande*, 268. — *Che mena un gran regno*, etc., 453.

XXI. De DANIELLO BARTOLI xvie siècle.

Eruption du Vésuve au temps de Pline.

504. I primi a farsi sentire, furono tremuoti orribili, e crolli, e scosse e dibattimenti, cosi spessi e gagliardi, che scoscesero e si diroccarono le montagne : e il suolo della terra dimenandosi e ondeggiando, sembrava un mare che tempestasse. I miseri abitatori sentivano tonar profondo sotto a'loro piedi, e dar muggiti, che quasi di caverna in caverna, per lunga corsa di via passando e rispondendosi, moltiplicassero il rimbombo ; e incerti di quel che colà giù si facesse, che macchinasse la natura, che minacciasse l'inferno, si vedevano come sospesi in aria, sopra una profonda voragine, che stesse di punto in punto sull'aprirsi e ingoiarglisi vivi. Il mare ancor esso, scommuoversi e bollire senza vento, e fortuneggiare senza tempesta, ed or ritirarsi dentro a se stesso, or uscirne, e riversarsi sul lido, come un forsennato che corre, e fugge e non sa dove. Ma per l'aria, tal si sentiva un fremito, un dibattito, un fracasso, che pareva cozzarsi l'un l'altro i capi, e urtarsi e riurtarsi i fianchi e le schiene de'monti.

Tremuoti sans article, 278. — *Che tempestasse... moltiplicassero..., si facesse,* etc., à cause de *sembrava, do quasi,* 502. — *Di caverna* pour *da caverna,* 415. — *Stesse su* dans le sens de *stare per,* 320. — *Ingoiarglisi* pour *ingoiarseli,* 365. — *Ancor* pour *ancora,* 267. — *Scuommuoversi,* sous-entendu *si vedeva,* 305. — *Fortuneggiare* être livré à toutes espèces de hasards.— *Tal si sentiva... che pareva,* le *che* suivi de l'indicatif, parce qu'il y a certitude dans *si sentiva,* 503, 2e cas. — *Pareva* au singulier à cause de *l'un l'altro,* autrement il faudrait *parevano.*

XXII. De DAVILA. xviie siècle.

Introduction à son histoire.

505. Le guerre civili che per lo spazio di quarante anni continui, hanno miseramente perturbato il Reame di Francia, con tutto che, dall'una parte contenghino, operazioni cosi

grandi, e imprese così segnalate, che sono maravigliosamente
proprie, a porgere salutari ammaestramenti, à quelli che con
maturo discorso le vanno considerando, sono nondimeno
dall'altro canto, nella propria rivoluzione, così confuse e
così avviluppate, che di molti movimenti non appariscono le
cagioni, di molte deliberazioni non si comprendono i consiglj,
e infinite cose, non s'intendono, per essere palliata da diversi
pretesti, l'intelligenza de' privati interessi. E vero che molti
eccellenti ingegni, si sono affaticati, portando alla notizia
degli uomini, queste cose, che con gran diligenza e con lo-
devole industria hanno raccolte, ma ad ogni modo, le difficoltà
sono state tante, e gli impedimenti riescono così gravi, che in
una moltitudine d'accidenti, tutti riguardevoli, e tutti grandi
ma sotterrati e nascosti, sotto alle vaste rovine delle dissen-
sioni civili, l'opera che a dichiararli e a rammemorarli ordi-
natamente si spenda, riuscirà non meno profittevole per
l'avvenire, di quello che sia riuscita per il passato.

Per la qual cosa, essendo io stato trasportato dal corso della
mia travagliata fortuna, sino dai primi anni della mia
fanciullezza, nelle più interne regioni, del Reame di Francia,
dove nello spazio di molto tempo che vi sono dimorato, ho
avuto comodità d'osservare con l'orecchio proprio le più
notabili e le più recondite circostanze, di così segnalati
avvenimenti, non ho saputo eleggere, nè più degna materia,
nè più fruttuosa considerazione, dove impiegare le mie
fatiche, dell'età già consistente e matura, che d'appli-
carmi a descrivere, sino dal suo principio, tutto il progresso e
l'ordine di quelle turbolenze.

(Dell'istoria delle guerre civili di Francia).

Per pendant, 414.—*Con tutto che,* locution conjonctive, 436.
— *Dall'una parte... dall'altro canto...* 415. — *Contenghino* ne
se dit plus, mais bien *contengano* de *contenere,* 183. — *Le
vanno considerando... vanno* de *andare,* 176. — *Considerando,*
368.— *Non si comprendono,* 388.— *Palliata da,* 310.— *Affati-
carsi* avec *essere,* 338. — *Hanno raccolte,* le sujet précède le
participe, 311. — *Con gran diligenza, con* indique le moyen,
417.—*L'opera che si spenda,* l'œuvre étant à faire il y a incertitude, le *che* relatif est suivi du subjonctif, 302, 2ᵉ cas. —
Non meno profittevole... di .. l'avenir et le passé que l'on com-
pare sont deux objets différents, 287. — *Essendo io,* 306. —

XXIII. De SEGNERI. XVIIe SIÈCLE.

Conduite d'une veuve à l'égard du meurtrier de son fils.

506. Nella città di Bologna, v'è tuttavia una strada che chiamasi strada Pia, per memoria d'un miracolo che quivi intervenne. Una signora riguardevole e ricca, era rimasta vedova con un figliuolo unico, nel quale avea riposto tutto il suo bene. Ora avvenne un giorno, che giocando questi nella contrada alla palla, s'imbattè a passar di là un forestiero, il quale, o a caso, o per insolenza, disturbogli il giuoco a segno, che il giovane, montato in ira, se ne risentì gravemente. Ma il forestiere, quanto facile a fare ingiurie, altrettanto difficile a sopportarle, mise mano alla spada, e ferito il nobile giovanetto, lo lasciò subito quivi a terra morto. Indi cercando scampo come è costume, massimamente dopo simili falli prima incorsi che preveduti, col ferro insanguinato in mano, entrò (senza sapere ove) entrò dico nella casa dell'ucciso medesimo, che all'usanza delle case più nobili trovò aperta; e tutto fanatico per tanto eccesso, allora allora operato, non si ristette, finchè salite le scale, arrivò davanti alla signora, nulla a lui nota, e postosi ginocchioni, la pregò per amor di Dio, di ricovero e di ricetto. S'inorridì la signora a quello spettacolo sanguinoso; pure non sapendo che l'ucciso fosse il figliuolo delle sue viscere, promise all'omicida ogni sicurezza e glie la mantenne, facendolo ritirare nelle sue stanze più interne e quivi occultandolo. Frattanto sopragiunse la corte, chiedendo il reo, e cercando sollecitamente per tutto, ma non trovandolo; quando al partirsi, uno degli esecutori disse a voce alta; questa signora non dee sapere che l'ucciso è il suo figliuolo; altrimenti ella stessa, in cambio d'asconderne l'uccisore, saria la prima a darcelo nelle mani. Immaginatevi che freddo orrore corse per le vene di quella povera madre, all'udir di queste parole. Fù in punto di seguitare, allora allora il figliuolo già trapassato, morendo auch'ella; se non che, riavutasi alquanto e ravvalorata da

quella grazia divina che aveva nel cuore, si offerse a Dio, per
onore della sua legge, e per gloria della sua fede, di per-
donare immantinente, a chi tanto le avea cagionato di male :
e quasi ciò fosse poco, si offerse in segno d'avergli perdonato
di cuore, a prenderlo per figliuolo in luogo del morto, costi-
tuendolo erede di lutto il suo. E in fatti l'esegui, dandogliene
fino allora caparra certa, nella somministrazione di non poco
danaro che gli sborsò per sottrarsi dalla giustizia. e di quello
maggiore che gli promise. Con un esempio si eminente e si
eroico di cristiana pietà, che da indi in poi, chiamossi
quella contrada, come di sopra l'ho detto, la strada Pia.

(*Cristiano istruito*, parte 1ª.)

V'è il y a, 353.— *Per memoria* en mémoire, 419. — *Miracolo*
fait merveilleux. — *Rimasta* de *rimanere*, 183. — *Avea* pour
aveva, 269.—*Riposto* de *riporre*, 183, 3e cas.—*Avvenne*, 344.—
Giocando questi, 306, 3e cas. — *Passar* pour *passare*, 267 —
Di là par là, 415.— *A caso* par hasard, 420.— *A segno che* au
point que.— *Quanto... altrettanto*, 400. - *Ferito il giovanetto*,
312.—*Prima incorsi che preveduti* plus vite arrivés que prévus.
— *Allora, allora*, répétition qui marque combien le fait était
récent : on peut traduire par à peine. — *Non si ristette* ne
s'arrêta pas. — *Nulla*, adjectif pris adverbialement, veut dire
aucunement.—*Postosi*, 312.—*La pregò di ricovero*, en français
il faut ajouter « de lui accorder. » — *Che l'ucciso fosse*. 302. —
Mantenne, 183. — *Nelle più interne*, 289. — *Soppragiunse* de
soppragiungere, 188.—*La Corte* la Cour, c'est-à-dire la justice.
— *Al partirsi*, 280. — *Esecutori* officiers de la justice. — *In
cambio di* au lieu de. — *Saria* pour *sarebbe*, 159. — *Darcelo*
pour *darlo a noi*, 169. — *Che freddo* pour *quale*. 377. —
Corse de *correre*, 188. — *All'udir*, 287, pour le gérondif. —
Fù in punto fut sur le point. — *Allora, allora*, répétition qui
marque combien le fait aurait pu être prochain. On peut
traduire par immédiatement. — *Riavutasi*, 312. — *A chi
tanto*, etc., la construction française est : *a chi le avea cagionato tanto*, etc., 453.—*Chi*, usage des pronoms relatifs, 378.—
Quasi comme si, 431. — *Si offerse*, 195. — *Tutto il suo* tout son
bien. — *Fino allora* dès lors. — *Sottrarsi da*, 415. — *Di sopra*
plus haut.

XXIV. De DAVANZATI. XVIe SIÈCLE.

Martyre de Thomas Morus, chancelier d'Angleterre.

507. Moro avvisato del martirio del (cardinale Giovanni Fisher vescovo) Roffense, ne pregò anch'egli Iddio. Vennero in vano, molti personaggi a confortarlo che ubbidisse al Re. Alla moglie che dirottamente piangea disse : « Luisa mia, » quanto posso io vivere? vent'anni? che spazio son eglino » all'eterno? Tu se'mala mercatantessa, se vuoi ch'io li baratti » a quello? » Levatogli da leggere e scrivere serrò la finestra. La sua guardia gli domandò perchè? rispose. « Non bisogna » egli, perdute le merci, serrare la bottega? » Scrisse in carcere due libri elegantissimi della Consolazione in Inghilese, e della Passione di Cristo in latino. In Capo a quattordici mesi, domandato in esamina, che gli paresse della nuova legge, che il Re sia capo della Chiesa e non più il Papa? « essendo seguita » mentre era in carcere » rispose « non saperne niente. » Andleo cancelliere e il Duca di Norfolc che sedeano i primi, dissero. « Bene, tu lo sai ora, che di' ? » Rispose. « Io sono vostro » carcerato, cioè nemico, e non più membro della vostra repub- » blica, ne ho che fare di vostre leggi. » A cui il cancelliere. « Già la contradici dacchè taci. » Ed ei : « Chi tace suole » acconsentire. » « Adunque » disse ei « acconsenti alla » legge? » « Come poss'io » dice « s'io non l'ho letta? »

Fù rimesso a'Dodici del Criminale e condannato a morte. Allora il Moro, certo del martirio, disse non più riserbato, ma chiaro : « Io ho studiato questo punto sette anni, se la podestà » del Papa, era di giure divino o positivo ; e trovatala coman- » data da Dio, così la tengo e credo, e per lei morrò. » « Adun- » que » disse il cancelliere « ti fai più dotto e migliore di tutti » gli altri Vescovi, teologi, nobili, senatori del conciglio degli » stati e di tutto il Regno. » Rispose : « Per uno de'vostri » vescovi e teologi io ne ho cento e canonizzati ; per la nobiltà » vostra io ho quella de'martiri e de'confessori ; per un solo » vostro concilio, (Dio sa chente !) tutti i celebrati da mille » anni in qua, e per questo piccolo regno, ho Francia, » Spagna, Italia e tutti gli imperj cristiani. »

Non parve, presente il popolo, di lasciarlo più dire, e alli 5 di luglio fù decapitato. (1535.)

(Storia dello Scisma d'Inghilterra).

Roffense, adjectif italianisé pour signifier de Rochester. Il s'agit de Jean Fisher, évêque de Rochester, décapité le 22 juin 1535.—*Ne pregò* pria pour cela. — *Vennero a*, 318, vinrent l'exhorter. — *Che spazio son eglino all'eterno ?* sous-entendu *spazio*. — *Baratti a quello* les échange contre cela, prép. de manière, 420. — *Levatogli*, 312. — *Da leggere* de quoi lire, toute chose devant être lue, 424. — *Perdute le merci*, 312. — *Inghilese*, forme vieillie pour *Inglese*. — *Cristo*, sans article, parce qu'il n'y a qu'un Christ, 276. — *In capo a*, 420. — *Essendo seguita* ayant suivi, c'est-à-dire étant survenue. *Seguire* verbe actif pris dans un sens neutre, 534. — *Vostro carcerato*, comme s'il y avait *uno de'vostri carcerati*. Le sens n'est pas tout à-fait le même que s'il y avait *il vostro carcerato*. — *Non ho che fare* je n'ai que faire, comme en français. — *A cui* à quoi, 116. — *A'Dodici* aux douze juges. — *Il Moro, il* emphatique, 277. — *Non più riserbato* non plus à mots couverts.— *Trovatala*, 312. — *Comandata da*, 310. — *Più dotto di* deux objets de comparaison, 287. — *Dio sa chente !* Dieu sait quel concile ! *chente*, 103. — *Tutti i celebrati* tous ceux qui ont été tenus.— *Da* depuis, 414.—*In quà* jusqu'ici.— *Francia, Spagna, Italia*, sans article, considérés comme capables d'avoir un avis, 276.— *Non parve*. sous-entendu *acconcio* à propos.— *Presente il popolo* en présence du peuple. L'adjectif verbal pris comme le participe passé, 312 et 313.

XXV. De VILLANI GIOVANNI. XIVe SIÈCLE.

Mort de Castruccio Castracani, seigneur de Pise.

508. Come Castruccio ebbe racquistata Pistoja per suo grande senno, e studio e prodezza, per lo modo che detto avemmo, si riformò, e fornì la terra di gente e vittuaglia e arnesi, e rimisivi i Ghibellini, e tornò alla città di Lucca, con grande trionfo e gloria, a modo d'un trionfante Imperatore, e trovossi in sul colmo d'essere temuto e ridottato, e bene avventuroso di sue imprese, più che fosse stato nullo signore o tiranno italiano, passati molti anni, ritrovandone il vero per le cronache, e con questo, signore della Città di Pisa e di Lucca, e di Pistoja, e di Lunigiana, e di gran parte della riviera di Genova di Levante, e trovossi signore di più di trecento castella murate.

14*

Ma come piacque a Dio, il quale per debito di natura, ragguaglia il grande col piccolo, e il ricco col povero, per soperchio di disordinata fatica presa nell'oste di Pistoja, stando armato, andando a cavallo e talora a piè a sollecitare le guardie, o a'ripari di sua oste, facendo fare fortezze e tagliate e talora cominciava colle sue mani, acciocchè ciascuno lavorasse, al caldo del Sole Leone, si li prese una febbre continua, onde cadde forte malato.

E per simile modo, partendosi l'oste da Pistoja, molta buona gente di quella di Castruccio ammalarono e morirono assai. Intra gli altri notabili uomini, Messer Galeazzo Visconti di Milano, il quale era in servigio di Castruccio, ammalò nel castello di Pescia, e in quello, in corto termine morì, scomunicato, assai poveramente, ch'era stato sì grande signore e tiranno, che innanzi che il Bavero li togliesse lo stato, era signore di Milano e di sette altre città vicine al suo séguito, com'era Pavia, Lodi, Cremona, Como, Bérgamo, Novara e Vercelli, e morì vilmente e soldato alla mercè di Castruccio. E così mostra, che il giudicio di Dio possa indugiare, ma non preterire.

Castruccio, innanzi ch'egli ammalasse sentendo che il Bavero tornava da Roma, e parendogli averlo offeso, in isturbarli la sua impresa del Regno, per lo suo dimoro in Toscana, e presa la città di Pisa e sua signoria, contra a sua volontà e comandamento, temette di lui, e ch'elli nollo levasse di signoria, e di stato, come egli avea fatto Galeazzo di Milano, si fece cercare trattato d'accordo segretamente co'Fiorentini; ma come piacque a Dio, li sopravvenne la malattia, sì che si rimase, e lui aggravato ordinò suo testamento, lasciando Arrigo, suo primo figliuolo, Duca di Lucca. E sì tosto come fosse morto, senza fare altro lamento, dovesse andare in Pisa, con la sua cavalleria, e correre la città, e recarla a sua signoria. E ciò fatto, passò di questa vita, sabbato, addì 3 del mese di settembre 1328.

Questo Castruccio fù della persona molto destro, grande assai e d'avvenente forma, schietto e non grasso, e bianco e pendea in pallido, i capelli diritti e biondi con assai grazioso viso, e era di età di quaranta sette anni quando morì.

. . . .

E per quello che poi sapemmo dai suoi privati amici e

parenti, elli si confessò, e prese i sacramenti e l'olio santo divotamente; ma rimase con grande errore, che mai non riconoble se avere offeso a Dio, per offensione fatta contro a Santa Chiesa, facendosi coscienza, che giustamente avesse fatto.

(*Storie Fiorentine*, cap. LXXXV).

Castruccio Castracani fameux guerrier italien du moyen âge, de la famille des Antelminelli de Lucques, vivait en 1300. — *Per suo senno*, 417. — *Per* o au lieu de *per il*, forme vieillie. — *Si riformò* se rétablit. — *Rimisivi* pour *rimisi ivi*, 312. — *I Ghibellini* les Gibelins, le parti de l'Empereur en Italie. — *A modo*, 420. — *Avventuroso di sue imprese* heureux dans ses entreprises. — *Passati molti anni*, 312. — *Ritrovandone*, c'est-à-dire *ritrovando di ciò*, 376. — *Per le cronache* par le moyen des chroniques, 417. — *E con questo* et avec cela. — *Castella* pluriel en *a*, 77. — *Per soperchio* par excès. — *Colle sue mani* de ses mains, 417. — *Sole Leone* le soleil dans le signe du Lion. — *Li prese* pour *gli prese*, il lui prit ; forme ancienne du pronom personnel. — *Onde*, adverbe et conjonction, 397. — *Forte matato* fort malade, comme en français; aujourd'hui on dirait *molto* ou *assai*.

Partendosi, 328. — *Da*, 415. — *Molta buona gente* beaucoup de braves gens. — *Di quella* de ceux. — *Ammalarono* parce qu'il s'agit de plusieurs. — *E morirono assai*, *assai* ici veut dire en grand nombre. — Encore *li* pour *gli*. — *In quello*, 415. — *In corto*, 414. — *Il Bavero* Louis de Bavière, qui s'était rendu à Rome en 1327 pour prendre malgré le Pape la couronne impériale. — *Al suo séguito* à la suite de Milan, c'est à-dire en outre. — *Soldato alla mercè* à la solde, comme qui dirait soudoyé aux dépens. — *Possa* à cause de l'incertitude des jugements de Dieu, 302.

Ch'egli ammalasse, 301. — *Che il Bavero tornava*, l'indicatif, parce que le fait du retour était certain, 302. — *Parendogli*, unipersonnel, 344. — *Isturbarli* pour *tubargli*, 271. — *Dimoro*, mot vieilli, pour *dimora* séjour. — *Presa la città*, 311. — *Elli*, ancienne forme pour *egli*. — *Nollo* pour *non lo*. — *Area fatto Galeazzo* il avait fait *pour* Galéas. — *Si rimase* il s'abstint. — *Dovesse*, sous-entendu *che Arrigo*. — *Correre* parcourir. — *Recarla* la réduire. — *Ciò fatto*, 312. — *Addì*, remarquez cette forme du quantième. — *Pendea in pallido* il tirait sur le pâle.

—*Sapemmo dai.* La préposition *da* parce que la vérité est sortie de leur bouche, 415. — *Se avere offeso*, 305. — *Santa chiesa*, sans article, parce que l'Eglise est une. — *Facendosi coscienza* se faisant une fausse conscience.

XXVI. D'un AUTEUR INCERTAIN. XIVe SIÈCLE.

Entrevue de saint Louis et du frère Egidius.

509. Andò san Lodovico Re di Francia in peregrinaggio a visitare li santuarii per lo mondo : e udendo la fama grandissima della santità di Frate Egidio, il quale era stato de'primi compagni di San-Francesco, si puose in cuore e determinò al tutto di visitarlo personalmente : per la qual cosa egli venne a Perúgia ove dimorava allora il detto frate Egidio. E giugnendo alla porta del luogo de'frati,come un povero pellegrino e sconosciuto, con pochi compagni, domandò con grande istanza frate Egidio, non dicendo niente al portinajo chi egli era che'l domandava. Va dunque il portinajo, a frate Egidio, e dice che alla porta, è un pellegrino che vi addimanda ; e da Dio gli fù ispirato e rivelato ch'egli era il Re di Francia : di che subitamente egli con grande fervore esce di cella, e corre alla porta, e senza altro addimandare, o che mai eglino s'avessino veduti insieme, con grandissima divozione inginocchiandosi s'abbracciarono insieme, e baciaronsi con tanta dimestichezza, siccome per lungo tempo, avessero tenuto grande amistade insieme : ma per tutto questo non parlava nè l'uno ne l'altro ; ma stavano così abbracciati, con quelli segni d'amore caritativo in silenzio. E stati che furono, per grande spazio nel detto modo, senza dirsi parola insieme, si partirono l'uno dall'altro ; e san Lodovico se n'andò al suo viaggio, e frate Egidio, si tornò alla Cella.

Partendosi il Re, uno frate domandò alcuno de'suoi compagni, chi fosse colui che s'era colanto abbracciato con frate Egidio ; e colui rispuose, ch'egli era Lodovico Re di Francia, lo quale era venuto per vedere frate Egidio. Di che dicendolo costui agli altri frati, essi n'ebbero grandissima maninconia, che frate Egidio non gli avea parlato parola ; e rammaricandosene, sì gli dissero : « O frate Egidio, perchè se'tu stato tanto » villano, che a uno così santo Re, il quale è venuto di Francia

» per vederti, e per udire da te qualche buona parola, e tu non
» gli hai parlato niente? » Rispuose frate Egidio : « Carissimi
» frati, non vi maravigliate di ciò, imperocchè nè io a lui, nè
» egli a me, potevà dir parola ; perocchè si tosto come noi ci
» abbracciammo insieme , la luce della sapienza, rivelò e
» manifestò a me il cuore suo, e a lui il mio, e così per divina
» operazione, ragguardandoci ne'cuori, ciò che io voleva dire a
» lui, ed egli a me, troppo meglio conoscemmo, che se noi ci
» avessimo parlato colla bocca, e con maggiore consolazione,
» che se noi avessimo voluto esplicare con voce, quello che noi
» sentivamo nel cuore. Per lo difetto della lingua umana, la
» quale non può chiaramente esprimere, li misterii segreti di
» Dio, ci sarebbe stato piuttosto a sconsolazione che a conso-
» lazione; e però sappiate, che da me si partì il Re mirabil-
» mente contento, e consolato l'animo suo. »

(*Fioretti di San Francesco*).

San pour *santo*, 268.— *Andò a*, 318.— *Per o mondo* au lieu
de *per il mondo*, 415. — *Puose*, forme ancienne pour *pose* de
porre, 188.— *Al tutto* entièrement. — *Venne* de *venire*, 193. —
Il luogo de'Frati le lieu habité par les Frères, c'est-à-dire le
monastère. — *Chi egli era che* qui était celui qui, 378-574. —
Era à l'indicatif, parce qu'il n'y a pas de doute, 302. — *Che vi
addimanda*. C'est ainsi que le portier dut dire : il y a un
pèlerin qui *vous* demande. — *Ispirato e rivelato da*, 310. — *Di
che* sur quoi, 374. — *Esce di* au lieu de *esce da*, 415. — *Altro*
pris substantivement, 293. — *O che mai* comme si jamais. —
Avessino, forme vieillie, pour *avessero*. — *Amistade*, primitif
piano, dont *amistà* est le t. onco. — *Per tutto questo* pendant
tout cela, 414. — *Stati che furono*, 436. — *Si partirono* ils se
séparèrent, 158.

Partendosi il Re, 328 et 306. — *Rispuose* pour *rispose*. — *Lo
quale* au lieu de *il quale*.—*Per*, 419.—*Dicendolo costui*, 306.—
Parlato parola dit un mot. — *Rammaricandosene*, 168. — *Sì gli
dissero* ils lui dirent donc.—*Villano* mal appris, rustre comme
les gens de la campagne. — *Udire da te*, 415.— *Dir* pour *dire*,
267. — *Si tosto come* aussitôt que, 436. — *Noi ci* nous nous.
Noi sujet, *ci* régime.—*Per divina*, etc., 417.—La construction
française est : *Conoscemmo troppo meglio ciò ch'io voleva*

dire, etc., 453. — *Troppo meglio* beaucoup mieux. On dirait plutôt aujourd'hui *assai meglio.—Colla bocca, con voce,* 417.— *Può* de *potere,* 183. — *Però* du reste.— *Sappiate* de *sapere,* 183. *Che da me si partì,* etc., la construction française est : *il Re si partì da me.—Consolato l'animo suo* consolé dans son cœur. La préposition *appo* ou *in* est sous-entendue.

VOCABULAIRE

DES

Versions annotées.

A

A ou *ad* à,
abb-ond-áre abonder,
ab-bracc-iár-e embrasser,
ab-it-at-ór-e habitant,
ac-cénd-er-e allumer,
ac-cett-ár-e accepter,
ac-cid-ent-e accident,
ac-cioc-chè afin que,
ac-con-sent-ir-e consentir,
ac-cord-o accord,
ac-cresc-er-e accroître,
ac-quist-ar-e acquitter,
add-entr-o en dedans, dans,
ad-di-mand-ar-e demander, interroger,
ad-op-er-ar-e employer,
ad-unq-ue donc,
af-fat-ic-ar-e lasser, fatiguer,
af-fett-o affection,
af-fin-it-à affinité, alliance,
Affr-ic-a Afrique,
ag-grav-at-o surchargé, accablé,
aj-ut-o aide, secours,
alc-un-o, *alc-un-a*, quelque, quelqu'un ; avec une négation, aucun, aucune,
al-ien-az-ion-e aliénation,
all-or-a alors,
Alp-i Alpes (les),
al-quant-o un peu,
alt-o, *alt-a*, haut, haute,
altr-et-tant-o autant, une fois autant,
altr-i un autre, quelqu'un, on,
altr-i-ment-i autrement,

altr-o, *altr-a* autre,
am-ar-e aimer,
amb-asc-iat-or-e ambassadeur,
am-ic-o, *am-ic-a* ami, amie,
am-ist-à amitié,
am-ma-estr-am-ent-o enseignement,
am-mal-ar-e être ou tomber malade,
am-mir-ar-e admirer,
am-or-e amour,
anch-è aussi, même,
anc-or-a encore,
anc-or-chè quoique, bien que, quand même,
and-ar-e aller,
Andl-eo Andlaw,
an-im-o entendement, cœur, esprit, dessein,
ann-o an, année,
ant-ich-it-à antiquité,
ant-ic-o, *ant-ic-a* antique,
ap-par-at-o apprêt, appareil, ajustement, apparat,
ap-par-ir-e apparaître,
ap-pen-a à peine,
ap-plic-ar-e appliquer,
apr-ir-e ouvrir,
ar-a autel,
arg-om-ent-o argument, sujet,
ar-ia air,
arm-ar-e armer,
arn-es-e meuble, équipage, bagage, etc.,
Arr-ig-o Henri.

Ar-riv-ar-e arriver,
ar-rog-ar-si s'arroger,
as-cond-er-e cacher,
As-ol-o Asolo,
asp-id-e aspic,
ass-ai beaucoup en quantité,
av-er-e avoir,
av-ven-ent-e avenant, charmant,

av-ven-im-ent-o événement,
avénement,
av-ven-ir-e arriver, échoir,
av-vent-ur-os-o, os-a heureux,
fortuné,
av-vers-it-à adversité,
av-vil-upp-ar-e envelopper,
av-vis-ar-e aviser, avertir,
az-ion-e action.

B

Bac-iar-e baiser,
bamb-in-a petite fille,
bar-att-ar-e échanger, troquer,
Bav-er-o, Bav-er-a Bavarois,
Bavaroise,
Bav-ier a Bavière,
bell-ezz-a beauté,
bell-o, bell-a beau, belle,
ben-chè bien que,
ben-e bien,
ben-e-vol-enz-a bienveillance,
Berg-am-o Bergame,

best-ia bête,
bianc-o, bianc-a blanc, blanche,
biond-o, biond-a blond, blonde,
bis-ogn-ar-e falloir, être nécessaire,
bocc-a bouche,
boll-ir-e bouillonner, bouillir,
Bol-ogn-a Bologne,
Borb-on-e Bourbon,
bott-ega boutique,
bram-a désir ardent,
buon-o, buon-a bon, bonne.

C

Cad-er-e tomber,
cag-ion-ar-e causer, occasionner,
cag-ion-e cause,
car-it-at-iv-o, iv-a charitable,
cald-o, cald-a chaud, chaude,
Calp-urn-io Calpurnius,
camb-io change, troc,
canc-ell-ier-e chancelier,
can-on-izz-ar-e canoniser,
cant-o chant, côté, partie,
cap-arr-a arrhes, gage,
cap-ell-o cheveu,
cap-o chef, tête, bout,
carc-er-at-o, er-at-a, emprisonné,
prisonnier,
carc-er-e prison,
card-in-al-e cardinal,
Carl-o Charles,
car-o, car-a cher, chère,
cas-a maison,
cas-o accident, hasard,

cast-ell-o château,
Castr-ucc-io Castruccio,
Cat-a-batm-on Catabatmon,
caus-a cause,
cav-al-ier-e cavalier, chevalier,
cav-all-er-ia cavalerie,
cav-all-o cheval,
cav-ern-a caverne,
cel-ebr-ar-e célébrer, solenniser,
cell-a cellier, cellule,
cent-o cent,
cerc-ar-e chercher,
cert-ezz-a certitude,
cert-o, cert-a certain, certaine,
che que,
chent-e quel,
chi qui, celui qui, celle qui,
chiam-ar-e appeler,
chiar-a-ment-e clairement,
chiar-o, chiar-a clair, claire,
chied-er-e demander, requérir,

Chies-a église,
ciasc-un-o, *ciasc-un-a* chacun, chacune,
cic-ut-a ciguë,
ciel-o ciel,
ciò ce, cela,
cio-é savoir, c'est-à-dire,
Cipr-o Chypre,
circ-o-stanz-a circonstance,
Cir-en-e Cyrène,
citt-à ville, cité,
citt-ad-i-o citadin, citoyen,
civ-ile civil,
cogl-ier-e ou *corr-e* cueillir,
cog-niz-ion-e connaissance,
col-à là,
colm-o comble, faîte,
col-on-ia colonie,
colp-a faute,
co-lui celui, celui-là,
co-mand-ar-e commander,
co-mand-am-ent-o commandement,
com-e comme, comment,
co-minc-iar-e commencer,
Com-o Côme,
co-mod-it-à commodité,
com-pagn-o, *agn-a* compagnon, compagne,
com-par-ir-e paraître,
com-prend-er-e comprendre,
con avec,
con-cigl-io assemblée, concile,
con-dann-ar-e condamner,
con-durr-e conduire,
con-fess-ar-si se confesser,
con-fess-or-e confesseur,
con-fin-e confin, frontière,
con-fond-er-e confondre,
con-fort-ar-e conforter, consoler,
co-nosc-er-e connaître,
consc-io complice, participant, ayant connaissance de,
con-sid-er-ar-e considérer,
con-sid-er-az-ion-e considération,
con-sigl-io conseil, avis,
con-sist-ent-e consistant,
con-sol-ar-e consoler,
con-sol-az-ion-e consolation,

cons-ol-c consul,
con-sum-ar-e consumer,
cont-e, *cont-ess-a*, comte, comtesse,
con-ten-er-e contenir,
con-tent-ess-a contentement,
con-tent-o, *con-tent-à*, content, contente,
con-tenz-ion-e contention, débat,
con-tin-uo, *tin-ua* continu, continuel,
cantr-a contre,
contr-ad-a rue, contrée,
contr-a-dir-e contredire,
contr-o contre,
cop-ios-o, *cop-ios-a* copieux, abondant, fécond,
cors-a course,
cors-o cours, course,
cort-e cour,
cort-o, *cort-a* court, courte,
cos-a chose,
co-sì ainsi,
co-scienz-a conscience,
co-stit-uir-e constituer,
cost-ui celui-ci,
cost-um-at-o, *at-a* poli, bien né, honnête,
cost-um-e coutume, manière,
co-tant-o tout autant,
cov-ar-e couver, croupir, se tenir couché,
cozz-ar-e frapper, surtout de la tête,
cred-er-e croire,
Crem-on-a Crémone,
cresc-er-e croître,
crim-in-al-e criminel,
crist-ian-o, *ian-a* chrétien, chrétienne,
Crist-o Christ,
croll-o ébranlement, choc,
cron-ac-a chronique,
Ctes-if-ont-e Ctésiphonte,
cui que, à qui,
cuor-e cœur,
cur-ioso, *cur-ios-a* curieux, curieuse.

D

Da par, et autres sens,
dac-chè puisque, depuis que,
dam-ig-ella demoiselle,
dan-ar-o argent monnayé,
dar-e donner,
dav-ant-i devant.
deb-ito dette,
deb-ole faible,
de-cap-it-ar-e décapiter,
degn-o, degn a digne,
de-lib-er-az-ion-e délibération,
Dem-ó-sten-e Démosthène,
dentr-o dedans,
de-riv-ar-e procéder, dériver,
de-scriv-ere décrire,
de-sid-er-are désirer,
destr-o, destr-a adroit, adroite,
de-term-in-ar-e déterminer,
di, de,
dì jour,
di-batt-im-ent-o secousse,
di-batt-it-o d°
di-chiar-ar-e déclarer,
diec-i dix,
dietr-o derrière, après,
di-fett-o défaut,
dif-fic-il-e difficile,
dif-fic-oltà difficulté,
dign-it-à dignité,
di-lett-ar-e charmer,
di-lig-enz-a diligence, soin,
di-men-arsi se remuer,
di-mest-icch-ezz-a familiarité,
  privauté,
di-mor-a demeure, séjour,
di-mor-ar-e demeurer,

di-mor-o demeure, séjour,
Dio Dieu,
di-port-o passetemps, diver-
  tissements,
dir-e dire,
di-ritt-o droit,
di-rocc-ar-si s'abattre, se
  ruiner,
di-rott-am-ent-e excessivement,
  sans retenue,
dis-cord-ia discorde,
dis-cors-o raisonnement, discours,
di-segn-o dessein et dessin,
dis-ord-in-ar-e confondre,
  déranger,
dis-piet-at-o, at-a impitoyable,
dis-preg-iar-e mépriser,
dis-sens-ion-e dissension,
dis-tend-er-e étendre, tirer,
di-struz-ion-e destruction,
dis-turb-ar-e déranger, troubler,
di-vers-o, di-vers-a divers,
  diverse,
div-in-o, div-in-a divin, divine,
di-vot-am-ent-e dévotement,
di-voz-ion-e dévotion,
do-dic-i douze,
do-mand-ar-e demander,
dop-o après,
dott-o, dott-a savant, savante,
dov-e où,
dov-er-e devoir,
duc-a duc,
due deux,
dunqu-e donc.

E

Ec-cell-ent e excellent,
ec-cess-o excès,
ef-fett-o effet,
Eg-id-io Egidius,
Eg-itt-o Egypte,
egl-i il, lui,
ei il,

e-leg-ant-e élégant,
e-legg-er-e élire, choisir,
el-em-ent-o élément,
ell-a elle,
e-min-ent-e éminent,
em-pir-e remplir,
entr-ar-e entrer,

Erb·a herbe,
er-ed-e hériter,
er-ó-ic·o er-ó-ic-a héroïque,
  héroïque,
err·or·e erreur.
es-ám-in-a examen, discussion,
Esch in-e Eschyne,
e-sec-ut-or-e exécuteur,
es-emp-io exemple,
es-erc·iz-io exercice,
es-plic-ar-e expliquer,

es-prim-er-e exprimer,
ess-er-e être,
ess-o, ess·a lui, elle,
es-tend-er-e étendre,
es-trem-o, es-trem-a extrême,
et-à âge, temps, siècle,
e-tern-o, e-tern-a éternel,
  éternelle,
Et-i·op-o, op·a Ethiopien,
  Ethiopienne.

F

Fac-il-e facile,
fall-o faute, manquement,
fam-a réputation,
fan-at-ic-o, at-ic-a fanatique,
fanc-iull-ezz·a enfance,
far-e faire,
fat-ic-a fatigue, peine,
fatt-o fait, action,
fav-ill-a étincelle,
febbr-e fièvre,
fed-e foi,
fer-ir-e frapper, blesser,
ferm-ar-e arrêter,
ferr·o fer,
ferv-or-e ardeur, chaleur violente,
fianco-o flanc,
figl-iuol-o fils,
Fil-en-e Philènes (les autels),
fin-chè tant que, jusqu'à ce que,
fin-estr-a fenêtre,
fin-o jusques,
fior-e fleur,
Fior-ent-in-o, in-a Florentin,

Fish-er Fisher,
for-est-ier-e étranger,
form a forme,
forn-ir·e terminer, fournir,
for senn-at-o, a fou, extravagant
fort-e fort, forte,
fort-ezz-a forteresse,
fort-un-a fortune,
fort-un-egg-iar-e courir fortune
forz·a force,
fra entre, parmi,
fra-cass-o fracas,
Franc-esc-o François,
Franc-ia France,
frat-e frère, religieux,
frat-ell-o frère,
frat-tant-o cependant, tandis
  que,
fredd·o, fredd·a froid, froide,
friv-ol-o, friv-ol-a frivole,
frutt-uos-o, uos-a fructueux,
fuoc-o feu,
fut-ur-o futur.

G

Gagl-iard-o, a fort, robuste,
Gal-e-azz o Galéas,
Garz-ad-or-i Garzadori,
Gen-ov-a Gènes,
gent-e les gens,
gent-il-e gentil, joli,
gent-il-ezz·a gentillesse, courtoisie
Get-ul-i Gétules,

Ghib-ell-in o Gibelin,
già déjà,
gin-occh-ion-i à genoux,
gioc-ar-e et *giuoc-ar-e* jouer,
giog-o joug,
giorn-o jour,
giov-ar-e aider, être utile,
Giov-ann-i Jean,

Giù en bas,
giu-dic-io jugement,
giung-er-e arriver, parvenir,
giuoc-o jeu,
giur-e droit,
giust-a-ment-e justement,
giust-iz-io justice.
glor-ia gloire,
gov-ern-o gouvernement,
gran-aj-o grenier,
grand-e grand, grande,

grass-o, grass-a gras, grasse,
grav-e grave,
grav-e-ment-e gravement,
gi az-ia grâce,
graz-ios-o, ios-a gracieux, euse,
guad-agn-ar-e gagner,
guard-ar-e regarder, voir,
gurd-ia garde,
guerr-a guerre,
gus-to goût,

I

Il le,
il-lustr-e illustre,
im-batt-er-si se rencontrer par hasard,
imm-ag-in-ar-e imaginer,
im-mant-in-ent-e incontinent,
im-par-ar-e apprendre,
im-ped-im-ent-o empêchement,
im-per-at-or-e empereur,
im-per-io empire,
im-per-oc-chè car, puisque, en effet,
im-pieg-ar-e employer,
im-pres-a entreprise,
in dans,
in-cert-o, cert-a incertain, taine,
in-co-minc-iar-e commencer,
in-corr-er-e encourir,
in-degn-o, degn-a indigne,
in-di de là,
in-dug-iar-e différer, tarder,
in-dustr-ia industrie,
in es-tingu-ib-il-e inextinguible,
in-ett-o inepte, mal habile,
in-fam-ia infamie,
in-fatt-i en effet,
in-fel-ic-e malheureux,
in-fern-o enfer,
in-fin-it-o, it-a infini, infinie,

in-fuoc-ar-e mettre en feu,
in-gegn-ar-si s'industrier, tâcher
in-gegn-o esprit, génie, talent,
in gin occh-iar-si s'agenouiller,
in-giur-ia injure,
Ingl-es-e Anglais,
in-goi-ar-e engloutir, avaler,
in-iqu-o, iqu-a inique,
inn-anz-i plutôt, avant,
in orr-id-ir-e épouvanter,
in-sangu-in-ar-e ensanglanter,
in-segn-ar-e enseigner,
in siem-e ensemble,
in-sol-enz-a insolence,
int-el-lig-enz-a intelligence,
in-tend-er-e entendre, comprendre,
int-er-ess-e intérêt,
int-ern-o, a intérieur, cure,
int-er-ven-ir-e arriver, advenir, intervenir,
intr-a entre, parmi,
in-vit-ar-e inviter,
io je ou moi,
ir-a colère,
i-spir-ar-e inspirer,
i-stanz-a instance, poursuite,
It-al-ia Italie,
It-al-ian-o Italien.

L

La la,
la là,
lam-ent-o lamentation,
lasc-iar-e laisser,

Lat-in-o, lat-in-a latin, latine,
lav-or-ar-e travailler,
legg-e loi,
legg-er-e lire,

legg-iadr-o, legg-iadr-a élégant, gracieux,
leone lion,
lett-er-a lettre,
Ler-ant-e Levant, Est, Orient,
lev-ar-e lever,
libr-o libre,
lid-o rivage,
lingu-a langue,
lod-ar-e louer,
lod-ev-ol-e louable,
Lod-i Lodi,

Lod-ov-ic-o Louis,
lont-an-o, an-a lointain, lointaine.
lor-o leur,
Lucc-a Lucques,
luc-e lumière,
Luc-io Lucius,
lugl-io juillet,
Luis-a Louise,
lung-o, lung-a long, longue,
Lun-ig-ian-a Lunigiane,
luog-o lieu.

M

Ma mais,
macch-iar-e tacher,
ma-donn-a madone, Notre-Dame,
madr-e mère,
magg-ior-e plus grand,
mai jamais,
mal-a-dett-o maudit,
mal-at-o malade,
mal-att-ia maladie,
mal-e mal,
mal-iz-ia malice,
mal-o, mal-a mauvais, mauvaise,
mal-ragg-io, ragg-ia méchant, méchante,
mand-ar-e envoyer,
man-i-fest-ar-e manifester,
man-i-fest-o, fest-a manifeste,
man-in-con-ia mélancolie,
man-o main,
man-ten-er-e maintenir,
mar-av-igl-ar-si s'émerveiller, s'étonner,
mar-av-igl-ios-a-ment-e merveilleusement,
mar-it-ar-e marier,
med-es-im-o, im-a même,
megl-io mieux,
membr-o membre,
mem-or-ia mémoire,
men-ar-e mener,
men-o moins,
mentr-e pendant que,
menz-ogn-a mensonge,
merc-at-ant-ess-a marchande,
merc-e marchandise,

merc-è récompense, prix,
mer-it-o mérite,
mes-e mois,
Mess-er-e Messire,
mett-er-e mettre,
*mezz-o, a, du milieu, moyen (E),
migl-ior-e meilleur,
Mil-an-o Milan,
mil-ion-e million,
mill-e mille,
min-acc-iar-e menacer,
min-or-e moindre, plus petit,
mio, mia mien, mienne,
mir-ab-il-ment-e admirablement
mir-ac-ol-o miracle, prodige,
mi-ser-am-ent-e misérablement,
miser-o, a malheureux, euse,
mist-er-io mystère,
mod-o manière, moyen, etc.
mogl-ie femme, épouse,
molt-i-plic-ar-e multiplier,
molt-it-ud-in-e multitude,
molt-o, molt-a beaucoup, en grand nombre,
mond-o monde,
mont-agn-a montagne,
mont-ar-e monter,
mor-ir-e mourir,
Mor-o Maure (d'Afrique),
mort-e mort,
mostr-ar-e montrer,
mov-im-ent-o mouvement,
mugg-it-o mugissement,
muov-er-e mouvoir,
mur-ar-e murer, maçonner.

N

Nas-cond-er-e cacher,
Nas-ic-a Nasica,
nat-ur-a nature,
naz-ion-e nation,
ne en,
nè ni,
ne-cess-it-à nécessité,
neg-ar-e nier, refuser,
nem-ic-o, nem-ic-a ennemi,
  ennemie,
nient-e rien,
nob-il-e noble,
nob-ilt-à noblesse,
noi nous,
nom-e nom,
non ne... pas,
non-di-men-o néanmoins,

Nor-folc Norfolk,
nostr-o, nostr-a nôtre,
not-ab-il-e notable,
not-iz-ia notice, connaissance,
  avis,
not-o, not-a connu, connue,
Nov ar-a Novare,
null-a rien, néant,
null-o, null-a nul, nulle,
num-er-o nombre,
num er-os-o, os-a nombreux,
  nombreuse,
Num-id-i Numides,
Num-id-ia Numidie,
nuov-o, nuov-a nouveau,
  nouvelle, neuf, neuve,
nutr-ir-e nourrir.

O

Ob-lig-ar-e obliger,
occh-io œil,
oc-cult-ar-e cacher, couvrir,
oc-cult-o, oc-cult-a occulte, caché
od-or-os-o, od-or-os-a odoriférant
of-fend-er-e offenser,
of-fens-ion-e offense,
of-frir-e offrir,
ogn-i tout, toute,
ogn-un-o, ogn-un-a chacun,
  chacune,
ol-io huile,
Ol-iv-ier-o Olivier,
oltr-agg-io outrage,
oltr-e outre,
om-i-cid-a homicide,
ond-e d'où, c'est pourquoi,
ond-egg-iar-e ondoyer, flotter,
on-ni-pot-ent-e tout-puissant,
on-or-ar-e honorer,
on-or-e honneur,

op-er-a œuvre, ouvrage,
op-er-ar-e opérer, agir,
op-er-az-ion-e opération,
or-a (l') l'heure,
or-a à présent, or,
ord-in-ar-e ordonner,
ord in-ar-io, ia ordinaire,
ord-in-at-a-ment-e par ordre,
  en bon ordre,
ord-in-e ordre,
or-ecch-io oreille,
orn-ar-e orner,
or-o or,
orr ib-il-e horrible,
orr-or-e horreur,
os-serv-ar-e observer,
ost-e (masc.) hôte,
ost-e (fém.) armée,
ott-av-o, ott-av-a huitième,
ov-e où.

P

Pac e paix,
padr-e père,
pal-es-ar-e découvrir, manifester,
pal-es-e évident, manifeste,

pall-a balle,
pall-iar-e pallier,
pall-id-o id-a pâle,
Pap-a Pape,

Par-ent-e parent,
par-er-e avis, opinion,
parl-ar-e parler,
par-ol-a parole,
part-e part, partie,
part-ir-e partager,
part-ir-si partir,
pass-ar-e passer,
pass-ion-e passion,
l'av-ia Pavie,
pegg-io pire,
pell-egr-in-o pèlerin,
pen-ar-e tarder, s'efforcer,
pend-er-e pendre, être suspendu,
per par, pour, pendant,
per-chè pourquoi, parce que,
per-ciò pour cela, pourtant,
per-cioc-chè puisque, comme, car,
perd-er-e perdre,
per-don-ar-e pardonner,
per-egr-in-agg-io pèlerinage,
per-ic ol-os-o, os-a périlleux, euse,
per-ò pour cela,
per-oc-chè puisque,
pers-on-a personne,
pers-on-agg-io personnage,
pers-on-al-ment-e personnellement,
per-suas-ion-e persuasion,
per-turb-ar-e troubler,
per-tutt-o partout,
Per-úg-ia Pérouse,
Pesc-ia Pescia,
pess-im-o, im-a très-mauvais ou
   le pire,
piac-er-e (il) le plaisir,
piac-er-e plaire,
piac-ev-ol-e agréable,
piang-er-e pleurer,
picc-ol-o, picc-ol-a petit, petite,
pied-e pied,
pien-o, pien-a plein, pleine,
piet-à piété, pitié,
pigl-iar-e prendre,
pio, pia pieux, pieuse,
Pis-a Pise,
Pist-oj-a Pistoie,
più plus,
piut-tost-o plutôt,
poc-o peu,
pod-est-à maire,

poi puis, ensuite,
poi-chè lorsque, puisque,
pop-ol-ar-e populaire,
pop-ol-o peuple,
porg-er-e présenter,
porr-e poser,
port-a porte,
port-ar-e porter,
port-in aj-o portier,
pos-it-iv-o, pos-it-iv-a positif,
   positive,
pot-er-e pouvoir,
pov-er-a-ment-e pauvrement,
pov-er-o, pov-er-a pauvre,
pre-diz-ion-e prédiction,
preg-ar-e prier,
prend-er-e prendre,
pre-par-ar-e préparer,
pres-ent-e présent,
press-o voisin, près, auprès de,
   chez,
pre-ter-ir-e négliger, omettre,
   passer outre,
pre-test-o prétexte,
pre-ved-er-e prévoir,
prim-a premièrement, avant,
prim-o, prim-a premier, première,
prin-cip-iar-e commencer,
priv-ar-e priver,
prod-ezz-a prouesse,
pro-fitt-ev-ol-e profitable,
pro-fond-o profond,
pro-gress-o progrès,
pro-mett-er-e promettre,
pro-muov-er-e promouvoir,
   pousser,
pro-pon-im-ent-o résolution,
   propos,
pro-porr-e proposer,
propr-io, propr-ia propre,
pro-sper-it-à prospérité,
pross-im-o, im-a prochain,
   prochaine,
pro-vinc-ia province,
pubbl-ic-az-ion-e publication,
Publ-io Publius,
pun-ic-o punique,
punt-o point,
pur-e néanmoins, aussi,
   pourtant.

Q

Quà ici, par ici,
qual-che quelque,
qual-e quel, quelle,
quand-o quand,
quant-o, quant-a combien, tant,
quant-o autant que, tout ce que,
quar–ant-a quarante,

quas-i presque, environ,
quatt-or-dic-i quatorze,
quell-o, quell-a celui, celle,
  celui-là, celle-là,
quest-o, quest-a celui-ci, celle-ci,
  ce, cette,
quind-i de là, ensuite.

R

Rac-cogl-ier-e recueillir,
rac-corr-e recueillir,
rac quist-ar-e recouvrer,
rag-ion-ar-e raisonner,
rag-ion-e raison,
rag-ion-ev-ol-ment-e raisonna-
  blement,
raggu-agl-iar-e informer, applanir,
  comparer, égaliser,
rag guard-ar-e considérer,
ramm-ar-ic-ar-si s'affliger,
ram-mem-or-ar-e faire souvenir,
  rappeler,
rav-val-or-ar-e fortifier, encou-
  rager,
Re roi,
re-al-e royal,
re-am-e royaume,
rec ar-e apporter, porter, an-
  noncer,
re-cond-it-o, cond-it-a caché,
  mystérieux,
reg-in-a reine,
reg-ion-e région,
regn-o royaume, règne,
rend-er-e rendre,
rco, rea criminel, criminelle,
  coupable,
re-pubbl-ic-a république,
re-star-e rester,
ri-av-er-e ravir,
ricc-o, ricc-a riche,
ri-cerc-ar-e rechercher,
ri-cett-o retraite,
ri-cev-er-e recevoir,
ri-co-nosc-er-e reconnaître,

ri-cord-o souvenir,
ri-cov-er-o recouvrement, asile,
ri-dott-ar-e redouter,
ri-form-ar-e réformer,
ri-guard-ev-ol-e remarquable,
ri-man-er-e séjourner, rester,
  s'abstenir, cesser,
rim-bomb-o retentissement,
ri-mesc-ol-ar-e mêler,
ri-mett-er-e remettre,
rim-pett-o en face, vis-à-vis,
rin-trace-iar-e suivre à la piste,
  tâcher de découvrir,
ri-par-o défense, retranchement,
ri-part-ir-e répartir, distribuer,
ri-porr-e reposer,
ri-scald-am-ent-o échauffement,
ri-sent-ir-si s'éveiller, reprendre
  ses sens, se ressentir,
ri-serb-ar-e réserver,
ri-spond-er-e répondre,
ri-star-e s'arrêter, cesser,
ri-tir-ar-e retirer,
ri-trov-ar-e retrouver,
ri-urt ar-e heurter de nouveau,
ri-usc-ir-e réussir,
ri-vel-ar-e révéler,
ri-vers-ar-e reverser,
riv-ier-a rivière,
ri-vol-uz-ion-e révolution,
Roff-ens-e de Rochester,
Rom-a Rome,
rozz-o grossier,
ru-in-a ruine.

s

Sabb-at-o samedi,
sacr-am-ent-o sacrement,
sal-ir-e monter,
sal-ut-ar-e saluer,
sangu-e sang,
sangu-in-os-o, os-a sanglant, e,
sant-it-à sainteté,
sant-o, sant-a saint, sainte,
sant-uar-io sanctuaire,
sap-er-e savoir,
sap-ienz-a sagesse,
sbors-ar-e débourser,
scacc-iar-e chasser,
scal-a échelle, escalier,
scamp-o salut, manière d'échapper
scand-al-o scandale,
scell-er-at-o, at-a scélérat, ate,
schiett-o, schiett-a franc, franche,
  sec, sèche,
schien-a dos, croupe, échine,
sciag-ur-a malheur,
Scip-ion-e Scipion,
scom-muov-er-e émouvoir,
  soulever,
sco-mun-ic ar-e excommunier,
sco-scend-er-e rompre, s'éclater,
sco-nosc-iut-o iut-a inconnu, e,
scoss-a secousse,
scritt-ur-a écriture,
scriv-er-e écrire,
scon-sol-az-ion-e chagrin,
scuol-a école,
sec-ond-o selon.
sec-ond-o, sec-ond-a second,
  seconde,
sed-er-e être assis, s'asseoir,
segn-al-ar-e signaler,
segn-o signer,
se-gret-am-ent-e secrètement,
se-gret-o secret,
segu-ir-e suivre,
segu-it-ar-e suivre,
segu-it-o suite,
sembr-ar-e sembler,
sem-in-ar-e semer,
sempr-e toujours,
Sempr-on-ia Sempronie,
sen-at-o sénat,

sen-at-or-e sénateur,
senn-o bon sens,
sent-enz-a sentence,
sent-ir-e sentir, entendre,
senz-a sans,
Sept-i Septis,
serv-ar-e conserver,
serv-ig-io service,
serv-ir-e servir,
serv-o serviteur,
sett-e sept,
sett-embr-e septembre,
sforz-ar-e contraindre, forcer,
si soi, se, on,
sì oui,
sic-com-e dès que, comme,
  conformément,
si-cur-ezz-a sûreté,
sign-or-a dame,
sign or-egg-iar-e dominer, mai-
  triser,
sign-oria seigneurie,
sil-enz-io silence,
Sill-a Sylla,
sim-il-e semblable,
sin o jusque,
Sirt-i Syrte,
sodd-is-faz-ion-e satisfaction,
sold-at-o soldat,
sol-e soleil,
sol-er-e avoir coutume,
sol-lec-it-am-ent-e soigneuse-
  ment, promptement,
sol lec-it-ar-e solliciter, hâter,
sol-o, sol-a seul, seule,
som-min-istr-az-ion-e fourni-
  ture,
sop-erch-io surabondance,
sop-port-ar-e supporter,
sopr-a sur, dessus,
sopr-a-giung-er-e surprendre,
  survenir, ajouter,
sopr a-ven ir-e survenir,
  arriver,
soq-quadr-o bouleversement,
sos-pend-er-e suspendre,
sot-terr-ar-e enterrer,
sott-o sous,

15

Sot-trarr-e soustraire,
spad-a épée,
Spagna Espagne,
spand-er-e répandre,
spaz-io espace,
spend-er-e dépenser,
spess-o, spess-a dense, épais,
  fréquent,
spett-ac-ol-o spectacle,
spian-ar-e applanir, expliquer,
sping-er-e pousser,
spogl-iar-e dépouiller,
stanz-a chambre, demeure,
star-e se tenir debout,
stat-o, stat-a été,

Stat-o (lo) l'Etat,
stess-o, stess-u même,
stim-ar-e estimer,
stor-ia histoire,
strad-a route, chaussée,
strign-er-e ou string-er-e serrer,
stud-iar-e étudier,
stud-io (lo) étude,
sturb-ar-e déranger,
sub-it-am-ent-e subitement,
sub-it-o subit,
suc-cess-ion-e succession,
suo, sua sien, sienne,
suol-o sol,
sup-er-ior-e supérieur.

T

Tac-er-e se taire,
tagl-iar-e tailler,
tagl-iat-a coupure, tranchée,
tal-or-a parfois,
tant-o tant, autant,
tard-ar-e tarder,
te-atr-o théâtre,
tem-er-e craindre,
temp-est-a tempête,
temp-est-ar-e tempêter,
temp-o temps,
ten-er a-ment-e tendrement,
ten-er-e tenir,
ten-or-e teneur, façon,
te-ó-log-o théologien,
Ter-é-on-e Tereone,
term-in-e fin, cause, terme,
terr-a terre,
test-am-ent-o testament,
tim-id-o, tim-id-a timide,
tim-or-e crainte,
tir-ann-o tyran,
tocc-ar-e toucher,
togl-ier-e ôter,

ton-ar e tonner,
torn-ar-e revenir, retourner,
Tosc-an-a Toscane,
tost-o tôt,
trà parmi, entre,
tra-pass-ar-e devancer, trans-
  gresser, trépasser,
tras-port-ar-e transporter,
tratt-ar-e traiter,
tratt-at-o traité,
trav-agl-iar-e travailler,
tre trois,
tre-muot-o tremblement de
  terre,
tri-onf-ant-e triomphant,
tri-onf-o triomphe,
Triv-ig-ian-o Trévisan, pays de
  Trévise,
tropp-o trop,
trov-ar-e trouver,
tum-ult-o tumulte,
turb-ol-enz-a troubles,
tutt-a-via toutefois,
tutt-o, tutt-a tout, toute,

V

vag-ab-ond-o, ond-a vagabond,
vag-o, vag-a errant, te, beau,
  belle, désireux, euse de,
van-o, van-a vain, vaine,
vast-o, vast-a vaste,

ved-er-e voir,
ved-ov-a veuve,
ven-a veine,
vend-ic-ar-e venger,
ven-ir-e venir,

Vent-i vingt.
vent-o vent,
vent-ur-o aventure,
Verc-ell-i Verceil,
ver-o, ver-a vrai, vraie.
vers-o vers,
vesc-ov-o évêque,
ria voie, chemin, rue, moyen, etc.
viagg-io voyage,
vic-in-o, vic-in-a voisin, voisine,
vil-e vil, vile, lâche,
vill-an-o, vill-an-a rustre, grossier,
vil-ment-e vilement,
vinc-er-e vaincre,
vip-er-a vipère,

vis-cer-e entrailles,
Vis-cont-i Visconti,
vis-it-ar-e visiter,
vis-o visage, mine,
vit-a vie,
vitt-or-ia victoire,
vitt-uagl-ia vivres.
vit-up-er-io infamie, déshonneur
viv-er-e vivre,
viv-o, viv-a vif, vive. vivant,
vol-ar-e voler,
vol-ont-à volonté,
vol-um-e volume,
vor-ag-in-e gouffre,
vos-sign-or-ia votre seigneurie,
vostr-o, vostr-a vôtre.

U

Ubb-id-ir-e obéir,
uc-cid-er-e tuer,
uc-cis-or-e meurtrier,
ud-ir-e ouïr, entendre,
ult im-o, ult-im-a dernier, nière,
um-an-o, an-a humain, maine,
un-ic-o, un-ic-o unique,
un-i-vers-al-e universel,

un-o, un-a un, une,
uom-o homme,
urt-ar-e heurter, choquer,
us-anz-a usage, coutume,
us-ar-e avoir coutume de, fréquenter,
usc-ir-e sortir,
us-o usage.

NOTES

Note A (voir n° 2).

Les mots italiens se composent de « lettres et de syllabes comme
« dans la plupart des langues. »

Pourquoi dans la plupart et non dans toutes ? Parce que certaines
langues, comme le chinois, n'ont pas de lettres, et dans d'autres le
signe d'écriture ne peut représenter qu'une syllabe sans que les
consonnes soient isolées des voyelles.

Note B (voir n° 17).

» Quà — par là, se prononce à peu près, quoi. »

Les oreilles délicates des Italiens sentent que le qu est un peu plus
doux que le c dur. Ils expriment cette douceur par le mot morbidezza,
qui signifie mollesse, souplesse, ou encore langueur maladive.

Note C (voir n° 18).

« En Français le t s'adoucit quelquefois devant un i suivi d'un o
« comme dans nation. Cela n'arrive pas en italien »

Cela est arrivé. Les anciens italiens écrivaient natione, et pronon-
çaient comme s'il y eût eu un z. Aujourd'hui on écrit universellement
nazione.

Note D (voir n° 28).

« Cette manière de scander » sert « pour la prononciation seule-
« ment, où elle fait comprendre la liaison d'une syllabe à une autre
« et saisir la ressemblance de mots en apparence disparates, et qui
« ont cependant une origine commune. »

Si nous avons donné cette réponse *conciliante*, c'est par égard pour
les usages établis, car l'étymologie ne s'obtient qu'en suivant *à la
rigueur* notre méthode d'analyse. Quoiqu'il ne soit pas ordinaire dans
les études grammaticales de s'occuper de l'*étymologie*, c'est-à-dire de
la *raison d'être* des mots, cependant, pour la justification de notre
méthode, nous croyons utile de donner un exemple ou deux.

Soit la racine *cap* qui dans les dérivés et composés se change parfois
en *cep* et en *cip*.

Cap-o chef, tête, bout. Ce mot n'est que la racine pourvue d'une désinence qui permette d'en reconnaître le genre et le nombre. Chef, la contenance par excellence, parce que c'est celle du cerveau, siége des facultés de l'homme ; bout, parce que la tête est l'extrémité du corps.

Cap-acità capacité, la faculté de contenir.
Cap-anna cabane, loge où l'on dépose des outils et autres objets.
Cap-arra arrhe que l'on prend ou reçoit dans la main.
Cap-ello cheveu, la petite chose qui sort de la tête.
Cap-estro le li̇ou, parce qu'il prend la tête de l'animal ou le chevêtre, parce qu'il relie les bouts des solives.
Cap-ezzale chevet, oreiller où l'on repose la tête.
Cap-ire comprendre.
Cap-itale capital, important comme la tête.
Cap-itano capitaine, le chef par excellence.
Cap-itare arriver, c'est-à-dire atteindre le bout.
Cap-itello chapiteau, la petite tête d'une colonne.
Cap-itolo chapitre, ce que l'on comprend sous un même titre.
Càp-olo manche, poignée, le bout par où l'on prend.
Cap-orale caporal, le chef d'une escouade.
Con-cep-ire concevoir, prendre ensemble plusieurs idées.
Per-cip-ere même sens.
Oc-cip-izio la nuque, le derrière de la tête.
Prin-cip-e prince, celui qui avait la prérogative de prendre la première part du butin, comme qui dirait « premier preneur. »
Prin-cip-io principe, ce que l'on prend d'abord pour fondement, etc.

On voit d'après ces exemples que dans la racine *cap* le *p* est indissolublement lié à la voyelle : il est *pris avec* (συν λαϐη), il fait syllabe. Que l'on sépare le *p*, et la racine n'est plus reconnaissable. *Ca* peut aussi bien être le commencement du verbe *ca-dere* tomber, que de *ca-ne* chien. C'est la consonne, appuyée en arrière, qui complète la racine, l'émission de voix, la syllabe. L'anglais *keep* prendre, peut être appelé en témoignage.

Ce qui est vrai d'une consonne après la voyelle, l'est encore de deux. Il ne faut donc pas scander can-dore blancheur, candeur, mais bien cand-ore. On suit alors comme à la piste les dérivés. Cand-ido qui a l'éclat du blanc ; cand-ela la chandelle qui brûle avec une flamme blanche ; cand-elabro candélabre ; ac-cend-ere allumer, c'est-à-dire faire briller la lueur blanche ; in-cend-io éclat blanc des flammes, etc. et ce *d* indissolublement lié à l'*n* et à la voyelle *a* ou *e*, différenciera la racine cand de cant qui produit, cant-o chant, cant-are chanter, cant-ico cantique, cant-ino chanterelle, ac-cent-o accent, etc.

Il est à remarquer que la loi qui transforme les racines cap en cep, cip, cand en cend dans les dérivés ou composés, n'est pas particulière à l'italien. Elle existe en latin où elle est plus régulièrement observée, parce que l'ancienne Rome n'a pas cédé comme les italiens, à un besoin d'amollir la prononciation, ce qui souvent leur a fait défigurer des racines. Cette loi existe pareillement dans toutes les langues filles du latin. Enfin on la trouve à chaque instant dans les idiômes germaniques. Les allemands lui ont même donné un nom juste et significatif ; ils l'appellent la *dérivation interne*. Par exemple :

Vat-er père,	*vat-erlich* paternel,
Form forme,	*form-lichkeit* formalité,
Brud-er frère,	*brüd-erschaft* fraternité.

Les deux (¨) des dérivés ont pour effet de diminuer l'ouverture de la voyelle et d'en amoindrir le son.

Note E (voir n° 122).

« Le verbe n'exprime pas les rapports de genre. » Il en est ainsi dans les langues indo-germaniques, mais il ne faut pas croire que cette espèce de mots exclue nécessairement la distinction des genres. Le basque l'admet dans certains cas.

« Elle (la langue basque) fait le genre masculin et féminin dans « tous les verbes actifs, à l'égard de la seconde personne, en singulier « seulement..... Ce n'est pas la chose qui se prend pour féminin, mais « c'est la personne. »

Voyez *Grammatica escuaraz eta francesez*, MM. Habritt, notari Erreïalac, Bayonan, MDCCXLI, page 486.

Cette note paraîtra peut-être superflue, mais l'élève réfléchi en profitera pour admirer la variété dont Dieu a enrichi les divers idiômes, lorsqu'il brisa l'unité du langage des anciens jours.

Note F (voir n° 250).

« Dans les adverbes de qualité en *mente*. »

Cette dénomination paraît contrarier la règle d'épélation ; il semblerait qu'on dût dire « adverbes en *ente* » laissant l'*m* faire syllabe avec la voyelle précédente. Mais cette contradiction n'est qu'apparente, parce que selon beaucoup de grammairiens, les adverbes en *mente* seraient des composés. Ils croient qu'on a dit primitivement : *optima-mente* puis *ottimamente*, *nobili-mente* puis *nobilmente*, à la latine comme dans Virgile :

Manet alta-mente repostum.

C'est parce que ces mots sont composés qu'ils peuvent conserver l'accent vocal de chaque partie. Ainsi *gloriosa-mente* avec l'*o* fermé quoique cette voyelle ne soit pas tonique.

Note F bis (n° 279).

Le latin met aussi le génitif qui correspond au nom précédé de *di*. « Reddite ergo quæ sunt *Cæsaris* Cæsari et quæ sunt *Dei* Deo. »

Note G (voir n° 305).

« L'infinitif italien... sert encore à traduire l'indicatif français « précédé de que conjonction. »
Comme en latin. C'est la règle que Lhomond appelle du *que* retranché. Je crois que Dieu est saint, *credo Deum esse sanctum* — *credo Dio essere santo*. Mais en latin cet usage est forcé : en italien il est libre, parce qu'on peut aussi employer le *che* ; credo *che* Dio è santo.

Note H (voir n° 312).

« Le participe peut accompagner un substantif sans qu'il y ait « aucun verbe exprimé. »
Cette tournure est empruntée au latin qui l'appelle de l'ablatif absolu : Vinti i nemici l'esercito si fermò — victis hostibus, exercitus constitit.

Note I (voir n° 362).

« On s'en sert (des pronoms lui, lei, loro) pour remplacer suo, sua, « suoi, sue. » Cette tournure qui est latine est souvent même la plus claire.
Le latin se sert en effet dans les occasions de ce genre, des mots ejus, eorum, earum. Ex.: il valore di lui — ejus valor ; il garbo di lei — ejus lepos ; la bontà di loro — eorum bonitas. Suus valor, suus lepos, sua bonitas seraient des solécismes.

Note L (voir n° 414).

« Pourquoi dopo ?... pourquoi frà ?
C'est encore un procédé latin. « *Dopo* tre giorni farò via » — *post* tres dies proficiscar — Iddio creò il mondo *frà* sei giorni — Deus creavit mundum *intrà* sex dies. Ces prépositions répondent du reste à la pensée de celui qui parle.

Note M (voir n° 466).

« Pour s'exercer à reconnaître la différence de l'A ouvert à l'a « fermé. »

Ces différences sont très-nombreuses en français, et il ne faut pas croire que l'ouverture de la voyelle soit toujours marquée par un accent circonflexe comme au n° 52. Nous avons déjà vu par les mots rare et prépare que l'accent vocal peut être dépourvu de signe. Nous donnons ici un certain nombre d'exemples de ces accents dépourvus de signe, afin que l'élève français comprenne, d'après sa propre langue, l'effet produit en italien :

Basse, je casse, tasse (à boire), brasse, crasse, masse; cable, table. — Carre de carrer, amarre ; Il gagne, il accompagne ; la flamme, le programme ; la gare (de chemin de fer), il égare ; cadre, ladre ; une barre (de fer) et le tintamarre ; caille (gibier) et cailloux, phrase et phraséologie ; Jeanne (nom propre) et vanne (d'un étang), etc.

L'o s'ouvre et se ferme comme l'a sans avoir besoin d'un signe d'accent. Ex. : fosse et bosse, dévot, dévote ; tome (volume) et Rome (ville), amazone et Lacédémone, etc.

L'o est fermé sans signe dans tous les mots en ose, comme alose, glose, rose, etc., tandis qu'il est ouvert dans tous les mots en ote, comme anecdote, antidote, capote, etc. Supposez qu'un étranger prononce : voici la glose qui se fait sur cette anecdote, ou bien cette rose est une antidote, et jugez de l'effet que l'ouverture mal prise de la voyelle o peut produire dans les mots italiens.

On peut consulter sur ce sujet un bon dictionnaire des rimes.

TABLE DES MATIÈRES

ERRATA.

Pages	Lignes	On lit :	Lisez :
6	25	*Syllaba*	*sillaba*
7	22	*di ra re*	*dis ra re*
8	6	On la coupe	on le coupe
15	35	*Acetla*	*accetta*
18	13	56. Combien	59. Combien
	Nᵒˢ		
29	542	*Capp-ón-e*	*capr-ón-e*
31	688	*Cárp-n-e*	*cárp-ın-e*
38	1161	*La facc-end-e*	*le facc-end-e*
dᵒ	1195	La foi	la fois
41	1477	*Sott-ant-a*	*sett-ant-a*
42	1	nᵒ	nᵒ 137
dᵒ	1522	*Al-tacc-iár-e*	*at-tacc-ár-e*
49	1841	*In-dugg-iár-e*	*in-dug-iár-c*
50	1899	*Suón-o*	*suón-a*
51	1931	Se douer	se douter
	Lignes		
55	11	*Feicità*	*felicità*
67	27	*Il nostre*	*il nostro*
74	5	*Chiumque*	*chiunque*
dᵒ	17	*Nesuno*	*nessuno*
84	dernière	*Sar-ebber*	*sar-ebbero*
102	22	*Rechercherai*	*recherai*
103	16	Fait supprimer l'	fait supprimer l'e
132	24	*Giórine*	*gióvine*
146	avant-dernière	Lysiss	Lysias
148	20	*Cavall-errizzo*	*cavall-erizzo*
152	2ᵉ col.	*e il est*	*è il est*
		Ne ni	*nè ni*
157	19	*Du terra*	*dur terra*
176	5	*Che il morbe*	*che il morbo*
208	1	*Régime indirect*	régime direct
219	12	*Mono*	*meno*
229	2ᵉ en bas	*Besogni*	*bisogni*
236	19	instruite	instruites
252	dernière	*Querceto* chemin	*querceto* chenaie
266	22	*Marittina*	marittima.

Le Mans. — Impr. Beauvais, place des Halles, 19.

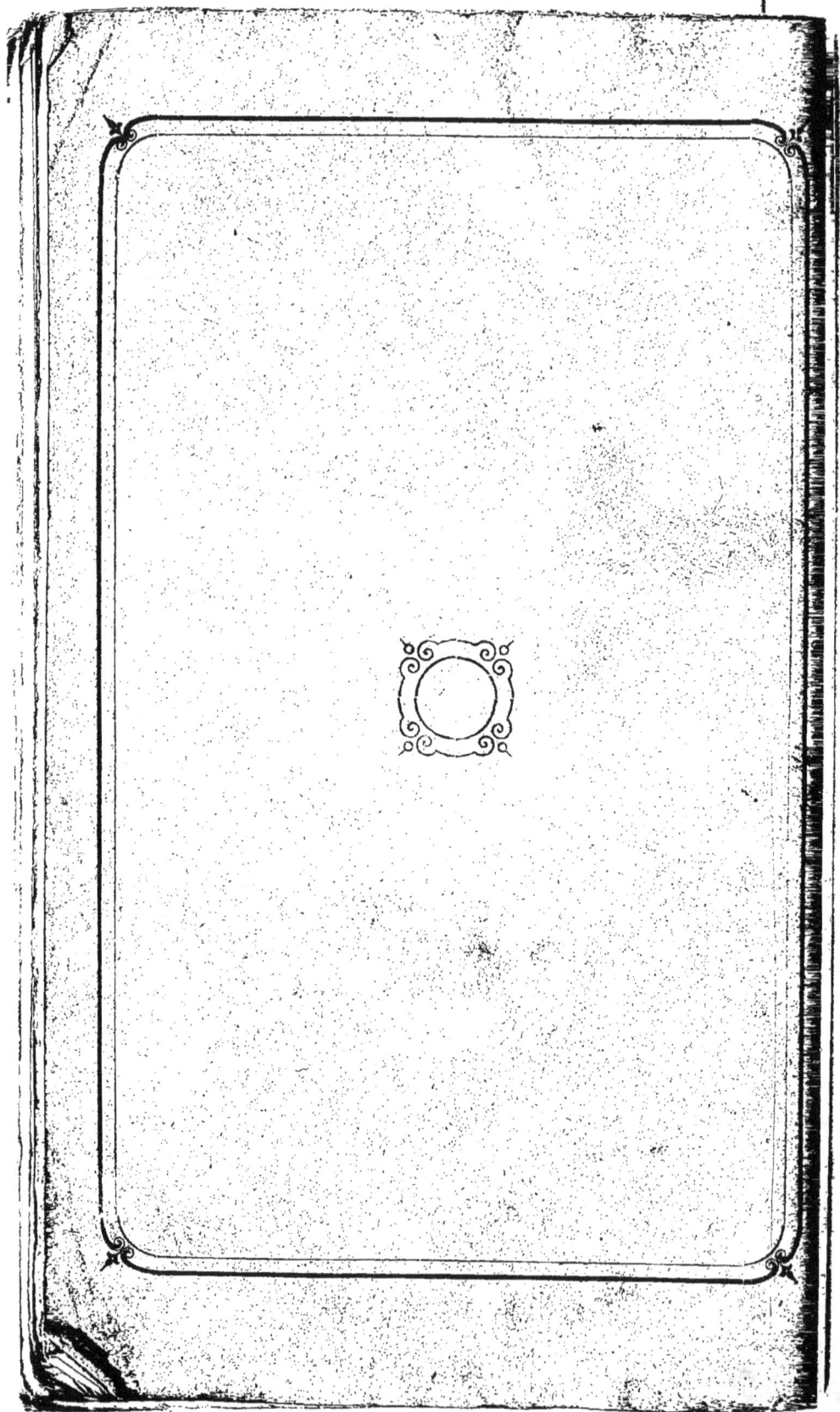

www.ingramcontent.com/pod-product-compliance
Lightning Source LLC
Chambersburg PA
CBHW050506270326
41927CB00009B/1922